光尘
LUXOPUS

ETHICS

Discovering Right and Wrong

给善恶一个答案

身边的伦理学

[美]路易斯·波伊曼
(*Louis P. Pojman*)

[美]詹姆斯·菲泽
(*James Fieser*)

著

王江伟

译

国际文化出版公司

·北京·

图书在版编目（CIP）数据

给善恶一个答案 /（美）路易斯·波伊曼，（美）詹姆斯·菲泽著 ；王江伟译．-- 北京 ：国际文化出版公司，2022.9
ISBN 978-7-5125-1391-4

Ⅰ．①给… Ⅱ．①路… ②詹… ③王… Ⅲ．①善恶-研究 Ⅳ．①B82

中国版本图书馆CIP数据核字(2022)第010855号

北京市版权局著作权合同登记号 图字01-2022-0702号

给善恶一个答案：身边的伦理学

作　者	[美] 路易斯·波伊曼　[美] 詹姆斯·菲泽	
译　者	王江伟	
责任编辑	吴赛赛	
出版发行	国际文化出版公司	
经　销	国文润华文化传媒（北京）有限责任公司	
印　刷	文畅阁印刷有限公司	
开　本	880毫米×1230毫米	32开
	15印张	340千字
版　次	2022年9月第1版	
	2022年9月第1次印刷	
书　号	ISBN 978-7-5125-1391-4	
定　价	69.00元	

国际文化出版公司
北京朝阳区东土城路乙9号　　邮编：100013
总编室：（010）64270995　　传真：（010）64270995
销售热线：（010）64271187
传真：（010）64271187-800
E-mail：icpc@95777.sina.net

目录

第9章 德性论

第10章 生物学与伦理学

第11章 性别与伦理学

第12章 宗教与伦理学

序言

1977年，澳大利亚哲学家约翰·L.麦凯（John L. Mackie）出版了他的名著《伦理学：发明对与错》（*Ethics: Inventing Right and Wrong*）。在这本书里，他论证了我们所持有的道德价值只是社会的发明的观点："我们必须决定采纳何种道德观点，采取何种道德立场。"本书的标题 *Discovering Right and Wrong*[①]，既是对麦凯观点所具有的重要性的一种承认，也是对它的一种回应。

道德并非如麦凯所提示的那样纯粹是一种发明，它还包含着一种发现。我们可以把道德比作车轮的发展，二者都是以一些能够为人所发现的特征为基础的创造。车轮之所以被发明出来，是为了以最小的摩擦力来加快物体的运输。车轮的构造遵守物理学的法则，从而实现有效的运动。不是任何东西都能够充当一个好的车轮。一个矩形或三角形的车轮是没有效率的，用沙子、鸟羽或沉重的石头制成的车轮也是如此。与之类似，道德被构建出来是为了服务于人的需要和欲求，例如生存的需要和对繁荣与幸福的欲求。理想的道德应该充当个人幸

① 本书的英文标题原文为 *Ethics: Discovering Right and Wrong*，即《伦理学：发现对与错》。——译者注

福与社会和谐的蓝图。几千年来，人类一直在用他们最优秀的心灵去发现那些能够最好地服务于个人和社会的福祉的原则。正如车轮的构造依赖于物理学的法则一样，道德的构建也一直依赖于人的本性，依赖于人类一些能够为人所发现的特征。《给善恶一个答案：身边的伦理学》正是本着这种道德探究的精神来考察道德哲学中的各种主要理论的。

2005年，随着本书原作者路易斯·波伊曼（Louis Pojman）在与癌症抗争的过程中去世，哲学界蒙受了一个重大损失。他那卷帙浩繁的作品——三十多本著作和一百多篇文章——因其高超的学识和洞见而受到一致的赞扬，无数哲学系的学生和教师从中受益。

《给善恶一个答案：身边的伦理学》首次出版于1990年，很快就被认定是对伦理学权威而又通俗易懂的介绍。在之前的一篇序言中，路易斯表达了他对这一学科的热爱以及对读者的承诺：

> 我是本着寻求真理和理解的精神来写作这本书的，希望激起你们对伦理学价值的关注。这是一门我所钟爱的学科，因为它关系到我们要如何生活，关系到那种最好的生活。我希望你们会分享我对这一学科的热爱，并在此过程中孕育出你们自己的想法。

多年来，为了因应大学教师和学生不断变化的需求，这本书的新版本不断问世。不过，透过这些变动，本书始终关注着伦理学理论的核心问题——在这一版中就包含着与以下十四个主题有关的章节：首先从最一般意义上的伦理学是什么、伦理相对主义、道德客观主义、道德价值、社会契约论与道德的动机、利己主义与利他主义这些更具理论性的问题入手；接着关注效用主义、康德主义与道义论、德性论这些具有影响力的规范性理论；在这些概念的基础上，本书的最后一部分探讨了围绕着生物学与伦理学、性别与伦理学、宗教与伦理学、事实—价值问题、道德实在论与怀疑主义这些问题更具时代感的理论争论。

这次经过最新修订之后的第八版，努力体现出在之前的诸版本中发挥着支配作用的变革精神。正如大多数教科书的修订版一样，这一版对新材料的容括就要求把与之数量相当的之前既有材料删除掉。这一版中的很多变动都受惠于包括教员和学生在内的读者早前提出的建议，对此我深表感谢。最值得注意的变动是新增的论述生物学与伦理学的一章。在全书中还做了许多促进澄清和易于阅读的细微改动。

致谢

这里我将本书第五版所列出的“致谢”忠实地呈现如下：

迈克尔·比提（Michael Beaty）、斯特林·哈伍德（Sterling Harwood）、斯蒂芬·克什纳（Stephen Kershnar）、比尔·劳哈德（Bill Lawhead）、迈克尔·莱文（Michael Levin）、罗伯特·劳登（Robert Louden）、劳拉·珀迪（Laura Purdy）、罗杰·利特瑞克（Roger Rigterink）、布鲁斯·罗素（Bruce Russell）、沃尔特·夏勒（Walter Schaller）、鲍勃·威斯特摩兰（Bob Westmoreland）和马克·迪斯凯尔（Mark Discher）针对这本书的几个章节所提出的敏锐批评对我是非常有帮助的。在过去的二十年里，密西西比大学和美国西点军校参与我的伦理学理论课程的学生，对我的许多论证起到了一种富有挑战性的回音壁的作用。罗斯芒特学院的罗纳德·F.杜斯卡（Ronald F. Duska）、莱康明学院的斯蒂芬·格里菲斯（Stephen Griffith）、佛蒙特大学的阿瑟·库菲利克（Arthur Kuflik）、密歇根州立大学的詹姆斯·林德曼·纳尔逊（James Lindemann Nelson）、俄勒冈州立大学的彼得·利斯特（Peter List）、斯克兰顿大学的安·A.庞－怀特（Ann A. Pang-White）、新墨西哥大学的弗雷德·斯凯勒（Fred Schueler）、中佛罗里达大学的南茜·A. 斯坦利克（Nancy A. Stanlick）、印第安纳卫斯理大学的R. 杜安·汤普森（R. Duane Thompson）、弗吉尼亚联邦大学的彼得·瓦伦泰恩（Peter Vallentyne）、马凯特大学的大卫·A. 怀特（David A. White）针对一个较早版本的手稿进行了评论，并在这个最新版本的修改过程中提供了指导。

我向德布拉·马特森（Debra Matteson）、利兹·弗雷泽（Liz Fraser）以及圣智出版公司其他才华出众的编辑人员在这个新版本的出版过程中所表现出的专业水准和美好品质表示感谢。还要感谢许多伦理学教师，他们完成了关于本书的在线调查，并且给出了有价值的改进建议。最后，我要感谢路易斯的妻子特鲁迪·波伊曼（Trudy Pojman），感谢她对这一工作的亲切鼓励。

詹姆斯·菲泽

2015年8月1日

第 1 章

什么是伦理学?

多年以前，来自纽约市的一则报道震惊了全美国。某个深夜，一位年轻的女士基蒂·吉诺维斯（Kitty Genovese）在她居住的街区里，受到三次袭击之后被残忍地刺死，与此同时有三十八位受人尊敬、遵纪守法的公民看到了这一幕。在长达三十五分钟的挣扎中，攻击者殴打她、刺伤她，然后离开，接着折返回来又两次攻击她直至她死去。没有一个人拿起电话报警，没有一个人喝止这个罪犯，更不用说前去援救吉诺维斯了。最后，一位七十岁高龄的女士报了警。警察仅仅两分钟就到了，但那时吉诺维斯已经死亡。

一个小时之后救护车出现了——在此之前只有另外一个女人出来作证。然后整个居住区的居民从他们的房子里一拥而出。当被问到他们为何坐视不管时，他们给出了从“我不知道”“我很累”到“坦白说我们很害怕”等各种回答。[1]

这一悲剧事件引出了诸多问题，这些问题与我们对他人的道德责任有关：这些受人尊敬的市民本来应该怎么做？这种不作为（acts of omission）在道德上是应受谴责的吗？吉诺维斯被杀案是一种不正常的情境吗，或者它体现出了一种令人不安的趋势吗？这一报道还引出了与道德的一般观念有关的重要问题：道德的本质是什么以及我们为什么需要它？善是什么以及我们如何认识它？道德是符合我们利益的吗？道德与宗教的关系是什么？道德与法律的关系是什么？道德与礼仪的关系是什么？这就是我们要在本书中探讨的一些问题。

伦理学及其分支

伦理学是哲学的分支，关涉的是我们应当如何生活、善的观念以及“正当的”与“错误的”这样的概念。但是哲学是什么呢？它是这样一桩事业：从对这个世界的奇迹和奥秘所感到的惊奇入手，追求对奇迹和奥秘的理性探究，寻求智慧和真理，最终过上一种富有道德激情且理智健全的生活。哲学把苏格拉底的名言“未经审视的生活是不值得过的”当作它的座右铭，不让生活的任何方面逃脱于它的查究之外。它致力于一种清晰、批判、全面的现实观念。

哲学的主要特点是理性的论证。哲学家们澄清概念，对命题和信念进行分析和检验，但他们的主要任务是建构和分析论证。哲学推理与科学推理关系密切，二者都构造假设，并且都抱着进一步接近真理的希望去寻找证据，检验那些假设。但是，科学实验发生在实验室里，并且拥有能够对客观结果或经验上可证实的结果进行记录的检验程序。哲学家的实验室在观念的领域，它存在于心灵之中，想象性的思想实验在心灵中发生；它还存在于书房之中，各种观念在书房里被写下并受到审视；它还存在于由那些永恒问题而引起的一切对话或争论之中，论题、反例和反命题在那里被人细细地思索着。

首先必须要对“道德的”（moral）和“伦理的”（ethical）这些特定术语以及与之有关的“道德／伦理”（morals/ethics）、“道德性／伦理性”（morality/ethicality）这些观念有个说明。这些术语常常是在可替换的意义上使用的——本书就是这样。这两种术语的含义都来自“习俗”，即正常的行为的观念。具体来说，“道德的”来自拉丁词语 mores，而“伦理的”来自希腊词语 ethos。

哲学内部的伦理学研究包含各种分支，而对伦理学的领域进行划分则有些棘手。基本的划分是描述性道德、道德哲学（伦理学理论）和应用伦理学。第一，描述性道德是指各种人与各种文化在现实中所秉持的信念、习俗、原则和实践。社会学家尤其关注世界上各种社会群体的具体道德实践，他们将其视为文化“事实”——就像某些国家的人吃什么东西或者如何穿衣服之类的事实一样。第二，道德哲学——也称为伦理学理论——是指在理解道德概念、证明道德原则与道德理论合理方面的系统性工作。它对“正当的”“错误的”“可允许的”等基本的伦理学概念进行分析。它探讨道德义务可能的来源，比如上帝、人类理性或对幸福的欲求。它寻求确立关于正当行为的原则，这些原则可以充当个人和群体的行动向导。第三，应用伦理学关涉的是堕胎、婚前性行为、死刑、安乐死以及公民不服从等有争议的道德问题。

因此，伦理学的较大一部分研究都集中于这三个分支，并将它们在各个重要的方面都联系在一起。例如，道德哲学是与应用伦理学密切相关的，当关于堕胎及其他类似议题的讨论受到伦理学理论的指引时，在辩论的水准上就将体现出一种差异，由此可能带来更多的启发和更少的激愤。随着多元文化主义的肇兴以及全球各地世界观的深层差异，需要用理性而非暴力来处理争论和解决利益冲突——这一点已经显而易见。伦理意识是人类生存与繁荣的必要条件。

伦理学的研究不仅具有工具性的价值，而且就其自身而言也是有价值的。拥有关于某些重要事物的知识这一点本身就是令人满意的，而且理解道德理论的性质与范围这一点本身也非常重要。我们是有理性的存在者，情不自禁地想要理解好的生活的性质以及它所意味的一切。伦理学研究有时略微让人反感，因为不一致的理论如此之多，它们似乎常常相互矛盾，由此产生的是困惑而非指导。但是，对伦理学复杂性的鉴别非常有助于抵消我们对不变性和部落主义的自然趋向——在这种趋向下，我们会执拗地坚持特定的同辈群体的价值观念。

道德与其他规范性学科的比较

道德原则关注行为的标准，大致来说，道德原则涉及的不是“是什么”，而是“应当是什么”。我应该如何过我的生活？在这种情境下做什么样的事情是正当的？婚前性行为在道德上是允许的吗？一个女人可以选择堕胎吗？道德具有一种明确的行动导向或规范性，这是它与宗教、法律和礼仪等其他实践活动的共同之处。让我们看看道德如何与它们中的每一个区别开来。

宗教

首先考虑一下道德与宗教的关系。宗教定义的道德行为通常被认为对于那个宗教的实践而言是具有本质意义的，但是，道德的实践及原则和宗教都应是不一致的。道德的实践不需要以宗教的考虑为动机，道德的原则也不需要以启示或神的权威为基础，而宗教教义则向来如此。伦理学最重要的特征在于它以理性和人类的经验为基础。

用一种空间性的比喻来说，世俗的伦理学是与地平面平行的，缺少一种垂直的或更高的维度；就此而言，它的权威不是从“天上”得来的。但是，以启示或神的权威为基础的宗教伦理学拥有那种垂直的维度，尽管宗教伦理学通常也用理性作为启示的补充和衬托。这两种不同的方向常常导致不同的道德原则和评价标准，不过也并非必定如此。一些版本的宗教伦理学将上帝关于道德法则的启示置于自然或良心之中，认为即使撇开神圣的启示，理性也能发现什么是正当的，什么是错误的。

法律

接下来考虑一下道德与法律的密切关系。正如道德一样，许多法律的制定也是为了增加福祉、解决利益冲突以及促进社会和谐。然而，伦理学可以判定一些法律是不道德的，尽管这并不否认它们具有法律的权威。例如，法律可能允许奴隶制、虐待配偶、种族歧视或性别歧视，但这些是不道德的实践活动。

在美国公共电视台（PBS）的一部电视系列节目《伦理学在美国》（*Ethics in American*）里，有人问一名庭审律师：如果他发现他的委托人几年前犯下了一桩谋杀罪行，而另一个人已经因此被错误地定罪，并且不久就会被处死，那么他会怎么办。[2] 这名律师说，他有保守这一秘密的法律义务，如果他将其泄露，他就会被剥夺律师资格。但是，他是否也具有一种道德义务，这种道德义务优先于他的法律义务，并且要求他去把那个无辜的人从死刑中拯救出来，这一点是有争议的。

而且，道德的一些方面并没有被法律覆盖。例如，尽管一般都同意说谎通常是不道德的，但是不存在反对说谎的一般性法律，除了在作伪证或者伪造所得税申报表这样的特殊条件下。有时高校校报会为一些提供“研究资助”的供应商刊登广告，尽管预先知道这些供应商将会助长并鼓励剽窃。刊登这样的广告是合法的，但它在道德上的正当性却是可疑的。

同样，坐视基蒂·吉诺维斯女士受到袭击却袖手旁观的那三十八个人，并没有违反纽约的法律，不过他们很可能要在道德方面为他们的不作为负责。在我们的法律传统中，并不存在要对一个处于危难之中的人施以援手的一般性义务。1908 年，哈佛法学院院长曾提议，一个人应当被要求去“将另一个人从迫在眉睫的死亡或严重的身体伤害中拯救出来——当他这样做对他自己几乎不会有任何妨害的时候”。这个提议被否决了，因为反对者之一提出质疑：二十美元对一个富人来说微不足道，那么在法律上他是否有义务去救助某个外国领土上一名饥饿儿童的生命？目前，只有佛蒙特州和明尼苏达州拥有“见义勇为”法[①]，要求人们对处于重大人身伤害之中的人施以援手，但是这种援手仅限于“不会给他自己带来危害或风险以及不会与他对其他人所负有的重要义务相抵触”的范围。

在法律和道德之间还有另外一个重要的区别。1351年，英国爱德华国王制定了一个针对叛国罪的法案，以至于仅仅动一下杀害国王的念头就是一种罪行。但是，这个法案无法执行，因为没有法庭能够在心脏中展开搜索从而发现心灵的各种意图。诚然，一旦一个行动被实施，意图就在确定这一行动的法律性质中发挥着一种作用，比如图谋不轨这样的意图。但是，对那些根据推测可能具有坏的意图的人进行先发制人的惩罚却是非法的。如果恶意的意图本身就是违法的，那么我们难道不是都应受到制裁吗？即使有人能够探察其他人的意图，又应当在什么时候实施惩罚呢？只要这个罪犯一有这种意图就实施惩罚吗？我们又如何知道这个罪犯会不会改变主意呢？

① 原文是“‘Good Samaritan’laws”，可以直译为“‘好撒玛利亚人’法”，这里意译为“‘见义勇为’法”。“好撒玛利亚人”的典故来自《圣经·新约》：有一个人从耶路撒冷下耶利哥去，落在强盗手中。他们剥去他的衣裳，把他打个半死，就丢下他走了。偶然有一个祭司从这条路下来，看见他就从那边过去了。又有一个利未人来到这地方，看见他，也照样从那边过去了。惟有一个撒玛利亚人行路来到那里，看见他就动了慈心，上前用油和酒倒在他的伤处，包裹好了，扶他骑上自己的牲口，带到店里去照应他。第二天拿出二钱银子来，交给店主说：“你且照应他；此外所费用的，我回来必还你。”（《圣经·新约·路加福音》10:30–36）——译者注

不过，尽管用法律对抗坏的意图是不切实际的，但是这些意图在道德上仍然是错的。假设我买了一支枪，意图杀死查理叔叔从而继承他的财产，但我从来没有得到开枪的机会（可能查理叔叔搬去了澳大利亚）。尽管我并没有犯下一桩罪行，但我却犯了一个道德上的错误。

礼仪

接下来考虑一下道德与礼仪之间的关系。礼仪关注的是社会生活的形式与风尚而非其本质；它决定着什么是礼貌的行为，而非什么是正当的行为——后者具有更深层的意义。它代表着社会在我们如何穿衣、彼此问候、吃饭、庆祝节日、埋葬死者、表达感激和欣赏以及一般而言如何进行社会交往方面的决定。人们是否通过握手、鞠躬、拥抱或亲吻面颊来相互问候取决于他们的社会体系。俄罗斯人将婚戒戴在右手的中指上，而美国人却把婚戒戴在左手上。英国人用左手来握餐叉，而其他国家的人们却更有可能是用右手来握餐叉。印度人吃饭通常根本不用餐叉，而是用右手的手指把食物从盘子里拿起送到口中。就其自身而言，这些仪式都不具有任何道德优越性。礼貌的举止使我们的社会生活更为优雅，但是它们与社会生活是什么无关。它们有助于社会交往的顺畅进行，但却并非交往的实质所在。

同时，不尊重礼仪或挑衅礼仪是不道德的。在初次问候一个人的时候，无论是握手，还是像印度人一样双手合十并欠身示意，都只是一个文化抉择的问题。但是，一旦这种习惯被采纳，这种实践活动就承担了一种道德规则的意义，被归入向人表示尊重这种更为宽泛的原则之下。

同样，穿衣服并没有道德上的必要性，但我们采纳了这一习俗，部分原因是为了在更寒冷的气候里保持温暖，部分原因是为了显得端庄。与之相应，那些决定一起生活在天体营中的裸体主义者也没有什么错。然而，在天体营之外的地方，比如说在教室、商店和路边，裸体的人可能就相当无礼，因为这漠视了他人的道德观感。在印度南部的海滩上发生过一件丑闻：美国游客们穿着比基尼游泳，使得较为保守的印度人大为震惊。就穿比基尼而言没有什么不道德的，但是考虑到文化的背景，美国人就任性地违背了礼仪，犯下了道德上不得体的过失。

尽管美国人为他们的包容、多元主义以及对其他文化的认识而感到自豪，但是习俗和礼仪即使在来自相似背景的人之中仍然可能成为一个争论的焦点。一个一神教派的牧师讲述了他刚结婚时的一次经历。当时他和他的妻子正在举办他们的第一次感恩节聚会。他一直习惯了与他的直系亲属在一起的小型庆祝，而他的妻子却习惯了盛大的庆祝。他写道："我被叫去切肉，这是我以前从来没有做过的事情，但是我很乐意做。我穿上一条围裙，进入厨房，用我掌握的全部技巧去对付这只鸡。而我获得了什么奖赏呢？我的妻子突然大哭起来。在她的家里，这只火鸡要被端到桌子上，放在父亲的面前，进行晚饭前感恩祈祷，然后再由他切肉！'于是我辜负了父权制，'后来我发牢骚说。'这真让人无语！'"[3]

法律、礼仪和宗教都是非常重要的创建，但是每一个都有它的局限。宗教命令的局限在于它们依赖权威，而我们可能在这种权威的凭据或者它如何控制那些模棱两可或前所未有的情况方面缺乏确定意见或一致意见。由于宗教是基于启示而非理性，所以人们无法使用理性去使信仰另一个宗教的人相信自己的观点是对的。法律的局限在于不可能对每一个社会问题都制定一条法律，也无法强迫人们执行每一条颇有可取之处的规则。礼仪的局限在于它没有触及对个人和社会的存在至关重要的那个东西的核心。无论一个人是否用他的手指吃饭，与诚实、信赖、正义的重要性相比，其所具有的意义都相形见绌。礼仪是一种文化的发明，而道德更像是一种发现。

总的来说，道德与法律、礼仪的不同之处在于，它更深入我们社会生活的本质。它与宗教的不同之处在于，它寻求理性而非权威来证明它的原则是合理的。道德哲学的核心目的是维护与行为和价值有关的有效原则，这些原则能够指导人类的行动并产生美好的品质。就这一点而言，它是我们所知道的最重要的活动，因为它关心的是我们要如何生活。

道德原则的特点

道德的一个核心特征是道德原则。我们已经提到道德原则是对行动的指导，但是关于这些原则的特点我们必须再多说一些。尽管在一个道德原则必须具有的诸种特点方面没有普遍一致的意见，但是在以下五个特点上却有广泛的共识：规定性、可普遍性、优先性、公共性、可实践性。其中几个在本书的各个章节都会探讨，这里先来简短地谈谈。

第一是规定性，即道德的命令性层面。道德原则一般是作为要求或命令而提出的，比如“不要杀人”“禁止不必要的伤害”以及“爱你的邻舍”。它们是被用来劝告人们以及影响人们的行动的。规定性与所有的规范性论述都具有这种特点，它被用来评价行为、给予赞扬和谴责、产生满足或内疚的感情。

第二是可普遍性。道德原则必须适用于处在某种相类似情境中的所有人。如果我判定对于某个人而言某个行动是正当的，那么对于其他任何与之相类似的人而言这个行动都是正当的。这一特点在金规则①中得到体现：要像你希望别人对待你那样对待别人。我们在正义的形式原则中也可以看到这一点：如果我以某种方式对待你是错误的，那么不能仅仅基于我们是两个不同的个体，就说你用这种方式对待我是正当的。[4]

可普遍性适用于所有的评价性判断。如果我说 X 是一个好的事物，

① 金规则英语原文为“Golden Rule”，系基督教《圣经·新约》中所说“你们愿意人怎样待你们，你们也要怎样待人”的原则。在一些英汉辞典中也被解释为“为人准则”“指导原则”。——编者注

那么我就是在逻辑上承认可以把任何与 X 相类似的东西都判断为一个好的事物。这个特点是一致性原则的一种扩展：我们应当在包括自己的道德判断在内的各种价值判断上保持一致。设想一下你正在思忖要做的任何一个行动并且询问："我会愿意每个人都按照这一原则而行事吗？"

第三是优先性。道德原则拥有主导性的权威，优先于其他种类的原则。尽管它们不是唯一的原则，但是它们比包括审美、审慎、法律在内的其他考虑更重要。画家保罗·高更（Paul Gauguin，1848 ~ 1903）遗弃了他的家人，将他的生命投入对美丽的太平洋岛屿的绘画之中——从审美的角度来看他也许可以得到辩护，但是从道德的角度来看他很可能是无法得到辩护的，因此他或许本不应该这样做。通过说谎来挽救名誉也许是精明的，但在道德上很可能是错误的。当法律变得极其不道德时，不服从可能就是我的道德义务。因为法律服务于一种整体的道德目的，所以遵守法律是一种一般性的道德义务，而这种整体的目的可能会为我们遵守那些也许并不道德或并不理想的法律提供道德上的理由。然而，在某些时候，一条恶法的不正义性令人无法容忍，因此就需要虽不合法但却合乎道德的反抗。一个很好的例子是美国内战之前的南方法律，它要求公民将逃跑的奴隶送回奴隶的主人那里。

第四是公共性。为了指导我们的行动，道德原则必须是公共的。公共性是必不可少的，因为我们要用这些原则来规定行为、提出劝告并给予赞扬和谴责。秘而不宣则会适得其反。

第五是可实践性。一条道德原则必须具有可实践性，这意味着它必须是切合实际的，而且当我们听从那些规则的时候，它们必须不会给我们带来沉重的负担。哲学家约翰·罗尔斯（John Rawls）提到太过理想的原则可能会在普通的道德行为者那里产生“承诺的压力”。[5]对于道德来说，向我们要求更多无私的行为或许是值得奢求的，但是这样的原则所造成的后果可能是道德绝望、强烈或过度的道德内疚以及无效的行动。因此，大多数伦理学体系都会把人的局限性考虑在内。

尽管道德哲学家们在这五个特点上有些分歧，但是以上讨论至少提供了一种关于道德原则的一般性特征的想法。

伦理评价的领域

在这一点上，伦理学自身所关注的似乎完全是行为的规则，而这些规则仅仅建立在对行动进行评价的基础之上。然而，它要比这更复杂。大多数伦理学分析都会落入下列某种或多种领域之中：行动、后果、品质特点、动机。同样，所有这些领域都将会在后面的章节中进行详细的探讨，这里先进行概述。

让我们对基蒂·吉诺维斯事件稍作改动，并以此来考察这些范畴。假设一个男人在一个女人的公寓前袭击她，并且将要杀死她。一个有责任心的邻居听到呼救的声音后报了警，并且从窗户里喝道："喂，小子！从这儿滚开！"这个邻居的呵斥使歹徒受到了惊吓，他放开这个女人，窜到街上，结果被警察抓住了。

行动

对这一情境进行伦理评价的方法之一是考察歹徒和好邻居两者的行动：这个歹徒的行动是错误的，而这个邻居的行动是正当的。"正当的"这个词有两种含义。有时它意味着"义务性的"（比如"这样做才正当"），有时它又意味着"可允许的"（比如"怎样做都正当"或者"那样做也正当"）。通常情况下，哲学家们将正当的定义为可允许的，其中包含"什么是义务性的"这一范畴：

1. 一个正当的行动是指你被允许去做的行动。它可以是（a）义务性的，也可以是（b）选择性的。

a. 一个义务性的行动是指道德要求你去做的行动，你不那样做是不被允许的。

b. 一个选择性的行动是指那样做既非义务也非错误的行动。你既没有义务去做它，也没有义务不去做它。无论做还是不做，都没有错误。

2. 一个错误的行动是指你有一种义务或责任不去那样做的行动。它是一种你不应当去做的行动，那样做是不被允许的。

在我们的这个例子中，歹徒对那个女人的攻击显然是一种错误的（被禁止的）行动；相比之下，那个邻居报警的行动显然是一个正当的行动——在那种情况下这也是一种义务性的行动。

但是，有些行动看起来似乎既非义务性的，也非错误的。你选修艺术史还是英语文学的课程，或者你用铅笔还是钢笔写信，在道德上似乎都是两可的，每一种选择都是可允许的。你听摇滚音乐还是古典音乐，通常被认为这在道德上无关紧要。同时听这两种也可以，所有这些都不是义务性的。你结婚还是保持单身，这是一种关系到你如何过你的生活的重要抉择，但是，你所做出的抉择通常也被认为在道德上是两可的或者可自由选择的。在大多数情况下，结婚（或者不结婚）也被认为既不是义务性的，也不是错误的，而是可允许的。

在可允许的行动的范围之内，还有分外的行动或高度利他行动的观念。这些行动既不是被要求的，也不是义务性的，它们超出了道德的要求，超越于“义务的召唤之上”。例如，假设这个有责任心的邻居不仅从窗户里呵斥歹徒，而且跑出去与歹徒当面对抗。这样一来，这个邻居就会承担一份额外的风险，而这并不是道德要求的。类似地，当你出于义务去捐赠救助那些急需帮助的人时，你没有义务为了帮助他们而去卖掉你的汽车，更不用说为此而使你自己变得一贫如洗了。因此，各种行动的整体格局是这样的：

1. 正当的行动（可允许的）
    a. 义务性的行动
    b. 选择性的行动
        （1）两可的行动
        （2）分外的行动
2. 错误的行动（不可允许的）

有一种重要的伦理学理论，它强调行动的性质，被称为道义论（来自希腊语单词 deon，意思是“义务”）。这些理论主张有些东西天生就是正当的或善的，比如讲真话、信守诺言这些行动，而有些东西天生就是错误的或坏的，比如撒谎、违背诺言这些行动。古典道义论的伦理原则包括十诫和金规则。近代道义论伦理学的主要倡导者是伊曼努尔·康德（Immanuel Kant，1724 ~ 1804），他所捍卫的是一条被他称为定言命令的道德义务原则：“要只按照你愿意它成为一条普遍自然法则的准则而行事。”康德所举的例子是“勿违背你的诺言”以及“勿自杀”。所有这些道义论的理论和原则的共同之处在于，都认为我们有一种天生的义务去履行正当的行动和避免坏恶的行动。

后果

另外一种从伦理上对情境进行评价的方式是考察一个行动的后果：如果总体来看后果是积极的，那么这个行动就是正当的；如果后果是消极的，那么行动就是错误的。在我们的这个例子中，就要考虑歹徒的行动带来的各种后果。至少，他在肉体上伤害了那个女人，并且在心理上伤害了她以及她的邻居；如果他杀死了她，那么他就可能从情感上摧毁了她的家人、朋友的生活。而他从中得到了什么呢？只不过是对施虐快感的一次短暂体验而已。总体来看，他的行动具有极其消极的后果，因而是错误的。接下来考察那个有责任心的邻居所带来的后果——他报了警，并且从窗户里喝止道："喂，小子！从这儿滚开！"这吓跑了那个歹徒，因此阻止了他的袭击带来的伤害。这个邻居由于这样做而失去了什么呢？只不过是对恐惧的一次短暂体验，而这一点这个邻居可能早就体验过了。因此，总体来看，这个邻居的行动具有极其积极的后果，因此他这样做是正当的。

在确定道德上的正当与错误时主要关注后果的伦理学理论有时被称为目的论伦理学（来自希腊语单词 telos，意思是"所指向的目的"）。这些理论中最著名的是由杰里米·边沁（Jeremy Bentham，1748 ~ 1832）和约翰·斯图尔特·穆勒（John Stuart Mill，1806 ~ 1873）所创立的效用主义（utilitarianism，一译"功利主义"），它要求我们去做最有可能获得最好后果的事情。用穆勒的话来说，"趋向于增进幸福的行动就是正当的，趋向于产生幸福之反面的行动就是错误的"。

品质特点

有些伦理学理论强调行动自身的性质，有些强调与行动后果有关的原则，还有一些理论强调一个人的品质特点或德性。在我们的这个例子中，那个歹徒具有一种特别坏的品质特点——歹毒，这一点败坏了他的整个人生观，使他偏向于以各种有害的方式行事。由于具有歹毒这种坏的品质特点，所以这个歹徒在很大程度上是一个坏人。另一方面，那个有责任心的邻居具有一种好的品质特点——仁善，这一点指引着他的人生观，使他趋向于以友善的方式待人并对那些处于危难中的人施以援手。相应地，由于拥有这种好的特点，所以这个邻居在很大程度上是一个好人。

道德哲学家们将这种好的品质特点称为德性（virtue），将坏的特点称为邪恶（vice）。由这些观念发展而来的所有道德理论都被称为德性论。德性论的经典倡导者是亚里士多德（Aristotle，前 384 ~ 前 322），他认为有德性的品质的发展是确保我们习惯性地正当行事所需要的。尽管拥有一些为行动提供指导的规则可能很有帮助，但是使我们的品质具有做好事的倾向才是至关重要的。许多人知道作弊、说闲话、暴食或酗酒是错误的，但他们没有能力去做正当的事情。有德性的人会自发地做正当的事情，而且当他们这样做的时候，他们甚至可能并非在有意识地遵循道德规则。

动机

最后，我们还可以通过考察某些情境下一些人的动机，来对这些情境进行伦理上的评价。例如，那个歹徒意图残害和杀死那个女人，那个邻居意图阻止那个歹徒从而帮助那个女人。事实上，所有的伦理学体系都认识到动机的重要性。要想对任何一种行动做出充分的评价，把行为者的动机考虑在内都是很重要的。两种行动表面上看起来可能完全一样，但是一种可能被判断是在道德上应受谴责的，而另一种则是可以原谅的。设想约翰把玛丽推下了窗台，致使她摔断了腿。在情境 A 中，他是生气的，意图伤害她，而在情境 B 中，他看到一把刀正在朝她的方向飞过来，意图救她的命。在 A 中他显然做了错误的事情，而在 B 中他做了正当的事情。要想为任何一个行动给出一番充分的道德描述，都要把动机作为一种相关因素考虑在内。

结论

伦理学研究在实践中具有巨大的益处。它能够使我们摆脱偏见和教条主义。它提出了综合的体系，以此来为我们的个人判断确定方向。它对道德图景进行了分割，因此我们能够把问题归类，更加清晰而自信地思考道德问题。它帮助我们澄清原则和价值是如何相互关联的，而且最重要的是，它为我们在如何生活方面提供了指导。让我们回到本章开头提出的问题，我们现在应该能够为其中的一些问题给出更好的回答了。

道德的本性是什么以及我们为什么需要它？道德关注的是发现使人的善得以增进的各种规则，正如曾经详细论述过的道德原则的五种特点：规定性、可普遍性、优先性、公共性和可实践性。没有道德，我们就无法增进那种善。

善是什么以及我们如何认识它？这里所说的善是人的善，具体来说比如幸福、实现自己的潜能等。无论我们在满足人的需求以及发展最深层次的潜能方面有何决断，都是道德所要增进的善。

道德是符合我的利益的吗？是的，因为一般来看以及长远来看，如果我们几乎所有人在几乎所有时候都遵循规则的话，那么道德确实是最有可能为我们（几乎）所有人提供帮助的一组规则。善是对你而言的善——至少在大多数时候。而且，如果我们相信道德具有更加突出的重要性，那么我们就会这样抚养孩子，使他们在违背道德准则的时候，就会不高兴，感到内疚。在这个意义上，对于道德的承诺及其内化基本保证了如果你违背道德规则，你就会受到折磨。

道德与宗教的关系是什么？宗教更多依赖启示，而道德更多依赖理性，依赖理性的反思。但是，对于那些相信上帝可以看到我们所有的行动并且将会对其进行评判的人来说，宗教可以为道德生活提供额外的激励。

道德与法律的关系是什么？道德和法律应该是密切相关的，道德应该是法律的基础，但既可能存在不正义的法律，也可能存在法律上无法强制禁止的不道德行动。法律比道德更浅薄，更加难以判断人的动机和意图。当一个人意图做恶事的时候，在道德上是恶的，但是只要没有去做，他在法律上就是无罪的。

道德与礼仪的关系是什么？礼仪在于一种文化的习俗，但它们在道德上通常是两可的，一种文化换成另外一套礼仪准则也同样可以繁荣发展。在我们的文化里，我们用刀叉吃饭，但是其他用筷子或手指吃饭的文化在道德方面并不比我们逊色。

进一步的反思

1. 请思考基蒂·吉诺维斯事件，你认为一个有责任心的邻居本来应该做些什么。是否存在一种情境可以使邻居的袖手旁观被证明在道德上是合理的？

2. 伦理学的研究包含三个主要的分支：描述性道德、道德哲学和应用伦理学。请解释一下这三个分支是如何与某个道德问题，比如堕胎、安乐死或死刑等，关联在一起的。

3. 请阐明道德原则、宗教原则、法律规则、礼仪原则之间的差异及关联。

4. 请设想一条类似于“不要偷盗”的道德原则，并根据道德原则的五个特点对其进行分析。

5. 法国画家保罗·高更放弃了他银行家的工作，抛弃了他的妻子和孩子，去追求一种画家的生涯。他搬到了马提尼克，后来又去了塔希提，最终成为世界上最负盛名的后印象派画家之一。高更所做的事情在道德上是可允许的吗？请从伦理评价的四种方式的视角来讨论这个问题。

6. 悉达多·乔达摩（Siddhartha Gautama，前 560 ~ 前 480），为这个世界上无量无边的苦难而感到震惊，抛弃了他的妻子和孩子去寻求觉悟。他最终获得了觉悟，并成为众所周知的佛陀。高更与佛陀之间是否存在一种道德上的差异？

第 2 章

伦理相对主义

19世纪基督教的传教士有些时候会用强迫的方式改变非洲部分地区和太平洋岛屿上异教徒部落居民的习俗。传教士们被公开裸体、一夫多妻、安息日工作、杀婴这些习俗惊得目瞪口呆，于是着手改造这些“可怜的异教徒”。他们使其穿上衣服，使妻子们脱离她们的丈夫从而组建一夫一妻的家庭，把安息日变成休息的日子，并且终止了杀婴。在这个过程中，他们有时会造成社会混乱，致使女人陷入绝望，致使她们的孩子变成孤儿。本地人常常并不了解这种新的宗教，但却迫于白人所拥有的枪炮和药品的力量而接受它。

自从19世纪以来，我们在理解文化多样性方面有所进步，而且认识到由空想社会改良家造成的社会冲突是一桩坏事。大约在20世纪，人类学已经揭示了我们对于民族中心主义（ethnocentrism）的喜好。所谓民族中心主义，即一个人用自己文化上的信念与价值来解释现实的一切这样一种存有偏见的观点。我们已经在全世界的各种社会实践活动中看到了巨大的多样性。下面是几个例子。

因纽特人容许他们社会中的老人挨饿而死，而我们却相信这在道德上是错误的。古希腊的斯巴达人和新几内亚的多布人相信偷窃在道德上是正当的，而我们却相信这是错误的。许多文化，无论过去还是现在，都曾经实行过或者仍然在实行杀婴的做法。

东非的一个部落曾经把畸形的婴儿扔给河马，而我们的社会却谴责这样的行动。与性有关的实践活动随着时间和地点的变化而变化。一些文化允许同性性行为，而另一些则谴责它。一些文化实行一夫多妻制，而基督教文化却将其看作不道德的。人类学家鲁思·本尼迪克特（Ruth Benedict）描述过美拉尼西亚的一个部落，他们将合作与友善看作恶；而人类学家科林·特恩布尔（Colin Turnbull）也记录过乌干达北部的一个部落，他们对自己的孩子和父母毫无义务感。还有一些社会认为孩子杀死他们上了年纪的父母是一种义务——有时是用扼死的方式。

古希腊历史学家希罗多德（Herodotus，前 485 ~ 前 430）讲述过波斯国王大流士（Darius）的故事：有一次他把一些卡拉提亚人（亚洲的部落居民）和一些希腊人召到一起。他问卡拉提亚人如何处理他们已死的父母。他们解释说他们会吃掉父母的遗体。将父母火葬的希腊人觉得如此野蛮的行为实在骇人听闻，恳求大流士终止这场不敬的交谈。希罗多德由此得出结论说，“习俗乃是凌驾一切的君主”[1]。

今天，我们谴责民族中心主义是一种与种族主义、性别歧视相等同的偏见形式。在一种文化里正当的东西，在另一种文化里可能就是错误的；在河的东边是好的东西，在同样一条河的西边可能就是坏的；在一个国家是德性的东西，在另一个国家就可能被视作邪恶。因此，对我们来说恰当的做法不是对他人进行评判，而是对多元性采取包容的态度。

西方对民族中心主义的拒斥有助于公共舆论在道德方面的一种总体转变，于是越来越多的西方人开始意识到其他生活方式的有效性，而这也导致道德客观主义的信念逐渐受到一种侵蚀，而所谓道德客观主义就是认为存在着对所有人和所有社会环境都有效的普遍而客观的道德原则。例如，过去的几年里，在我的哲学课上进行的民意测验中，坚持某种道德相对主义的学生与坚持某种道德客观主义的学生比例是 2 ∶ 1，仅有 3% 的看法介于这两种对立的极端之间。还有少数学生声称支持伦理虚无主义的学说——这种学说认为不存在任何有效的道德原则，道德完全是一种虚构。当然，并不是所有学生对于相对主义会导致什么后果都具有清晰的理解，因为虽然很多人都声称自己是伦理相对主义者，但是他们在同一张问卷上又说，“除非为了拯救一个女人的生命，否则堕胎永远是错的”“从道德的角度来看死刑永远是错的”或者“从道德的角度来看自杀是永远不可允许的”。这些明显的矛盾标志着人们在这个问题上的某种困惑。

在这一章里，我们来考察伦理相对主义的一些核心观念，并对看起来随之而来的诸种可能后果进行审视。按照这里的定义，伦理相对主义有两种主要的形式。

主观伦理相对主义（主观主义）：所有道德原则都是由于它们得到个体行为者的认可而被证明是合理的。

约定伦理相对主义（约定主义）：所有道德原则都是由于它们得到文化的认可而被证明是合理的。

这两种说法都主张不存在客观的道德原则，这样的原则只是人类的发明。然而，它们的分歧之处在于：这些原则是个体行为者自身的发明，还是更大范围的社会群体的发明。在这两种立场之中，我们先从更为激进的第一种立场入手。

主观伦理相对主义

一些人认为道德直接取决于个体，不取决于个体所属的文化，当然也不取决于某种客观价值。正如我的学生们有时坚持主张的那样，“道德是个人的主观感受”。他们认为道德就像口味或审美判断一样因人而异。欧内斯特·海明威（Ernest Hemingway）写道：

> 到目前为止，就道德来说，我只知道所谓道德的就是事后令你感觉很好的东西，而所谓不道德的就是事后令你感觉很糟糕的东西，根据这些我并不会为之提供辩护的道德标准来判断。斗牛在我看来是非常道德的，因为在它进行的时候我感觉非常精彩，有种对生死存亡的感触，在它结束之后我虽然感到很难过但是依然觉得它很精彩。[2]

这种极端形式的道德主观主义所具有的后果就是削弱了道德的实践应用：根据它的前提，人与人之间的批评或评判几乎或完全是不可能的。当在一场斗牛中杀死公牛时，海明威可能感觉很精彩，而圣方济各（Saint Francis）或特蕾莎修女（Mother Teresa）无疑将会拥有与之相反的感受。在这个问题上任何论证都是不可能的。假设你看到一个男人在折磨一个孩子，这使你感到憎恶。但是，如果他的原则之一就是以“折磨小孩子来取乐”，那么你就无法谴责他。判定他行为错误的唯一基础可能在于他是一个伪君子，因为他又去谴责、折磨其他人。然而，他或海明威的原则之一可能就是“伪君子在道德上是可允许的”（他对它“感觉很好”），因此他是不可能做错事的。对海明威来说，伪善与否在道德上都是被允许的（或许除了他对此感觉不好的时候）。

以主观主义为基础，阿道夫·希特勒（Adolf Hitler）和连环杀人犯泰德·邦迪（Ted Bundy）可以被认为像甘地（Mohandas Gandhi）一样有道德——只要每个人都按照他自己的标准生活，而不论那些标准可能是什么。下文是对泰德·邦迪与一个受害者之间对话的磁带录音，其中邦迪为他的杀人罪行进行了辩护：

> 于是我认识到所有的道德判断都是“价值判断”，而所有的价值判断都是主观性的，没有一个可以被证明是“正当的”还是“错误的”。我甚至在某处读到过，美国首席大法官曾经写道：美国宪法所表达的内容仅仅是集体性的价值判断。相信它还是不相信它，我为自己盘算——显然首席大法官是不能这样为自己盘算的——如果一个价值判断的合理性为零，那么将它乘以百万也丝毫不会使它变得更具合理性。同样，对于任何人来说，没有任何“理由”去遵守法律，就像我这样，我具有勇气和胆量——品质的力量——去摆脱法律的枷锁……我发现要想变成真正的自由、真正的无拘无束，我就必须变成真正的无所羁绊。我很快发现，对我的自由来说，最大的妨害、最大的障碍与限制存在于无法忍受的“价值判断”之中，它约束着我要尊重他人的权利。我问我自己，这些“他人”是谁？拥有人权的其他人吗？为什么与杀害其他动物——比如一头猪、一只羊或一只小公牛——相比，杀害人类生命物的错误更大？你的生命于你而言难道比一头猪的生命于一头猪而言更重要吗？为什么我应当心甘情愿地为了这个人，而不是为了那个人，牺牲我的欢乐？当然，在这个科学启蒙的时代，

> 你不会宣称上帝或自然已经标记出一些快乐是“道德的”或“好的”，而另一些是“不道德的”或“坏的”了吧？无论如何，让我向你保证，亲爱的小姐，我吃火腿时所获得的快乐与我强奸并杀害你时所预期的快乐是绝对无法相提并论的。这就是我的教育引导我所得出的最诚实的结论——在对我自发且无所羁绊的自我进行了最认真的考察之后。[3]

在这里，好与坏、对与错的观念不再具有超出个体之外的评价意义。邦迪的言论可能会使我们感到憎恶，但在伦理相对主义的意义上这只不过是一个口味偏好的问题。

在我的哲学课程刚开始的日子里，我常常发现学生们坚决地为主观相对主义做辩护。“你凭什么评判？”他们问。于是我给他们进行了他们的第一次测验。在下一次课上，我把所有的测验结果发还给他们。尽管我的评点表明他们大多数人具有非常高的水平，但是所有的测验结果标的都是“F”①。当学生们为此表达愤怒之情时（一些学生之前甚至从来没有在他们的答卷上看到过这个字母，还询问它的意思），我回答说：在给这次测验打分时我秉持的是主观主义。“但是这不公正！”他们都坚决这样认为——然后他们就意识到他们并不是一直都坚持主观主义的伦理学立场了。

主观主义会带来一些荒谬的后果。如果它是正确的，那么道德将被简化为某种类似审美趣味的东西，对它而言既不可能存在论证，也不可能存在人际之间的评判。在主观主义与道德概念本身之间似乎存在着一种矛盾，因为道德必须关涉人际冲突的恰当解决和人类困境的

---

① “F”就是 failure，即不及格。——编者注

改善——这被假设为道德的特征所在。无论做什么，道德都有一个最低限度的目的，即防止一种霍布斯式的自然状态——在那种状态里的生活是“孤独的、可怜的、险恶的、残忍的、匮乏的”。但如果是这样，那么主观主义根本毫无助益，因为它既不依赖关于原则的社会共识（像约定主义者所主张的那样），也不依赖一组以共同善来约束所有人的客观独立的标准。如果地球上只有一个人，那么完全没有任何场合需要道德，因为没有任何需要解决的人际冲突，也没有其他人遭受苦难从而使他具有一种帮助他们改善处境的义务。主观主义含蓄地假定了道德唯我论，这种观点认为孤立的个体组成单独的宇宙。

主观主义将个体看作在一个社会的台球桌上单纯激烈碰撞的台球，每一个都致力于他自己的目标，在其他人将他击进洞之前，他要努力先把其他人击进洞。这种对人格的看法是与以下事实相矛盾的：我们在家庭和相互独立的共同体中得到发展，在那里我们享有共同的语言、共同的制度以及相似的仪式和习惯，而且我们常常感受到另一个人的欢乐和悲伤。正如约翰·多恩（John Donne）所写的：“没有人是一座遗世独立的孤岛，每个人都是陆地的一部分。”

主观伦理相对主义是不合逻辑的，所以伦理相对主义唯一可信的观点看起来一定是以群体或文化作为道德基础的那种观点。因此，我们现在转向约定伦理相对主义。

约定伦理相对主义

同样，约定伦理相对主义也被称为约定主义，这种观点认为所有的道德原则都是由于它们得到文化上的认可而被证明是合理的。不存在普遍有效的道德原则，更确切地说，所有道德原则都是相对于文化或个体选择而有效的。这种观点认识到了道德的社会性，这是这个理论的关键优势。它似乎不会出现困扰主观主义的那种荒谬后果，因为它认识到了社会环境在产生习俗和信念的过程中所具有的重要性。许多人以为伦理相对主义是正确的理论。而且，他们被它自由主义的哲学立场所吸引。面对民族中心主义的傲慢，它似乎是一种富有启发性的回应，而且它似乎暗示了一种对于其他文化的包容态度。

多元性论点与依附性论点

约翰·拉德（John Ladd）对这个理论给出了一段具有代表性的特征描述：

> 伦理相对主义这种学说认为，各种行动在道德上的对与错随着社会的改变而改变，并不存在所有时候对所有人都有约束力的绝对而普遍的道德标准。与之相应，它主张，个体按照某种方式行事是否正当取决于或者关系到他所属的那个社会。[4]

如果我们分析这一段话，我们就会发现对约定伦理相对主义来说非常核心的两个明确论点。

多元性论点：在道德上什么被认为是正当的、什么被认为是错误的，这是随着社会的变化而变化的，因此不存在受到所有社会支持的普遍道德标准。

依附性论点：所有道德原则的有效性都来自文化上的认可。

多元性论点只不过是一种人类学的论点，即承认道德规则随着社会的变化而变化；它有时会被当作文化相对主义。正如我们在本章开头所阐明的，在一个给定的社会里，究竟什么可以被看作一条道德原则——在这一点上存在巨大的多样性。人的境况是极其灵活多变的，容许有许许多多的社会风俗或道德准则。正如鲁思·本尼迪克特所写：

> 任何文明的文化模式都利用了潜在的人类目的和动机这个巨大弧形中的某个切面——正如我们所见到的那样……任何文化都利用了某些经过筛选的物质技术或文化特点。一切可能的人类行为都沿着这条大弧分布，对于任何一个文化来说，这条大弧是如此巨大，又如此充满矛盾，以至于甚至无法利用它的任何重要部分。筛选是首要的要求。[5]

不存在所有社会都共同坚持的单一的道德原则——可能是这样，也可能不是这样，不过即使存在，看起来也是微不足道。当然，很难以对不同社会道德标准的观察为基础来得出一种单一而“真正”的道德。

约定伦理相对主义的第二个论点依附性论点断言，个体的行动是对是错取决于它们所在的那个社会的性质。道德并非存在于真空之中；相反，在道德上被认为正当或错误的东西必须在某种语境中进行审视，这一语境依据所讨论的这个社会的目标、需要、信念、历史与环境而定。正如威廉·格雷厄姆·萨姆纳（William Graham Sumner）所说：

> 就像我们学会走路、聆听与呼吸一样，我们也是无意识中学会了（道德），而且（我们）从来不知道这些（道德）为什么是现在的这个样子。对它们的辩护在于，当我们开始具有生命意识的时候，我们就发现我们已经受到传统、习俗以及习惯的约束了。[6]

如果试图从一种独立的、非文化的角度来看事情，那就像把我们的眼睛取出来考察它们的轮廓与性质一样。人完全是在文化上被决定了的存在。

在某种意义上，我们所有人都生活在各个完全不同的世界里。每个人都拥有不同的信念和经验，拥有一种影响所有感知的独特视角。当农夫、房地产商、画家同时看到同一片土地时，他们真的是在看同一个东西吗？不见得。他们各自不同的取向、价值和预期左右着他们的感知，由此凸显出土地的不同方面，而有些特征则会被忽视。而且正如个体价值产生于个人的经验一样，社会价值也是植根于共同体的特殊历史。因此，道德只不过是某组随着时间推移赢得社会支持的公共规则、习惯与习俗，以至于它们看起来是事物本性的一部分，如同事实一样。关于这些行为准则毫无神秘之处，它们是社会历史的产物。

任何一种道德都与某些约定性的内容有关，因此每一种道德实际上都取决于一定层次的社会认可。不仅不同的社会确实遵守着不同的道德体系，而且同一个社会也会（而且常常会）随着时空的变化而改变它的道德观点。例如，奴隶制现在在美国南方被视为不道德的，而仅仅在一百五十年前还不是这样。同样，我们也已经大大地转变了我们对堕胎、离婚和性的看法。

约定伦理相对主义与包容

约定伦理相对主义的捍卫者常常宣扬他们理论的另外一种好处：它支持包容（tolerance）的价值。正如人类学家鲁思·本尼迪克特所说，在认识到伦理的相对性之后，“我们将会获得一种更加现实的社会信仰，对人类从生存的原始材料中创造的各种共存且同等有效的生活模式都表示认可，并将其作为希望的根基和包容的新的基础”[7]。

请想想下面这个例子。在北非的部分地区，许多女孩遭受女性割礼，即割掉她们的外生殖器。据估计已经有八千万在世的妇女做过这种手术，每年都有四百万到五百万个女孩受到这种折磨。这种切除手术常常导致疾病或死亡，并对她们的性体验造成阻碍。一些非洲女人把这种切除当作为了婚姻稳定的一种合理牺牲，但是很多女人以及伦理学家对此进行谴责，认为它是一种残忍的做法，给女人造成不合理的痛苦和残害，剥夺了她们的快乐和自主性。但是，一些像南茜·薛柏－休斯（Nancy Scheper-Hughes）这样的人类学家认可相对主义，主张西方人没有谴责生殖器切除的根据。[8]薛柏－休斯提倡包容其他文化的价值。她写道：“我比我认识的其他任何女人都更加不喜欢阴蒂切除术（女性割礼）这种主意。但是我更不喜欢西方‘理性的声音’（将他们的判断强加于人）。”她论证说，对其他文化进行评判不合理地假设了我们比那种文化的人更清楚做什么是正当的、做什么是错误的。

对这一立场最有名的支持者是人类学家梅尔维尔·赫斯科维茨（Melville Herskovits）[9]，他比本尼迪克特和薛柏－休斯更加明确地论证了伦理相对主义使得不同文化间的相互包容成为必需：

- 如果道德是相对于它的文化而言的，那么就没有独立的根据去批评其他任何文化的道德——除了这种文化自身之外。

- 如果没有批评任何其他文化的独立依据，那么我们就应当对其他文化的道德表示包容。
- 道德是相对于它的文化而言的。
- 因此，我们应当对其他文化的道德表示包容。

包容当然是一种价值，但是就其而言这是一个好的论证吗？不是。如果道德只不过是相对于每一种文化而言的，又如果所讨论的文化没有包容的原则，那么它的成员们也就没有包容的义务。赫斯科维茨和薛柏 - 休斯看起来是把包容原则当作一种例外。他们把它当成了一种绝对的道德原则。

但是，从一种相对主义的角度来看，包容的理由并不多于不包容的理由；而且客观来看，两种立场在道德方面不相上下。如果西方人是根据他们的文化价值谴责阴蒂切除术，那么与那些依据他们的文化价值而实施阴蒂切除术的人相比，也同样没什么好谴责的。一个人不能一方面断言所有的道德都是相对的，另一方面又把包容原则当作一种绝对原则——这是无法自洽的。

对约定伦理相对主义的批评

到目前为止，我们已经考察了约定伦理相对主义的主要成分，讨论了它的优势。现在我们要转向这种观点存在的问题。

约定伦理相对主义破坏了一些重要的价值观念

约定伦理相对主义的一个严重问题在于它破坏了一些重要价值观念的根基。如果伦理相对主义是真实的，那么即使有些人采纳的原则在我们看来可能是一种令人发指的原则，我们也不能合法地对其进行批评。如果有效的批评假设了一种客观或公平的标准——看起来确实如此——那么相对主义者就无法对他们自己的文化之外的任何人进行道德上的批评。阿道夫·希特勒的种族灭绝行动只要在文化上得到认可，就与特蕾莎修女的慈善工作一样具有道德合法性。如果约定相对主义得到认可，那么种族主义、对不受欢迎的少数族群的种族灭绝、对穷人的压迫、奴隶制甚至鼓吹为了战争而战争就都像它们的对立面一样道德了。如果一种亚文化认定开启一场核战争是在道德上得到认可的，那么我们也无法从道德的角度批评这些人。任何现行的道德，无论它的内容为何，都像其他道德一样有效，而且比理想的道德更有效——因为没有任何一种文化坚守后者。

我们通常坚持的另外一种重要价值观念则与道德改革家有关，比如莫罕达斯·甘地和马丁·路德·金（Martin Luther King）等对抗文化标准潮流的有良心者。然而，在约定伦理相对主义看来，他们对抗主流文化标准的行动严格来说是错的。例如，在18世纪，威廉·威尔伯福斯（William Wilberforce）对奴隶制的反对将会是错误的；在19 世纪，英国对寡妇跳入亡夫遗体火葬堆自杀殉死之举的取缔也将会是错误的。

但是，我们的正常感受恰恰与之相反，改革家通常是一名勇敢的革新者，他是对的，拥有真理，挺身反抗愚昧的大众。有时个体必须冒着受到社会责难与迫害的危险，独自坚守真理。在亨利克·易卜生（Henrik Ibsen）的作品《人民公敌》（*An Enemy of the People*）中，一位医生针对为城镇带来利润的浴场的恶劣卫生条件发起了抗争。当他未能得到公众的支持时，他谴责了多数派对城镇价值观念所拥有的影响力：

> 在我们之中，真理和自由最危险的敌人——就是铁板一块的多数派。是的，就是那该死的、铁板一块的、自由的多数派。多数派拥有权力——多么不幸啊！——但是它并不对。只有我和其他少数人才是对的。

我们可能都理解那位医生的信念，即权力决定不了对错。不过，这正是相对主义的要旨：真理是在多数人那里的，而谬误则是在道德改革家这边的。

约定伦理相对主义破坏的第三种重要价值观念是道德与法律之间的密切联系。这可能以两种方式出现，第一种是公民不服从。我们正常的看法是我们有遵守法律的义务，因为一般而言法律可以增进人的善。公民不服从则会违反那些看起来与道德存在严重冲突的法律，比如当 20 世纪 50 年代的活跃分子通过有意违背种族隔离法来对其展开抗争的时候。但是，如果伦理相对主义是真实的，那么公民不服从就无法被证明是合理的，那些活跃分子就会落入与上述道德改革家相似的境遇中。也就是说，从整个社会的方面考虑，只要主流文化对有问题的法律表示赞成——比如种族隔离法——那么公民不服从在道德上就是错的。第二种出现的方式，我们可以称之为被误导的公民不服从。假设你属于像三 K 党一样种族主义的亚文化群体，这些群体不承认那些要求平等对待各种族的法律的合法性。那你为什么应当去遵守一条不被你所在的群体承认为有效的法律呢？因此，在这种情况下，你在对待那些法律时所表现出的公民不服从就将被证明在道德上是合理的。

因此，除非我们使法律拥有一个独立的道德依据，否则就很难确立法律的道德根基。除非我们承认某条普遍道德法则的优先性，否则我们无论为反对“不公正法律”的公民不服从行动进行辩护，还是为遵守公正法律的义务提供根基，都没有任何充分的依据。

约定伦理相对主义导致主观主义

约定伦理相对主义更根本的问题在于，文化或社会的观念众所周知是很难定义的。在我们这样一个多元化的社会里尤其如此，一个人可以从属于不同的社群或亚文化群体，它们可以持有相互冲突的价值观念。既有我们作为美国公民所拥有的价值观念，也有我们相对于我们的宗教组织而言所拥有的价值观念，还有相对于我们的社会或政治组织而言的价值观念。相对主义告诉我们的似乎是，如果一个人属于道德相互冲突的多个社群，那么这个人无论做什么，都会被判定为既是错的又不是错的。例如，如果玛丽是一个美国公民，又是罗马天主教会的一个成员，那么如果她堕胎，她（作为一个天主教徒）就是错的；但是如果她以行动反对教会关于堕胎的教义，那么她（作为一个美国公民）就没有错。如果约翰既是一个大学生又是一个种族主义组织的成员，那么他（作为一个美国公民）就必须认可平等权原则，但同时（作为一个种族主义组织的一名成员）又必须拒绝平等权原则。对于玛丽或者约翰来说，怎么做在道德上才是正当的呢？在这个道德困惑中，这个问题已经没有什么意义了。它已经失去了为行动提供指导的功能。

或许相对主义会坚持这样一条原则：在这种情况下，个体可以选择其所属的某个群体作为他的首要群体。如果玛丽进行了堕胎，那么她就是选择从属于与那条原则相对应的那个一般社会。同样，约翰也必须在不同的群体之间进行选择。这种选择的麻烦在于，它似乎导向某些违反直觉的结果。如果迈克从属于某个“杀人股份有限公司”并且想要对随意杀人感到心安，他就可以选择认同“杀人股份有限公司”，而非一般意义上的公共道德。当然，这决不会证明这种杀人在道德上是合理的。还有一个问题是如何确定一个群体的规模必须达到多大才能成为一个合法的亚文化群体或社群。也许是一千人，或者可能十个人就行？也许我的盗窃同伙和我会建立一个我们自己的社群，使其拥有它自己的一种道德。即使我的同伙在那之后死了，我也仍然可以声称我是在根据原先的一套社群规范而行事。此时，从这种观点来看，道德无论如何都只是一种发明，我就可以完全摆脱人与人之间的协商，发明出我自己的道德。约定相对主义看起来就蜕变成了主观主义。而正如我们看到的，主观主义则会导向道德唯我论，导向整个道德的消亡。

此时相对主义者可能反对说，这是一个犯了滑坡谬误（slippery slope fallacy）的例子，也就是以错误根据来反对一个命题的谬误——一旦认可这种错误根据，就会导致一连串荒谬的或无法接受的结果。作为对这一反对意见的回应，就请相对主义者承担起这一重任：若想产生有效（或真实）的道德原则，什么东西才能构成一种可行的社会基础——请对此提供一种替代性的分析。或许我们可能会同意，正是道德的本性使得两个人达成一致意见成为必需。这一步把约定主义者从道德唯我论中拯救了出来，但它仍然认为几乎所有原则都可以被当作道德的。更有甚者，在需要的时候，一个人可以抛弃这些原则，并用它们的反面来代替它们。若是一所大学里的两三个学生决心使考试作弊成为对他们自己而言在道德上被认可的，比如通过组建一个被称作"匿名作弊者"的学生组织，于是作弊就变成道德的了。

无论如何，我们无法阻止从约定主义到主观主义的蜕变。被选择出来的道德原则之所以具有有效性，其本质力量就依赖于选择。约定主义者主张这是群体的选择，但是当我自己的选择对我更好的时候，我为什么应当接受群体的选择呢？如果这就是道德所得出的一切，那么为什么不完全拒绝它呢？——尽管为了逃脱处罚，一个人在众目睽睽之下仍然可能会遵守道德的指令。为什么所有人都应当给予一种社群文化如此重大的权威呢？没有任何理由去承认一种文化的权威，除非这种文化承认某种使其合法化的事物的权威。看起来我们需要某种比文化更高的东西，我们可以依据它对一种文化进行评价。

道德多元性被夸大

约定伦理相对主义的第三个问题在于，我们实际上所看到的世界道德多元化的程度并不像萨姆纳和本尼迪克特这些相对主义者宣称的那么极端。在不同文化的道德准则之间，人们同样可以发现非常多的相似性。社会生物学家 E.O. 威尔逊（E. O. Wilson）识别出了二十种共同的特征：

> 每种文化都有一种谋杀的概念，并使之区别于处死、战死以及其他“可以得到辩护的杀人行径”。乱伦的观念以及其他有关性行为的律例，禁止在指定的环境中说谎，补偿和互惠的观念，父母与孩子之间互有义务的观念——这些以及其他许多道德概念全部都是普遍性的。[10]

人类学家科林·特恩布尔描述了乌干达北部一个嗜虐成性的部落伊克（Ik），伊克处于半流离失所和日趋瓦解的状态。这为“一个缺少善良、忠诚与合作原则的民族将会退化为一种霍布斯式的自然状态”这种观点提供了支持。[11]但是特恩布尔也表明在这个濒临消亡的社会的表面之下，还存在一种更深层次的道德准则，它来自这个部落的繁荣时期——这种准则偶尔会显露出来，展现出这个部落更加光彩的一面。

从另一种视角来看，文化之间的道德多元性这个问题与约定伦理相对主义是真是假并不相关。确实存在巨大的文化多元性，而且许多社会拥有完全不同的道德准则。文化多元性看来是一个事实，但是即便如此，也不能凭它就确定伦理相对主义的真实性。从理论上来说，文化多元性就其自身而言是含糊的。客观主义者可以一方面承认整体上的文化相对主义，另一方面仍然捍卫某种形式的普遍主义；因为他们可以论证一些文化只不过是缺少正确的道德原则罢了。[12]

根据同样的推论，对整体上的文化相对主义的否认（即对一些普遍原则的承认）也无法证明伦理相对主义是虚假的。因为即使我们确实发现一种或多种普遍的原则，这也不会证明它们具有任何客观的地位。我们仍然可以想象一种文化：它处于规则之外，而且我们无法去批评它。因此，多元性论点本身并不蕴含伦理相对主义，对它的否认也无法证明伦理相对主义是虚假的。

弱依附性并不蕴含相对主义

约定伦理相对主义的最后一个问题关系到依附性论点，即所有道德原则的有效性都来自文化的认可。可是，经过仔细地审察，这一原则很不清晰，可以通过两种截然不同的方式来重述，即一种弱的论点和一种强的论点。

弱依附性：道德原则的应用依附于其所属的文化。

强依附性：道德原则自身依附于其所属的文化。

弱的论点认为原则的应用依附于实际的文化状况，而强的论点坚称原则自身就依附于其所属的文化。非相对主义者可以接受一定程度的相对性，即道德原则是应用于不同的文化之中，依附于信念、历史和环境的。事实上，道德并非出现在真空之中，而是与这些文化因素连接在一起的。例如，一种严酷的环境以及稀缺的自然资源可以向客观主义者证明因纽特人所特有的安乐死是合理的，而如果这种做法出现在另外一种环境中，可能就会受到客观主义者的一致反对。一个苏丹部落将畸形的婴儿扔进河里，因为这个部落相信这样的婴儿属于河马即河流之神。我们相信这些群体在安乐死和杀婴方面的信念是虚妄的，但关键是因纽特人和苏丹部落一面践行着这些在我们看来虚妄的信念，一面却都具有尊重财产、尊重人的生命的原则。这个部落与我们的不同仅仅是在信念上，而不是在实质性的道德原则上。这个例子表明，非道德的信念（例如畸形婴儿属于河马）在应用到共同的道德原则（例如给每个人应得的）上时，是如何在不同的文化中产生不同的行动的。我们自己的文化在关于胎儿地位的非道德性信念方面存在着分歧，这种分歧产生了截然不同的道德立场。支持堕胎与反对堕胎的人士之间的主要差异不在于我们是否应当杀人，而在于胎儿是否是真正的人。它是关于事实的争论，而不是关于杀害无辜的原则的争论。

因此，道德原则具有微弱的依附性这一事实并不表明伦理相对主义是有效的。虽然有对非道德因素的微弱依附性，但是仍然可以存在一组适用于所有文化甚至被大多数文化承认的一般性的道德规范；如果一种文化对这种道德规范表示漠视，那么它将会付出自己的代价。

与之相应，伦理相对主义者必定主张更强的论点，坚持认为原则的真正有效性是文化的产物，不同文化将会发明不同的有效原则。然而这一立场更难得到确立，因为它要求把人类理性、人类进化、与人类幸福有关的固有观念以及上帝这些相互竞争的实质性道德原则的来源都排除掉。实际上，我们对这些相互竞争的阐释的详细考察会贯穿本书。简而言之，虽然对弱依附性论点（道德原则的应用依附于其所属的文化）表示认可是有道理的，但是相对主义者需要的是那种更强的论点——如何去证明它却是一种挑战。

语言的不确定性

相对主义者的箭袋里至少还有一支箭——由翻译的不确定性而来的论证。这个理论是由威拉德·冯·蒯因（Willard V. Quine，1908 ~ 2000）[13] 创建的，它认为语言从根本上来说是如此的互不相同，以至于我们无法把概念从一种语言精确地翻译成另一种语言。不同语群通过语词来意指不同的东西。蒯因提出，当一个说本族语的人指着一只兔子说“gavagai”的时候，我们不可能知道他是用这个词表示“兔子”，还是表示“兔子的某部分”，或者表示其他什么东西。这一论点主张语言是一种文化的本质，从基础上塑造了它的现实，并将这种文化与其他的语言和文化切割开来。因此，这样似乎就意味着，每个社会的道德原则都依赖于它独一无二的文化，而这种文化则以语言作为基础。

但是，经验似乎证明这一论点是虚假的。尽管每种文化确实拥有一种带有不同含义的特殊语言——实际上，每个人都有自己的一套特殊含义——但是我们确实学会了外国人的语言，并且学习跨过语言的框架进行翻译。例如，来自无数语群的人来到美国学习英语而且交流得很好。非但没有造成不可逾越的鸿沟，而且其他文化与我们自己的文化之间的相互影响最终还丰富了英语这门语言，带来了新的概念，例如特长（forte）、缺点（foible）、禁忌（taboo）、致命一击（coup de grace）；英语也同样丰富了（法国人可能会说是“玷污了”）其他语言。即使在语言的使用者之间存在某种翻译的不确定性，我们也不应当由此推断任何翻译或交流都是不可能的。似乎有理由相信，一般性的道德原则恰恰是能够进行跨文化交流的东西。在一个资源稀缺的世界里，人们为了生存和繁荣而奋斗，在这一共同的人类状况之下，克鲁克洪（Kluckhohn）和威尔逊提出的那些共同特征——赔偿和互惠的义务、关于性行为的律例、父母对孩子的义务、无必要不伤害原则以及好人应得好报而恶人应得恶报的看法——与其他特征一起构建了一种共同的人类经验、一套共同的价值。[14] 因此，进行跨文化交流并且在生活中许多重要的事情上相互协商是可能的。如果这样，那么相对主义者赖以为基础的“翻译的不确定性”这一论点，其自身无论如何被相对化，都不会对客观道德构成任何反驳。

相对主义者需要的是一种强依附性论点，即无论如何所有原则本质上都是文化的建构。但是，我们为什么应当选择以这种方式来看待道德呢？与弱依附性论点相比，强依附性论点有什么更值得称许的地方吗？相对主义者可能论证说我们的评判缺乏一种清晰公平的标准：“谁来说哪种文化是对的，哪种文化是错的？”但这似乎是值得怀疑的。我们可以推理并且通过进行思想实验来表明，有理由认为一种体系比另一种更好。我们可能无法确定地“知道”，与另一种文化或者我们所属文化中的其他人的道德信念相比，我们的道德信念是否更接近真理，但是我们“有理由”相信我们的道德信念是更接近真理的。如果我们能够在事实或者科学问题上比其他人更接近真理，或许我们也能够在道德问题上比其他人更接近真理。或许一种文化在它的道德感知方面完全可以是紊乱的或者错误的。或许我们可以说：与那种珍爱孩子并且给予他们保护和平等权利的文化相比，伊克部落这种喜欢看着自己的孩子跌入火中的文化是不太道德的。采取这样一种立场并非民族中心主义，因为我们是在寻求通过批判性推理得出原则，而不是未加批判就认可自己的风俗习惯。

结论

伦理相对主义认为道德原则的有效性来自对社会或个体选择的依附，乍看似乎有理，但是经过仔细的审查，它显露出了一些主要的问题。主观伦理相对主义似乎可以归结为无政府的个人主义——一种对道德观点所具有的人际间特征的本质性否认。约定伦理相对主义的确包含一种人际间的视角，但却不能充分应对改革者的问题、对一种文化进行定义的问题以及道德批判的全部雄心。然而，除非道德客观主义（下一章的主题）能够为自身立场提供一个有力的理由，否则相对主义仍然可能从这些批判中逃生。

进一步的反思

1. 请考察一下本章开头所引用的《美国人类学学会意见书》[①]，它夸张地得出结论说不存在普遍的人类权利。这一论证意味着所有的道德以及人类权利都是相对于文化而言的，它是合理的吗？就女性的权利而言这意味着什么？请讨论这一论证的含义。

2. 请重温一下本章开头所引用的约翰·拉德对伦理相对主义的定义[②]并就其展开讨论。它是一个好的定义吗？你能找到一个更好的对于伦理相对主义的定义吗？请问问你的朋友们，他们认为伦理相对主义是什么以及他们是否接受它。你可以这样提问："在道德方面存在绝对性内容吗，还是说道德完全是相对的？"讨论一下你的发现。

3. 请考察一下主观伦理相对主义的观念。它把道德建立在极端个人主义的基础上，后者认为每个人都是道德的发明者："道德是个人的主观感受。"请思考个人主义的这个假定。有没有可能存在那种仅仅针对一个人而言的道德？请想象一下，只有一个人存在于世界上（上

---

① 本书第七版在本章开头曾援引《美国人类学学会意见书》（1947）的部分内容："1. 个体通过他的文化而实现他的人格，因此尊重个体的差异就需要尊重文化的差异。2. 对文化间差异的尊重由以下科学事实所证实：迄今还未发现对文化进行定性评价的技术手段。3.（因此）所提出的（世界人权）宣言如何能够适用于全人类呢？权利声明难道不是仅仅凭借西欧和美国所流行的价值观而构想出来的吗？"（参见［美］路易斯·波伊曼、詹姆斯·菲泽：《给善恶一个答案：身边的伦理学》，王江伟译，第 23 页，北京：中信出版社，2017）。——译者注

② 本书第七版在本章开头曾援引约翰·拉德《伦理相对主义》（*Ethical Relativism*）的部分内容："伦理相对主义这种学说认为，各种行动在道德上的对与错随着社会的改变而改变，并不存在所有时候对所有人都有约束力的绝对而普遍的道德标准。与之相应，它主张，个体按照某种方式行事是否正当取决于或者关系到他所属的那个社会。"（参见［美］路易斯·波伊曼、詹姆斯·菲泽：《给善恶一个答案：身边的伦理学》，王江伟译，第 23 页，北京：中信出版社，2017）。——译者注

帝另当别论）。假设你就是那个人，你会具有道德义务吗？当然会有审慎的义务——某些生活方式将会帮助你达到你的目标——但是会有道德的义务吗？

4. 现在请想象一下，第二个人进入了你的世界——一个充分发育并带有欲望、需求、希望和恐惧的成年人。这会如何改变个人独居这种境况的性质？

5. 你能够把“不同文化拥有不同的道德原则”（多元性论点——被称为文化相对主义）这一人类学主张与“因此它们同样都是好的”（伦理相对主义）这一判断区分开吗？有没有独立的标准使我们能够说一些文化比另一些文化“更好”？

6. 鲁思·本尼迪克特曾经写道，我们的文化只是“在一长串可能的调整中的一个入口”，而且“我们看待问题的角度是以我们自己社会悠久的传统习惯为条件的”。这些论断的含义是什么？她是正确的吗？一个客观主义者将会如何回应这些主张？

7. 请思考一下本章所讨论的非洲部分地区的阴蒂切除术这种做法。一个伦理相对主义者将会如何为这样一种做法辩护？一个非相对主义者将会如何反驳这种做法？

第 3 章

道德客观主义

下面是一个来自马里的小女孩西巴的故事：

我是由马里的祖母抚养大的，当我还是一个小女孩的时候，我们家认识的一个女人来问祖母，她是否可以把我带到巴黎去照顾她的孩子们。她告诉我的祖母说，她会把我送进学校，而且我将会学习法语。但是，当我来到巴黎时，我没有被送进学校。我不得不每天工作。在她的家里，我要干所有的活儿：我打扫房子、做饭、照顾孩子、给婴儿洗澡并喂他吃东西。每天我要在早上七点之前开始工作，在晚上十一点左右才能结束，从没有一天休息过。我的女主人什么都不干；她睡到很晚，然后就是看电视或者出门。

……她常常打我。她总是打我耳光。她用扫帚打我，用厨具打我，或者用电线抽我。有时我会流血，我的身上仍然有着很多伤痕。

1992年，有一次我去学校接孩子们的时候迟到了。我的女主人和她丈夫对我大发雷霆，他们殴打我，然后把我扔到了街上。我什么都不懂，在街上徘徊着。不久之后，她的丈夫发现了我，把我带回家里。在那里，他们剥光了我的衣服，把我的双手反绑在背后，然后开始用一根缠在扫帚柄上的电线鞭打我。他们两个一齐动手打我。我流了很多血，大声尖叫着，但是他们继续打我。然后她把辣椒粉涂进我的伤口里，又把辣椒粉撒进我的阴道里。我失去了知觉。[1]

毫无疑问，现代奴隶制的这个案例是体现不公正的一个例子。西巴受到了恶毒而残忍的对待。发生在西巴身上的这些事情，甚至都不应当发生在一只狗的身上，更不用说一个小女孩了。这在道德上是错误的，即使奴役西巴的人相信他们所做的事情在道德上是被允许的。他们可能是真诚的，但却是错误的。奴役西巴的人至少违背了以下三条基本的道德原则：尊重有理性的存在者的自由；不要造成不必要的苦难；永远把人自身当作目的来对待，永远不要把人仅仅当作手段来对待（即不要剥削人）。在本书的余下部分，我们将会考察诸如此类的原则。

一种对我们行为进行检验的方式是借助对金规则的应用："要像你希望别人对待你那样对待别人。"这是一条很好的经验性规则，因为一般来说在日常生活里，通过将我们自身放在我们与之相交往的那些人的角度来考虑问题，我们就能够决断什么是正当的、什么是错误的。我不想要你偷我的财产，因此我也不应当偷你的财产。正如我们在第 8 章中将会看到的，虽然这个规则并非永远正确，但它的确是一条很好的经验性规则。它是道德哲学中的开场白，而非结束语。

在第 2 章中，我们考察了伦理相对主义，即道德原则完全凭借文化或个体的认可而获得它们的有效性这种论点，并且得出结论说它有很大的问题。然而，表明相对主义充满漏洞是一回事，表明道德原则具有独立于文化认可之外的客观有效性则完全是另外一回事。一种与道德相对主义相竞争的理论，即道德客观主义的立场认为：存在对所有人和所有社会环境都有效的客观而普遍的道德原则。在这一章里，我们将考察这个理论的几种版本，并最终接受一种可能被称为温和客观主义的观点。

首先，将道德客观主义和与之有密切联系的道德绝对主义进行区分是很重要的。绝对主义者相信存在一些不可推翻的道德原则，一个人永远不应违背它们。这些道德原则是不允许存在例外的。例如，一些绝对主义者主张，无论如何一个人都永远不应违背诺言。在道德原则具有普遍而客观的有效性这一观念上，客观主义者与绝对主义者是一样的。然而，客观主义者否认道德规范必须是无例外的。客观主义者可能认为，没有任何一种道德义务具有绝对的分量或者严格的优先性，每一种道德原则都必须与其他道德原则放在一起进行权衡。例如，在一个说真话将会造成严重伤害的情境中，讲真话的义务可能就会被推翻。在这种情况下，避免伤害的义务将会推翻讲真话的义务。客观主义的一些观点确实采纳了绝对主义者的立场，即道德原则是无例外的、不可推翻的。不过，客观主义的其他理论拒绝绝对主义，坚持认为在一些具体的情境中，一种道德义务可能会被另一种与之不同的、更具强制性的义务推翻。

我们从一位很有影响的道德客观主义者托马斯·阿奎那（Thomas Aquinas，1225 ~ 1274）的观点来开始我们的讨论。

阿奎那的客观主义与绝对主义

阿奎那的道德哲学有两个组成部分。首先，他追随一种被称为自然法理论的客观主义进路。其次，他还是一名道德绝对主义者，而且他将这一主题发展为一套所谓的双重效应学说理论。让我们分别看一下这两个组成部分。

自然法理论

自然法理论认为存在一种永恒的道德法则，而且可以通过理性对人与社会本性的审视来发现它。自然法的观念首先出现于斯多亚主义者（公元前 1 世纪）之中，他们相信人类自身具有一种灵光（来自希腊语的 logos spermatikos，意思是“理性的种子或精子”），它能够使人们发现本质性的永恒法则，这些法则对于个体幸福与社会和谐来说是必不可少的。这些法则展现出理性，整个宇宙都受到它们的统治。一般意义上的自然和特殊意义上的动物由于必然性而遵守这些法则，但是人类却拥有一种选择。人类遵守这些法则，是因为他们能够感知到这些法则的内在合理性。这种观念使得斯多亚主义者成为世界主义者（宇宙公民），他们把一种普遍的正义标准（jus naturale）加于所有社会之上，根据更高层次的理性来评价各种各样的人定法或“实在法”（来自拉丁语 jus gentium，意思是“国家的法律”）。

阿奎那把宇宙自然法的含义与亚里士多德的观点结合在一起，后者认为与其他所有自然对象一样，人类也具有一种特定的本性、目的和功能。一把刀子的功能是锋利地切割，一把椅子的功能是支撑特定位置上的躯体，一座房子的功能是提供遮蔽、使人免受风吹雨打。人的本质或真正功能是过理性的生活。正如亚里士多德所说的：

> 理性似乎也是每个人真正的自己，因为一个人真正的自己是他最重要的部分或更好的部分。因此，如果一个人应当选择的并非实际上是他自己的生活，而是实际上属于其他存在者的生活，那就会很荒谬。[2]

人的功能是以所有形式展现出理性，这些形式包括沉思、考虑和行动。在阿奎那看来，理性在慎思的过程中发现了自然法。它们是普遍的规则或“理性为了共同善而发出的命令，借助对共同体具有关怀的人而传播开来”：

> 自然法属于一个人自然而然就会倾向的那些东西；在此之中，倾向于根据理性行事对人来说是恰当的……因此，行善、促进善并且避免作恶，就是自然法的第一条律令。自然法的其他所有律令都是奠基于此的；因此所有被实践理性自然而然地理解为人的善的事物，都属于自然法的律令，它们总是以做某事或避免做某事的形式出现。

然而，因为善有一种目的的本性，而恶则具有相反的本性，因此所有那些使得人对其有一种自然倾向的事物都被理性自然而然地理解为善的，进而作为追求的对象，而它们的反面则被理解为恶的，进而作为逃避的对象。因此，自然法的律令次序依据自然倾向的次序而定。[3]

阿奎那以及其他支持自然法的基督徒诉诸《圣经·新约》中的《罗马书》，在那里保罗写道：

> 没有律法的外邦人若顺着本性行律法上的事，他们虽然没有律法，自己就是自己的律法。这是显出律法的功用刻在他们心里，他们是非之心同作见证，并且他们的思念互相较量，或以为是，或以为非。（《罗马书》2:14–15）

自然法传统的核心观念如下所示：

1. 人类具有一种本质上理性的本性，这是由上帝确立的，上帝计划让我们以规定的方式来生活和繁荣（来自亚里士多德和斯多亚主义者）。
2. 即使没有关于上帝的知识，作为人性本质的理性也能够发现对于人类繁荣而言必不可少的法则（来自亚里士多德，由阿奎那加以发展）。
3. 自然法是普遍的、不可更改的，一个人应当用它们去评判个别的社会以及它们的实在法。社会的实在（或现行的）法若与自然法不一致，那么它们就不是真正的法，而是冒牌的法（来自斯多亚主义者）。

道德法则具有客观的有效性。理性能够区分出哪些倾向是我们真实本性的一部分，以及我们是如何把它们彼此联系在一起的。阿奎那把生存和繁殖的欲求列为基本的价值，没有它们，其他价值甚至都无法得到确立。知识和友谊（或交际）是另外两种内在的价值。这些价值并非因为我们欲求它们才是好的；相反，我们之所以欲求它们，乃是因为它们是好的——对于人类的繁荣而言，它们绝对是必不可少的。

双重效应学说

阿奎那的立场不仅是客观主义的，而且是绝对主义的。对于阿奎那来说，人类具有一种本质上理性的本性，而且理性通过遵循一种适当的无例外原则，能够发现每一种情境下的正当行动。但是，有时我们会遭遇道德上的冲突和“困境”——在这种情况下，我们所做的好事不可避免地会带来一些有害的后果。有鉴于此，阿奎那想出了双重效应学说（doctrine of double effect，简称 DDE），它为解决所有与一种行动将会同时产生好坏两种效应有关的道德争论提供了一种简洁的方法。概略来说，这种学说认为：为了带来好的后果而有意去做坏的行动永远是错的，但是尽管知道一种好的行为将会带来坏的后果而仍然去那样做有时却是可允许的。这种学说的核心在于四个条件，要想使一种行动在道德上是可允许的，就必须使其满足这四个条件：

行动—本性条件。这种行动必须要么在道德上是好的，要么是中性的。撒谎或者蓄意杀害一个无辜的人是永远不可允许的。

手段—目的条件。坏的效应一定不是一个人达到好的效应的手段。

正当—意图条件。意图所要达到的必须仅仅是好的效应，坏的效应只不过是意图之外的一种副作用。如果坏的效应是获得好的效应的一种手段，那么这个行动就是不道德的。坏的效应可以被预见到，但一定不在意图之中。

均衡条件。好的效应在重要性上必须至少与坏的效应相当。

让我们举例说明这种学说，如果将其应用到一个女人身上，她的怀孕正在危及她的生命。对她来说，通过堕胎来挽救她的生命在道德上是可允许的吗？这种学说会判定堕胎不是可允许的。

因为堕胎杀害了一个无辜的人，而蓄意杀害无辜的人永远是错的，所以堕胎永远是错的，即使为了挽救这个女人的生命。堕胎也无法满足第二项条件（手段—目的条件）。通过杀害无辜从而带来一种好的效应，这永远无法被证明是合理的，即使为了拯救整个城市或者全世界也不行。正如斯多亚主义者所说，“哪怕天塌地陷，也要处事公正”。然而，如果这个女人的子宫恰巧癌变，于是她可能要进行一次子宫切除，而这将导致胎儿的死亡。因为移除一个癌变的子宫在道德上是善的（因此符合第一项条件）。执行子宫切除手术的行动也符合第三项条件，因为胎儿的死亡是在子宫切除手术的意图之外的效应（尽管可以预见到）。它也符合第二项条件，因为胎儿的死亡并非挽救那个女人生命的手段，子宫切除手术才是。它还符合第四项条件，因为挽救这个女人的生命是一种巨大的善，至少与挽救胎儿一样重要。在这种情况下，考虑到双重效应学说，这个女人拥有一个癌变的子宫真的是很幸运。

另一方面，如果医生只能通过改变羊水的成分（比如利用盐溶液）来挽救这个女人的生命，而这样反过来会杀死胎儿，那么根据双重效应学说，这样做在道德上就不是可允许的。在这种情况下，虽然结果是与子宫切除手术相同的，但是杀害胎儿是作为挽救这个女人生命的手段而在意图之中的。与之类似，压碎胎儿的头部并将其从阴道中移出，从而来挽救这个母亲的生命将是不可允许的，因为这样做违背了第二项和第三项条件。

罗马天主教会不仅用这个学说来禁止绝大多数的堕胎，而且以此来禁止避孕药的使用。因为生命的繁衍是善的，对生命的破坏是恶的，而且因为性交的自然目的是产生新的生命，因此使用器具来阻止性交产生它的自然结果就是错的。

这个学说还被正义战争理论家用来为战略轰炸辩护，他们将其与恐怖袭击进行对比。在战略轰炸中，其意图是摧毁一个军事目标，比如一个军需工厂。有人预见到在摧毁这个合法目标的过程中，非战斗人员将会被杀害。基于双重效应理论，这次轰炸可以被证明是合理的，因为平民并非意图之中的目标。但是，在恐怖袭击中，非战斗人员就是计划的目标。基于双重效应学说，第二次世界大战期间，盟军对汉堡和德累斯顿的轰炸以及对广岛和长崎投掷的原子弹要受到谴责，因为它们显然意图杀害平民。相比之下，效用主义者会允许这样的轰炸，因为它们有可能产生总体的效益，即尽早结束战争，由此拯救成千上万的生命。

设想另外一个例子。假设萨莉的父亲安放了一枚核弹，它将会在半小时之内引爆。萨莉是唯一知道他把核弹藏在何处的人，而她已经向父亲承诺她不会向任何人泄露核弹的位置。尽管她为他的行动感到抱歉，但是作为一个忠诚的女儿，她仍然拒绝违背她的诺言泄露秘密。然而，如果在接下来的半小时内我们没有发现核弹位于何处并将其拆除，它就会炸掉一个城市并且杀死一百万人。假设我们能够拷问萨莉，以便从她那里获得核弹的位置信息，根据双重效应学说，这样做是可允许的吗？并不是，因为目的不能证明手段合理。这是违背第二项条件的，因为我们是在用一种坏的行动去获得一种好的效应。

另一方面，假设有人擅自改动了我的电视机线路，以致我一旦将其打开就会向下一个城镇发送一个电子信号，而这一信号将会引爆一个炸弹。假设我知道这些将会发生。根据双重效应学说，我打开我的电视去看一个益智节目，这在道德上是错的吗？是的，因为它违背了第四项条件。意图之外的恶远远大于善。

双重效应学说的问题

如果我们以这种方式解释均衡原则，那么其他许多看起来无害或者良善的行动也会违背这条原则。假设我正在思索皈依某个宗教，以此拯救我不朽的灵魂。但是，当我这样做的时候，我发现我的行动将会在我的邻居中间引起巨大的愤怒，这种愤怒将会导致五个邻居要被打入地狱。或者，假设我娶了我心中爱慕的女人为妻，而这使其他五个追求者感到如此绝望（我们可以想象，只要她还没嫁人，他们即使身为单身汉也会相当高兴），以致他们全都自杀了。我们可以假设由我引发的绝望将会使得这五个人的自由意志失去作用，我也预先知晓我的行动将会带来这样的结果。那么，我的行动在道德上可以被证明是合理的吗？在这两种情况下，双重效应学说似乎都意味着我的行动在道德上无法被证明是合理的，因为好的效应远远小于坏的效应（根据第四项条件）。

双重效应学说有些问题。首先，一些规定看起来显然是违反直觉的。仅仅因为其他一些人将会感到绝望或者将会作恶，就禁止一个人改变自己的宗教信仰，或者禁止一个人与自己心仪的人结婚，这似乎是很荒谬的。在正常情况下，我们会说，“那是其他那些人的问题”。而且，就堕胎的例子而论，我们一般判定母亲的生命比胎儿的生命更有价值，因此常识道德会允许一切为了挽救母亲生命而进行的堕胎。对此的回应可能是说我们的直觉并不一定总是正确的。它们可能会让我们误入歧途。一些人凭直觉认为走在梯子下面或者碰到黑猫是一件倒霉的事情，但这些只不过是迷信而已。对这种回应的回应认为，与一个人的生活权利有关的直觉不是迷信，而是一种基本的道德权利。

其次，一种效应与一种被视为蓄意而为的行动之间的关联必然地紧密到何种程度，这一点也并非总是很清楚。想想由菲利帕·富特（Philippa Foot）首次提出的电车难题。一辆电车正在一条轨道上行驶，司机爱德华注意到刹车失灵了。有五个人正站在离电车不远的前方轨道上，如果什么都不做，这五个人将被撞死。在右侧的隧道里有一条旁轨，一个工人正独自在那里工作。爱德华应当转向旁轨，撞死那个工人吗？效用主义者和其他许多人会说，爱德华应当将电车转到旁轨上，因为杀死一个人要比让五个同样无辜的人死去更好一些。双重效应学说看起来会禁止这种行动，认为它会违背第二项和第三项条件，或者至少违背第二项条件，因为它是想要通过一种坏的效应带来一种好的效应。它似乎也违背了第三项条件，因为将电车转到右侧旁轨上的效应与工人的死亡联系得无比紧密，只有奇迹才能拯救他。总的来说，杀人要比任其死亡更坏。因此，根据双重效应学说，爱德华看起来不应当把电车移到旁轨的方向上。

然而，双重效应学说的拥护者会回应说："爱德华并未形成一种要杀死那个工人的真实意图，因此并没有违背第三项条件。当电车飞驰驶过隧道的时候，如果有一个天使来营救那个工人，那么电车司机是不会反对的。"对这种回应的回应会说，将电车转向旁轨与无辜工人的死亡是如此紧密而明确地联系在一起，因此这种意图是与这个行动联系在一起的。如若不然，"9·11"事件的恐怖分子岂非也可以论证说他们对世界贸易中心双子塔的摧毁是得到双重效应学说允许的吗？请想象这样一种辩解："我们只是想要摧毁代表着公司贪欲（即资本主义）的这对象征物，并且预见到作为一种附带损害这会导致无辜生命的丧生。但是，如果有一个天使来营救飞机中的乘客以及双子塔中人们的性命，那么我们也不会反对。"

再次，还有如何对一种行动进行描述的问题。我难道不能将堕胎重新描述为"由于一个女人的健康或生命正处于危急关头，所以堕胎的意图是要改善那个女人的健康（或挽救她的生命），尽管同时也预见到移除胎儿将会导致胎儿的死亡，但这却是在意图之外的"吗？或者，为了给穷人提供食物，我难道不可以从杂货店里偷一些食物吗，尽管我同时也预见到这会给杂货商造成轻微的损失？而且，我难道不能将爱德华的电车困境重新描述为"完全是为了努力挽救五个人的生命，至于听任电车碾过那一个人则是意图之外的后果"吗？

当然，双重效应学说必须对重新描述有所限制；如若不然，几乎所有行动都可以通过精巧的重新描述而被证明是合理的了。埃里克·达西（Eric D'Arcy）曾经尝试设立这样的限制。他引用了一首打油诗："恺撒死后化为土，黏土补洞风可堵"①，但是他补充说，将杀死恺撒描述为意图补洞堵风当然是非常荒谬的。他自己对这个问题的解答是："一些行动极具重要性，对它们的表述不可以删减，不能只（a）表述它们的后果，而（b）隐藏或不揭示这种行动自身的本性，特殊的语境除外。"[4]

这个解释可能会使双重效应学说更能说得通，但人们并非总是能够识别出行动自身的真实本性——它可以具有多种不同的解释。此外，对我们大多数人来说，这种学说中的绝对主义将会是违反直觉的。它似乎禁止通过撒谎去拯救一个生命，禁止通过违背诺言来让一个人免受荼毒。我们为什么应当接受这样一个体系：它仅仅为了避免推翻一条普通的道德律令，就要听凭许多无辜的人遭受灭顶之灾？道德难道不是为了人的善而制定的吗？强大的自然法传统要求人类为了规则而服务于规则，这难道不是本末倒置了吗？另外，对于每一种道德困境

① 这是莎士比亚悲剧《哈姆莱特》第五幕第一场中哈姆莱特的台词，此处引用了邹孟武《新译哈姆雷特：王子复仇记》中的译文。——译者注

来说，都可能存在着多个正确答案。双重效应学说看起来似是而非，它在细枝末节上进行区分，却没有抓住道德的要领。它为我们提供了问题的解答，但是这种解答却似乎把一种人为的刻板性强加于人类的存在之上。

最后，这种绝对形式的自然法还有另外一个难题：它与一种关于人类本性的目的论观点紧密地联系在一起，这种观点认为，不仅人类而且每一个个体都有一个由上帝或一种像神一样的自然所设计的方案，所以对这个规范的任何背离在道德上都是错的。因此，由于人的方案中也包括繁衍，而性欲是达到这一目标的手段，所以从道德的角度来看，只有（没有人工节育手段的）异性性行为是得到允许的。

然而，根据达尔文主义的进化论，根本不存在任何设计。人类只是通过适者生存从生命“较为低级的”形式进化而来的动物，我们是生存竞争中偶然的产物。如果是这样，那么单一的人的目的以及服务于这种目的的绝对法则等等这些观念就是有问题的。我们可以有许多目的，我们的道德领域可能包含一定的相对性。例如，异性恋可能服务于某种社会性目的，而同性恋可能服务于另一种目的，二者都可以满足不同类型的个体。理性的任务可能不是去发现人的本质或不可更改的法则，而只不过是帮助我们延续下去并且满足我们的欲求。

不过，即使这种对于进化的非宗教性解释是不准确的，即使存在一个指导着进化的上帝，也仍然无法表明绝对主义者看待世界和道德的方式就是可选项之中最好的那个。但是，双重效应学说可能会提醒我们注意两个重要的道德真理：（1）消极义务通常比积极义务更严格。一般来说，作恶要比听任一桩恶事发生更加错误；不然的话，一个以言出必行而知名的疯子，就可以让我们去杀人——除非我们这样做，否则他就威胁杀死五个人。（2）人们拥有一些必须得到尊重的权利，因此我们不能仅仅基于一种粗糙的效用主义计算来决定做什么事情。

如果我们放弃“一种道德体系必须只包含绝对原则以及由某种确定算法，比如双重效应学说，所衍生出来的各种义务”这样一种观念，那么我们应如何看待道德体系呢？一种可能性是承认存在有效的行动规则，而且一般来说一个人应当坚守这些规则，但是在道德冲突的情况下，这些规则可以被其他道德原则推翻。威廉·D. 罗斯（William D. Ross，1877 ~ 1971）将这些可被推翻的道德规则称为显见义务。也就是说，它们仅仅在一开始或者在“首次出现”时具有约束力，直到它们被一种更为迫切的义务推翻为止。[5] 例如，尽管正义原则一般而言可能比仁善原则更重要，但是有些时候一个人牺牲少量的正义就可以做巨大的善事；在此情况下，一个客观主义者就会倾向于根据仁善的原则来行事。

可能存在一些绝对的或不可推翻的原则，但是对于客观主义来说，这一点并不需要一定为真。雷弗特·班布拉（Renford Bambrough）巧妙地说明了这一点：

> 如果有人说一个道德问题有一个正确的答案，那么立即就会被指责为或者被认为拥有道德绝对性的信念。但是相信道德的客观性，并不一定要相信道德的绝对性——这就像相信时空关系以及与之有关的判断的客观性，并不一定要相信绝对空间或绝对时间的存在一样。[6]

温和客观主义

道德客观主义的核心不是“道德原则是无例外的和不可推翻的”

这种绝对主义者的立场。相反，它是说存在着对所有的人和社会环境都有效的普遍而客观的道德原则。如果我们能够确定或表明，有理由相信，从理想的层面来说至少存在一种对所有地方的所有人都有约束力的客观道德原则，那么我们就能表明相对主义也许是虚假的，而一种有限的客观主义则是真实的。有充分理由相信许多符合条件的一般性的伦理原则都对一切有理性的存在者具有约束力，但是其中一条原则就足以驳倒相对主义了：

A. 以折磨人为乐趣在道德上是错误的。

我断言这条原则对一切有理性的行为者都具有约束力，因此如果某个行为者 S 拒绝 A，那么我们应当不要让他影响我们关于“A 是一条真实的原则”这一直觉。相反，我们应当努力把 S 的行为解释为固执的、无知的或不合理的。例如，假设阿道夫·希特勒不接受 A，这应当影响我们对 A 的真实性的信心吗？与其假设他的不服从可以作为反对 A 的真实性的一个证据，不如推断希特勒在道德上是有缺陷的、盲目的、无知的或者不合理的，这难道不是更合理吗？

进一步假设某个地方存在一个“希特勒主义者”的部落，他们喜欢折磨人。他们的整个文化都对以折磨他人为乐趣表示认可。假设特蕾莎修女或莫罕达斯·甘地试图劝说这些虐待狂应当彻底停止折磨人，却没有成功，而这些虐待狂的回应却是要对她或他进行折磨。这应当影响我们对 A 的信心吗？

更合理的做法难道不是去为希特勒主义者的行为寻找某种解释吗？例如，我们可以假定这个部落缺少成熟的将心比心的想象力，而这一点却是道德生活所必需的。或者我们可以推理说，与大多数智人相比，这个部落是处于更低级的进化阶段。或者我们还可以简单概括说，与大多数社会相比，这个部落更接近一种霍布斯式的自然状态，因此也许不会长久存在——或者即使长久存在，这个部落中人民的生活也多半是“孤独的、可怜的、险恶的、残忍的、匮乏的”——正如乌干达北部的伊克文化一样，那里的核心道德在一定程度上也已经瓦解掉了。但是，我们不需要知道“这个部落为什么处于这样一种糟糕的形态”这个问题的正确答案，就能保持我们对 A 作为一种道德原则的信心。如果 A 对我们来说是一种基本的或核心的信念，那么我们更有可能怀疑希特勒主义者的心智是否健全或者是否具有进行道德思考的能力，而不是去怀疑 A 的有效性。

核心道德

在我们最低限度的基本而客观的道德集合里，或许还可以列出其他一些候选项：

- 不要杀害无辜的人。
- 不要造成不必要的痛苦或苦难。
- 不要撒谎或骗人。
- 不要偷窃或作弊。
- 信守诺言，尊重契约。
- 不要剥夺他人的自由。
- 做正义的事，以每个人应得的方式来对待他们。
- 互惠：向别人为自己提供的服务表示感激。
- 帮助他人，尤其是当这些帮助对你造成的损失微不足道的时候。
- 遵守公正的法律。

这十条原则是核心道德的例子，是在一个繁荣的人类共同体内过上好生活的必要原则。它们并不是随意选择的，因为我们可以给出理由解释它们为什么是一个成功社会的基本因素，为什么对于社会凝聚力和个人的福祉而言必不可少。诸如金规则：不要杀害无辜的人，讲真话，信守诺言，尊重自由，给人以奖赏或惩罚（这是他们应得的——正义），帮助需要帮助的人以及诸如此类的原则，对于社会交往的顺畅进行和利益冲突的解决是非常重要的，这些事情正是伦理学所要承担的。

例如，就规则一而言，生存的本能使得我们赋予我们的生命一种很高的价值，因此任何想要延续下去的社会都必须保护无辜的生命。没有对无辜生命的保护，我们不可能做任何事情。就规则二而言，“不要造成不必要的痛苦或苦难”似乎是非常显而易见的。没有一个正常人会欲求无端的痛苦或伤害。我们想要健健康康、一帆风顺，想让别人体谅我们的需求。古代医学的准则要求医生“把不伤害放在首位”，这一点对我们所有人都适用。

就规则三而言，语言自身就依赖于一种对于讲真话原则的普遍而隐含的承诺。表达的准确性是真实性的一种原始形式。因此，每次当我们正确地运用语词（例如“那是一本书”或者“我的名字是萨姆”）时，我们都是在讲真话。如果语词与对象之间没有一种高度可靠的搭配，那么语言自身就会是不可能的。同样，就规则五而言，如果没有信守诺言这种实践活动，那么当别人向我们告知未来的行动时，我们就无法信赖他们的话语，我们也就无法对他们未来的行为有任何可靠的预期。我们的生活是社会性的，建立在合作的基础上，因此当我们达成协议的时候，我们就要将其履行，这一点是至关重要的。这个协议包含了互惠——规则八：当我们完成了我们的本分时，另一方将会给予回报，我们需要对此抱有信心，甚至黑猩猩也遵循这种以善报善的互惠规则。

就规则四而言，如果不禁止偷窃和作弊，我们就无法宣称拥有财产权，甚至无法宣称对我们腿脚的所有权，更不用说各种外在善了。而且，如果不劳而获和偷盗成为常态，那么就几乎不会有人去做生产性的工作，这样一来也就没什么可偷的，而我们的生活将会陷入贫困。任何曾经被禁闭在一个小房间或者曾经被绑住手脚的人都应当能够体会到对规则六“尊重他人自由”的需求；因为没有自由，我们就很难实现我们的目标。

有时，人们质疑规则七“做正义的事，根据每个人应得的方式来对待他们”是否暗示着我们应当以道德上的相关标准为基础来进行奖赏和惩罚，而不是以人种、种族或性别等不相关的东西为基础。正义的一个重要部分是提倡一致性。如果一个老师因为杰克的文章具有一定水平而给他一个“A”，那么在吉尔的文章也是同样水平的情况下，他就应当也给吉尔同样的分数。一种更强的、更具实质性的正义原则主张我们应当“给每个人以应得”。

规则十“遵守公正的法律”，这对和谐的社会生活而言是必不可少的。我们可能不一定赞成法律的内容，但是在一些社会情境下，我们必须做出适当的妥协，接受政府的决定。当我们不赞成某种法律的时候，我们可以尽力说服裁决者去改变它；在极端情境下，比如生活在一个奉行种族主义法律的社会里，我们还可以下决心奉行公民不服从。

对一种客观的核心道德来说，可能还存在着其他一些必不可少或高度相关的道德规则。或许我们应当增加类似“为了共同善而与他人合作”的规则，尽管我认为当我们把规则二、四、九结合起来的时候，这条规则就已经被包含在其中了。或许你还可以想起其他一些对于一个繁荣的共同体而言必不可少的规则。无论如何，只要一种道德准则包含这些客观原则必须有的一套设定，这种道德准则就是充分的，因此可能存在多种充分的道德准则，它们包含着对规则的不同排列或不同组合。在不同的情境下可能需要不同的具体规则。例如，在一个沙漠的群落里，可能存在一条禁止浪费水的严格规则；而在一个女性多于男性的群落里，可能存在一条允许一夫多妻的规则。一个拥有避孕措施的社会与一个没有这种技术的社会相比，它们对贞洁的规则要求可能也是不一样的。这种道德上的灵活性并不蕴含道德相对主义，而只不过是承认社会情境能够决定哪些规则是与一个特定共同体的繁荣相关的。尽管如此，一种本质性的核心道德，像上面描述的那些，对于人类的繁荣而言事实上都是必不可少的。

核心的道德规则类似于为一种健康饮食所必需的维生素。每一种维生素我们都需要适当的分量（一些人可能需要这一种多些，需要那一种少些），但是在规定一种营养饮食的时候，我们并不需要阐明食谱、具体的食物、餐具的摆放或者烹饪的习惯。虽然各种美食将会满足苦行者和素食者等不同的要求，但是所有人都能获得基本的营养，而无须严格的控制或者一套绝对的食谱。

我们共同的人性

在更积极的层面上，一个客观主义者将自己的道德体系建立在一种共同人性的基础上，这种共同的人性伴随着共同的需要和欲求。与将人类分隔开的因素相比，将我们统一起来的因素更多。正如亚里士多德所说：“一个人在去遥远的国家旅行的时候，可能也会观察到将每一个人与另一个人联结起来的承认和接纳的感情。”想想作为我们人类共同之处的各个方面。我们都必须摄取营养和水来生活，来过一种健康的生活。我们都想拥有朋友和家人或者一些意义丰富的关系（例如，从属于一个兄弟会、一个教会或一个俱乐部）。每一种文化中的儿童都必须得到抚养，得到珍爱，适应社会并成长为有益的公民。我们都容易受到疾病、绝望和死亡的伤害。而且我们每个人都必须面对我们自己的死亡。在不同的人和文化之间存在很多差异，但是我们基本的本性是相同的，我们的共同之处要比将我们区分开的东西更多。如果采纳我们的共同人性这一前提，我们就能够通过以下方式为客观主义进行论证：

1. 人性在本质性的方面相对而言是相似的，具有一组共同的、基本的需求和利益。
2. 道德原则是属于人的需求和利益的功能，由理性制定出来满足人这种（有理性的）存在者的需求并促进其最重要的利益。
3. 一些道德原则能够比其他原则更好地满足需求并促进人类利益。
4. 以最理想的方式满足本质性的人类需求并促进最重要的利益的原则是客观上有效的道德原则。
5. 因此，由于存在一种共同的人性，所以存在着一组本质上有效的道德原则，它们适用于所有人（或所有有理性的存在者）。

这个论证假定存在一种共同的人性。在某种意义上，一个客观主义者接受“道德的确证建立在某种社会现实的基础之上”这一观点。但是，它并不是属于文化认可的现实，而是属于我们作为有理性的存在者这一共同本性的现实，我们具有需求、利益和推理能力。只存在一种广泛的人类架构，所有的人都是从属于它的，所有的原则也都是相对于它来说的。相对主义者有时宣称这种共同人性的观念只是一种幻觉，但是我们人类的遗传学、人类学和历史学的知识提供了压倒性的证据，证明我们都与共同的需求、利益和欲望相关。一般而言，我们所有人都愿意活着，都愿意幸福，都愿意体验爱与友谊而不是仇恨与敌意，都愿意成功达成我们的目标，凡此种种。我们关心我们的孩子，对别人提供的服务表示感激，对别人故意给我们造成的伤害感到愤慨。我们寻求和平与安全，作为社会性动物的我们还想要朋友和家人。博弈论者在全世界进行了决策实验，从亚马孙和新几内亚的部落直到西方社会。他们证实了我们的判断，即所有人都重视公平和慷慨，都愿意放弃利润去惩罚不劳而获者。[7]核心道德对于这些目标的实现是必不可少的。

当然，这些原则是显见的，不是绝对的。一种绝对的原则是从来不会被推翻的，它是不允许例外存在的。但是，大多数道德原则都是可被推翻的，当在某些语境下，它们与其他道德原则发生冲突的时候。

例如，如果你约定今天中午与我会面，但是你突然碰到了一个需要你帮助的事故受害人，那么你可以推翻信守诺言的原则。或者一个凶手想要杀害你的朋友，当他向你询问你的朋友藏在哪里的时候，你可以推翻禁止撒谎的原则，甚至在紧急环境下你也可以靠偷窃来养活你的家人。不过，一般而言，为了给好生活提供最大限度的保障，这些原则应当得到遵守。

伦理境遇主义

人们相信伦理相对主义的原因之一在于他们把它与伦理境遇主义混淆在了一起，因此我们需要考察伦理境遇主义这个概念。伦理境遇主义在《圣经·旧约》一个著名的段落中得到了表述：

> 凡事都有定期，天下万务都有定时。生有时，死有时；栽种有时，拔出所栽种的也有时；杀戮有时，医治有时；拆毁有时，建造有时；哭有时，笑有时；哀恸有时，跳舞有时；抛掷石头有时，堆聚石头有时；怀抱有时，不怀抱有时；寻找有时，失落有时；保守有时，舍弃有时；撕裂有时，缝补有时；静默有时，言语有时；喜爱有时，恨恶有时；争战有时，和好有时。
>
> 这样看来，做事的人在他的劳碌上有什么益处呢？我见神叫世人劳苦，使他们在其中受经练。（《传道书》3：1–10）①

伦理境遇主义主张，客观的道德原则以不同的方式应用于不同的语境，而伦理相对主义则完全否认普遍的伦理原则。接下来用一个例子来表明这种差异。

在《桂河大桥》（*The Bridge over the River Kwai*）[8] 这本书中（大卫·里恩获得奥斯卡奖的影片是根据它改编的），有一个令人感到不可思议的关于伦理境遇主义的例子。在第二次世界大战期间，缅甸丛林中的英国战俘被命令去为关押他们的日本人工作，要为后者修建一

---

① 译文引自《圣经》（和合本）。——译者注

座横跨桂河的铁路桥，这样一来日本人就能够建立仰光与曼谷之间的运输线。他们机智勇敢的长官、英国陆军上校尼克森认为，在一种士气低落的情况下，这件事是磨炼他的士兵们的技术、鼓舞士气的一种方式。因此，在经过一些顽强的抵抗与谈判之后，尼克森上校带领他的人建造了一座一流的大桥，比日本人造出来的大桥更加优良。但是，同盟国发现这座大桥不久会被当作一个关键纽带，用以把日本的士兵和补给运送到战区，以便与盟军打仗，于是他们派出一个突击队来把它炸掉。当沃登少校、乔伊斯中校与美国人希尔斯将他们的爆破装置安放在大桥上，计划炸掉它的时候，尼克森上校发现一根柱子上系着一根引线，这根引线连接着那个爆破装置。当看到乔伊斯将要炸掉这座大桥的时候，尼克森与日本军官联手杀死了乔伊斯。最后尼克森自己也被沃登少校击中，但是当他将要死去的时候，他意识到了自己的愚蠢，扑到爆破的炸药上，引燃了炸药，恰好在日本火车经过的时候炸掉了这座桥。

尼克森上校是标准的规则服从者的典型，他忽视了建造这座大桥的目的是援助敌人，而是将建桥视为对盟军俘虏士气的鼓舞。但是到了将他的杰作摧毁的时候，尼克森却下不了手，因为他已经把这座大桥变成了一种道德偶像。

幸运的是，当他临死的时候，他终于幡然醒悟，完成了他的使命。英国士兵的义务是击败他们的敌人，作为俘虏，他们健康地活着就是为这一目标所能做的最好的事情，而要想达到这个附属的目标，其中一种方式就是通过参与建造大桥来使他们保持士气高昂。但是当形势转变的时候，将大桥摧毁更有利于主要的目标。在这两种情境中都存在着同一种崇高的目的——为了战胜敌人而努力，但是手段却随着境况的改变而改变。

一个更简单的例子是耶稣由于捡摘食物（工作）去喂养他的门徒而破坏了安息日。当法利赛人要他解释，并以此指责他破坏了安息日的律法时，他回答说："安息日是为人设立的，人不是为安息日设立的。"（《马可福音》2：27）各种戒律是为了促进人类的繁荣而制定的，不是为了这些戒律自身而制定的。

结论

我们已经概述了一种温和客观主义，这种论点认为一组核心的道德原则是普遍有效的，适用于所有地方的所有人。因此，我们已经答复了道德相对主义者和道德虚无主义者。相对主义者主张虽然存在道德原则，但它们都是相对于文化而言的。虚无主义者否认存在任何道德上有效的原则。我们论证了虚无主义是虚假的，因为有效的道德原则是存在的，但是我们也承认在伦理学中有某种相对性，尤其是当道德与礼仪非常接近的时候。我们也已经提到道德是境遇性的：原则能够以不同的方式应用于不同的语境。我们论证了一种共同的人性是我们“存在一套普遍有效的道德规则”这一论点的基础。在促进人的善的过程中，道德服务于人的具体功能，由此存在着一种对客观性道德的常识性和功能性的说明。存在着一种自然主义的常识性说明来确立核心道德，尽管其他人可能会依赖亲身的直觉或者依赖宗教得出一种相似的结论。

现在让我们回到第 2 章开头提出的相对主义问题：“谁来判断什么是正当的，什么是错误的？”正确的答复是：“我们所有人——地球上每个有理性的存在者——都必须做出道德判断，都必须准备好为自身的行动承担责任。”在与其他文化中的人进行对话的时候，我们要以我们所能提供的最好推理为基础进行判断，并保持同情与理解。事实上，所有道德理论都承认道德服务于人的善，尽管它们各自赋予这一观念不同的权重。

进一步的反思

1. 请对西巴的故事进行分析。对这个事例的反思会给伦理相对主义与客观主义的争论带来什么启发？

2. 什么是道德中的自然法立场？试对其进行评价。

3. 请讨论双重效应学说。它的有效性如何？

4. 恐怖分子能够使用双重效应学说的某个观点来证明他们的暴力行动是合理的吗？请阐释。

5. 道德绝对主义与道德客观主义的区别是什么？哪一种立场是正确的，为什么？

6. 伦理相对主义与伦理境遇主义的区别是什么？

7. 请思考本章开头对大卫·休谟的摘引。[①] 它构成对道德客观主义的支持吗？请阐释。

8. 什么是显见义务？请给出一些例子。

---

① 本书第七版在本章开头曾援引大卫·休谟《人类理智研究》（*An Enquiry Concerning Human Understanding*）的部分内容："无论在任何国家、任何时代，人的行动都存在很大的一致性，而且人性在其原则与运作方面也保持相同。相同的事情来自相同的原因。野心、贪婪、自爱、虚荣、友谊、慷慨、公共精神，这些激情不同程度地混合在一起，分布于整个社会之中。我们所看到的人类的各种行动和努力，其根源便在于这些激情，自古便是如此，现在也依然如此。……（历史的）主要用途仅仅在于：展示出各种境况和情境下的人，为我们提供材料，让我们可以从中形成自己的观察，并开始熟悉人类行动和行为的常规来源，从而发现人性中不变的普遍原则。"（参见［美］路易斯·波伊曼、詹姆斯·菲泽：《给善恶一个答案：身边的伦理学》，王江伟译，第 50 页，北京：中信出版社，2017）。——译者注

第 4 章

价值与对善的追求

什么样的事物是有价值的？一些为我们所重视的东西其实是相当微不足道的，比如一双新鞋或者一个偏爱的苏打水品牌。的确，我们很享受它们，但是它们并没有真正的紧要性。不过，其他一些事物似乎是具有根本重要性的，我们很多人会把人的生命价值放在这一清单的首位。毕竟，除非我们在活着的时候对某个事物有所经验，否则很难在它里面发现价值。我们一些人可能甚至宣称要赋予人的生命一种绝对的价值。现在假设我告诉你，我发明了一种不可思议的“便利机器”，它会使每个人在日常琐事中节省大量的时间和精力。但是，这种便利机器的不足在于它的使用将会导致每年超过七万五千个美国人死亡。你会使用这种机器吗？或许你会拒绝，其依据在于生命的价值超过任何程度的便利。

可是假设我们的经济以对这种机器的使用为中心，如果没有它，国家就会陷入前所未有的经济萧条。或许你仍然会拒绝使用它，并且坚持认为我们与其连续牺牲这么多的生命，还不如改变我们的经济预期。

不过，我们实际上拥有着这种“便利机器”，并且还有好几种品牌：雪佛兰、福特、克莱斯勒、丰田、本田、梅赛德斯等。美国的机动车事故导致一年之中有三万人死亡，另外还有五万人的死亡是由汽车污染带来的疾病造成的。因此我们实际上对生命重视多少呢？或许不像我们常常宣称的那么多，而且我们肯定没有把生命看作一种绝对的事物。有些人说，有价值的是生命的质量，而不是生命本身。古代的希腊人和罗马人相信当生命变成负累的时候，一个人就有自杀的义务，因为重要的不是生命的长度，而是生命的质量。正如一位斯多亚主义哲学家所说：“仅仅活着并不是一种善，只有活得好才是一种善。”

人的生命只是我们认为很有价值的各种事物中的一个例子，要想对这些事物列出一个完整的清单基本是不可能的。不过，尼古拉斯·雷舍尔（Nicholas Rescher）把一些基本价值分成了以下八类：

- 物质与身体的价值：健康，舒适，人身安全
- 经济价值：经济安全，生产能力
- 道德价值：诚实，公平，善良
- 社会价值：慷慨，礼貌，亲和
- 政治价值：自由，正义
- 美学价值：美，对称，优雅
- 宗教价值：虔诚，尊奉，信仰
- 智识价值：智力，明晰，知识[1]

想出一个像这样的价值名单是非常容易的：只要想想你白天所做的事情，反思一下对你来说最重要的事情是什么。不过，比较难以理解的是，为什么这些事物一开始就是有价值的，我们不同的价值之间有什么共同之处——如果有的话。在这一章中，我们将探讨价值的观念以及价值是如何与道德问题联系在一起的。

价值的类型

内在价值与工具价值

当我们审视雷舍尔的基本价值名单时，我们看到其中一些似乎是由于它们自身而有价值，比如美与正义；而另一些则是由于它们所带来的有益后果而有价值，比如人身安全与经济安全。这里的本质性区别在于内在善与工具善之间的区别。内在善之所以是善的，是由于它们的本性，而不是由于其他的善。与之相比，工具善之所以值得欲求，是因为它们是获得我们内在善的有效手段。柏拉图（Plato，前 428 ~ 前 348）在他的《理想国》（*The Republic*）中做出了这一区分，其中的两个人物苏格拉底（Socrates）与格劳孔（Glaucon）有这样一段对话：①

苏格拉底：告诉我，你是否认为存在那么一种善，我们之所以对它表示欢迎，不是因为我们欲求它的后果，而是为了它自身的缘故，例如欢乐以及一切无害的快乐，人们在它们之中所能找到的只是欢乐而已，没有什么更进一步的后果？

格劳孔：确实，我认为存在这样一种善。

苏格拉底：此外，还存在一种善，我们之所以对其表示欢迎，既是为了它自身的缘故，也是为了它的后果，例如知识、视力和健康。我们对这些事物表示欢迎，是同时为了这两种理由。

格劳孔：是的。

① 译文参考了《理想国》中译本（［古希腊］柏拉图：《理想国》，郭斌和、张竹明译，北京：商务印书馆，1986），并有所改动。——译者注

> 苏格拉底：你注意到第三种善了吗，比如体育锻炼、病症医治、医学实践以及其他赚钱的方法？应当说这些事情令人厌烦，但却对我们有利；我们之所以想要它们，应当不是为了它们自身的缘故，而是由于它们带来的回报以及其他利益。[2]

“什么事物是善的或有价值的？”这个问题是模棱两可的。我们需要首先把存在着的各种价值或善区分开来。在上述对话中，苏格拉底区分了三种善：纯粹的内在善（比如单纯的欢乐）；纯粹的工具善（比如医学和赚钱）；混合性的善（比如知识、视力和健康），它们不但就其自身而言是善的，而且作为一种获得更多善的手段也是善的。

本质性的区别是在内在善与工具善之间。我们认为一些事物自身就是善的或具有被欲求的价值（值得欲求的），而另一些事物则只是由于它们的后果而成为善的或值得欲求的。内在善由于它们的本性而是善的，它们并非源于其他的善；而工具善之所以值得欲求，是因为它们是获得我们内在善的有效手段。

我们可以进一步将一种工具善（an instrumental good）与一种好的工具（a good instrument）区分开。如果某个事物是一种工具善，那么它就是获得某种内在善的一种手段；但是如果它只不过是一种好的工具，那么它就是达成任意目标（无论好坏）的一种有效手段。例如，毒药是谋杀别人的一种好的工具，但是谋杀并不是一件具有内在善的事情；因此毒药，至少就这种用途而言并不是一种工具善。

我们重视的很多事物都有工具价值。在上文对《理想国》的摘录中，苏格拉底提到两种工具价值：医学和金钱。医学是一种工具善，因为它几乎不会由于它自身而受到重视。我们可以问：“医学是做什么用的？”答案就是“它用来促进健康”。但健康是一种内在价值，还是一种工具价值？我们可以问：“健康是做什么用的呢？”一些人会同意苏格拉底的看法，认为健康一方面就其自身而言就是善的，另一方面也可以作为其他事物比如幸福和创造性活动的手段。另一些人则会对苏格拉底的论点提出质疑，并将健康完全判定为一种工具善。

金钱是苏格拉底提出的关于工具价值的另一个例子。几乎没有人（即使有也是极少）真的为了金钱自身的缘故而看重它，几乎所有人都是为了它所能购买的东西而看重它。当被问道“金钱是做什么用的”时，我们会回答说：它是用来帮助我们得到食物、衣服、房子、汽车、娱乐和教育诸如此类的东西的。但是在这些东西之中哪些是真正的内在善，还是说它们全部都是工具善？例如，当被问道“娱乐是做什么用的”时，我们会想出什么答案？我们大多数人会提到乐趣或快乐，苏格拉底把它们作为一种内在善的例子。我们是否能够进一步追问“乐趣或快乐是做什么用的”呢？我们将在下一部分考察这个问题，不过在此之前，我们需要询问内在价值的观念是否有意义。

存在内在价值吗？存在这样的实体吗？它们的价值并非源于其他事物，也就是说，它们由于自身而被寻求，它们天生就是善的，本身就是善的？还是说所有价值都是相对于欲求者而言的，都是达成目标的工具，而目标则是选择者的创造？那些内在价值观念的拥护者通常论证快乐是内在价值的一个例子，而痛苦则是内在的反面价值（disvalue）的一个例子：对快乐的经验是好的，对痛苦的经验是坏的。当然，这些哲学家承认个体对快乐的经验也可能是坏的（因为它们导致某种反面价值，比如开怀畅饮之后的宿醉），而个体对痛苦的经验也可能是有价值的（例如通过一场痛苦的手术去挽救一个人的生命）。

内在主义者断言快乐就是比痛苦更善。我们能够直接看到这一点。我们不需要任何论证，就能使人们相信：快乐是善的，而无端的痛苦从内在层面而言是坏的。假设我们看到一个人在折磨一个儿童，并且我们命令他立即住手。如果他回答说："这个儿童正在经受巨大的痛苦——这一点我同意，但是为什么我应当停止折磨他呢？"那么我们会怀疑他是否有某种精神错乱。

非内在主义者否认上述论证具有任何效力。经验自身能够具有价值这一观念有欠清晰。仅仅是由于我们选择了快乐而非痛苦，价值的观念才开始具有意义。从某种程度上来说，所有价值都是外在的或者都是选择的产物。许多存在主义者，最著名的是让－保罗·萨特（Jean-Paul Sartre），认为我们通过专断的选择而发明了我们的价值。创造我们的价值进而对我们自身进行定义的自由是如神一般的自由，同时也是令人深深感到恐惧的自由，因为我们无法为我们的失败责备任何人，只能责备我们自己。"我们被判了自由之刑……价值仅仅是你们所选择的那种意义，别无其他。一个人可以选择任何东西，只要是立足于自由之上。"[3]

但这似乎是错误的。我们选择大多数价值的方式，都不同于我们在两种不同专业之间做选择或者我们吃饭时选择汤还是沙拉的方式。我们情不自禁地重视快乐、健康、幸福与爱，否定痛苦与苦难。至于那些基础性的价值，是它们选择我们，而不是我们选择它们。即使自由——萨特将其作为选择一种价值的条件——不是我们选择的一种价值，而是由我们的本性强加于我们的，我们也可以为了其他价值而推翻我们的自由。但是，我们无法选择重视它还是不重视它，这就像连续几天被剥夺了食物或饮料之后，我们无法选择是否感到饥饿或口渴一样，就像上帝或进化已经预先设定了我们要去欲求这些基本的善的事物一样。当我们发现有人不重视（或者宣称不重视）幸福、自由与爱的时候，我们倾向于将这种反常解释为诸多不幸境况所造成的一种产物。

快乐的价值

哲学家们分为两大阵营：快乐主义者与非快乐主义者。快乐主义者（来自希腊语 hedon，意思是“快乐”）断言所有快乐都是善的，而且快乐是唯一一种自身就是善的东西，其他所有的善都是来源于这种价值。当且仅当一种经验能够提供某种快乐，这种经验自身才是善的。有时，这个定义扩大到把痛苦的减少也包括在内，痛苦被看作唯一一种自身就是坏的东西。为了简便起见，我们将使用前一个定义，同时注意到它可能需要参照痛苦作为补充。

快乐主义者可以细分为两类：感官论（sensualism）者，持这种观点的人将所有的快乐都等同于感官的享受；满足论（satisfactionism）者，持这种观点的人将所有的快乐都等同于可能不牵涉感官层面的满足或享受。满足是知觉一种快乐的状态，比如当完成一次成功的冒险或收到一件礼物之后我们可能会经验到的那种状态。感官享受的对立面是肉体的痛苦，满足的对立面是不快乐或不满足。

希腊哲学家阿里斯提波（Aristippus，前 435 ~ 前 366）拥护感官论者的立场：唯一（或首要）的善是感官的快乐，这种善是根据它的强度来定义的。

这也正是阿道司·赫胥黎（Aldous Huxley）的《美丽新世界》（*Brave New World*）中穆斯塔法·蒙德（Mustapha Mond）的哲学。这个美丽的新世界是一个未来的社会，那里的人们已经通过免疫、基因工程、行为矫正摆脱了疾病、暴力和犯罪。他们还借助一种给他们提供愉悦感的药物“唆麻（soma）”摆脱了抑郁和忧愁。当剩余的少数不满现状的“野蛮人”抱怨这个“乌托邦”中缺少某些有价值的东西时，这个社会的杰出管理者穆斯塔法·蒙德为这个快乐主义的“乌托邦”进行了辩护。接下来的对话发生在穆斯塔法·蒙德与不满现状的“野蛮人”之间，前者是统治着这个美丽新世界的天才技术专家，后者则相信这个快乐主义的乐园还缺少某种东西。①

野蛮人：是的，正如你们一样。消灭掉各种令人不快的东西，而不是学着去忍受它们。默然忍受命运暴虐的毒箭，或是挺身反抗人世无边的苦难，通过抗争把它们扫清，这两种行为，哪一种更高贵？②……但是，这两种行为你们都没有做到。你们既没有忍受，也没有抗争。你们只是废除了这些毒箭。这实在是太轻松了……充满危险的生活本身不也具有某种意义吗？

穆斯塔法·蒙德：它确实有很大意义……男人和女人的肾上腺必须要不时地得到刺激……它是改善健康的条件之一。这就是为什么我们要把接受狂激剂治疗规定为一种义务。

野蛮人：狂激剂？

穆斯塔法·蒙德：就是狂暴激情替代剂。定期地每个月一次。

① 译文参考了王波的《美丽新世界》中译本（［英］阿道司·赫胥黎：《美丽新世界》，王波译，第 234 ~ 237 页，重庆：重庆出版社，2005），并有所改动。——译者注

② 野蛮人在这里引用了莎士比亚《哈姆莱特》第三幕第一场中哈姆莱特的台词。这里对这句台词的翻译参考了朱生豪的译文（［英］莎士比亚：《莎士比亚全集》第五卷，朱生豪译，第 341 页，北京：人民文学出版社，1994）。——译者注

我们让整个系统都弥漫着肾上腺素。从生理上来说，它就完全等同于恐惧与狂怒……可你不会感到丝毫的不适。

野蛮人：但我喜欢那种不适。

穆斯塔法·蒙德：实际上你是在要求受苦受难的权利……除此之外还有变得衰老、丑陋和阳痿的权利，患上梅毒和癌症的权利，忍饥挨饿的权利，惶惶不可终日的权利，被各种令人发指的痛苦折磨得死去活来的权利。

野蛮人（经过长久的沉默）：我要求所有这些权利。

穆斯塔法·蒙德（耸了耸肩）：随便你。[4]

除了丧失感官能力（或者处于类似心理状态中）的青少年以外，所有人或许都会同意：这个美丽的新世界确实缺少某种东西。这种感官性的快乐过于简单了。

公元前3世纪以来的大多数快乐主义者都追随着伊壁鸠鲁（Epicurus，前342～前270），伊壁鸠鲁对快乐有一种更为广泛的看法：

使生活变得快乐的不是连续的纵饮狂欢，不是不期而至的艳遇，也不是华贵宴席上提供的美味佳肴与山珍海味。而是冷静的沉思，考察各种选择和逃避背后的原因，驱逐诸种无效的意见——正是它们带来了烦扰心灵的大部分困惑。[5]

作为满足的快乐与作为感觉的快乐之间的这种区分非常重要，认识不到这一点就会导致混淆和悖论。这方面的一个例子就是受虐狂悖论。痛苦是快乐的对立面，受虐狂怎么可能享受痛苦（即从痛苦中得到快乐）呢？快乐主义者会回应说："只是由于某种心理上的失常，受虐狂才会（在满足层面上）享受（在感觉层面上）令人痛苦的事情。”但他并不是（在满足层面上）享受（在感觉层面上）令人痛苦的事情。还有一种两阶的分析来解释受虐狂的行为：从一种较低的或基本的层面来说，他要么是在经受痛苦，要么是在经受令人不满的事情；但从一种较高的层面来说，他认可这种痛苦或这种令人不满的事情并且从中获得了满足。

非快乐主义者分为两个阵营：一元论者和多元论者。一元论者（Monists）相信存在着一种单一的内在价值，但它不是快乐。它或许是一种超验的价值："善"——尽管我们无法充分地理解它，但它却是我们其他所有价值的基础。这似乎是柏拉图的观点。多元论者（Pluralists）一般承认快乐或享受是一种内在善，但是他们补充说还存在着其他的内在善，比如知识、友谊、美、自由、爱、道德善以及生命本身。

诸如杰里米·边沁之类的快乐主义者论证，尽管这些性质都是善的，但它们的善都是来源于它们带来快乐或满足这一事实。这些快乐主义者要求之前提到过的每一种价值都要回答"它有什么用？"这个问题。知识有什么用？如果它不能给任何人带来满足或享受，那它还真的是善的吗？为什么我们觉得在知道纽约市有多少个楼梯与知道是否存在来生之间存在着一种显著的差异？我们通常不重视第一种知识，而第二种知识则与我们的享受相关。

快乐主义者问："友谊和爱情有什么用？"如果我们被以另一种方式造出来，如果我们从爱情和友谊中获得不了任何满足，那么它们还会是有价值的吗？它们之所以是具有极高价值、非常重要的工具善，不就是因为它们带来了巨大的满足吗？快乐主义者甚至论证，道德承诺或责任心自身也不是善的。道德不是内在地有价值的，而是为了服务于人类的需求——这一点反过来又与给人们带来满足有关。而且，生命当然也并非内在地就是善的。重要的是生命的质量。一条变形虫或一个永久昏迷的病人虽然拥有生命，但却没有内在的价值。只有当知觉出现的时候，才有获得价值的可能性。对于满足来说，知觉是一个必要而不充分条件。

非快乐主义者回应称：这是违反直觉的。例如，试想一下生活在一架“快乐机器”（Pleasure Machine）中的可能性。我们发明了一种复杂的机器，人们可以进入其中去寻找纯粹而持久的快乐。一些电极会连接到他们的大脑上，并把电流传送到大脑皮层的边缘区域以及大脑的其他部分，从而产生非常强烈的快乐感觉。每当人们进入这架机器，他们都会体验到这些美好的感觉。那么你会进入这样的一架机器吗？

如果你想要的仅仅是快乐或满足，那么“快乐机器”看起来就是正确的选择。你保证会获得所有你曾经梦想到的快乐，而且不会遭遇挫败或其他人的竞争。但是，如果你想要做某些事情和成为某种人（例如拥有好的品质或某种人格）或者体验现实（例如友谊和竞争），那么你可能认为这一选择需要三思而后行。“快乐机器”不正是又一种像酒精、海洛因、可卡因一样让人上瘾的东西吗？一旦进入这架机器，我们会不会变得对它永远成瘾？再者，如果你想要的仅仅是快乐，那你为什么不雇一个人来一辈子为你抓痒呢？难道我们不会厌烦成为被动的庸人吗，即使它是令人快乐的？我们大多数人都会拒绝这样一种生活方式，因为它让我们等同于吸毒的蟑螂。

或者假设存在着两个世界，它们拥有同样数目的人口和同样数量的快乐总额，不过世界一中的人们是自私的甚至邪恶的，而世界二中的人们则是极其有道德的。就内在的层面而言，世界二不是比世界一更好吗？

或者想象苏西和伊西这两个人的两种生活。苏西患有严重的智力迟钝和身体残疾，但她拥有一百千乐（快乐的单位）；而伊西享有机敏的头脑和健全的体魄，不过她只有九十九千乐。二者相比，不是很明显伊西拥有更好的生活吗？但快乐主义者却坚持说苏西的生活更好，这似乎是不合情理的。

正是这些情形使得约翰·斯图尔特·穆勒（将在第 7 章中讨论）在他的经典著作《功利主义》(*Utilitarianism*)中修改了快乐主义的学说，承认："一个未得到满足的人要比一头得到满足的猪更好，未得到满足的苏格拉底要比一个得到满足的傻瓜更好。"[6] 他提出，存在不同性质的快乐，那些对不同种类的快乐都有所体验的人能够对它们进行区分。快乐性质的概念能否拯救快乐主义还是一个具有争议的问题，但是"只有快乐是善的"这种观念令我们许多人感到不安。就我们所说的"价值"的含义而言，一些更为广泛的概念，比如幸福或欲求对象，似乎是更令人满意的候选项。

价值的基本性质

价值是客观的还是主观的?

是因为善是善的所以我们才欲求它，还是因为我们欲求它所以善才是善的？客观主义者主张，无论是否有人真的去欲求价值，价值都是值得欲求的；在某种意义上，它们不依赖于我们而存在。与之相反，主观主义者主张，价值是依赖于欲求者的，是相对于欲求者而言的。

关于价值的经典客观主义观点（绝对主义的观点）是由柏拉图给出的，他教导我们：善是最高的形式，是不可言传的、如神一般的、独立自存的，只有在接受一段旷日持久的哲学教育之后才可能知晓它。我们之所以欲求善，是因为它是善的。属于柏拉图传统的哲学家们坚持认为，价值是不依赖于人或理性的兴趣而独立存在的。例如，摩尔（G.E.Moore）主张，善是一种简单的、不可分析的性质，就像黄色这种颜色一样，但它也是一种必定可以通过直觉来认识的性质。摩尔相信，一个伴随着美的世界要比一个成为垃圾场的世界更有价值，无论在这些世界之中是否存在有意识的存在者：

> 让我们想象一个极其美丽的世界，它正如你所能够想象的那样美丽……然后再想象一个你所能够设想的最丑陋的世界，想象它只不过是一堆垃圾。[7]

摩尔问我们：我们是否会更想让第一个世界存在，而不是第二个，即使没有任何有意识的存在者可以从其中任何一个世界中获取快乐或痛苦。摩尔相信，很显然这个美丽的世界天生就是更好的。但是，反对者会问："如果没有任何人（甚至上帝）去享受这样的一个世界，那么它又有什么好处呢？"

其他较弱的客观主义观点把价值看作在事物的本性中浮现出来的属性或性质。也就是说，正如水的湿润这种性质不属于 H_2O 分子，而属于我们的神经系统与无数个这样的分子之间的相互作用；也正如平滑这种性质不属于我正在触摸的这张桌子，而属于构成这张桌子的亚原子粒子的电荷与我的神经系统之间的相互关系；因此，价值（或善的性质）是在有意识的存在者与物质存在和社会存在之间的相互关系中浮现出来的。它们是协同性的实体，既依赖于我们的本性，也依赖于它们的客观属性。

例如，如果我们不是伴随着欲求的存在者，我们就不会处于一种对价值表示欣赏的立场；但是一旦存在这样的存在者，某些东西，比如快乐、知识、自由、友谊和健康，就将是有价值的，而另一些东西，比如痛苦、苦难、无聊、孤单、疾病和死亡则将是有反面价值的或者就其自身而言是没有价值的。这种协同性的观点既承认价值具有一种主观的方面，又承认价值具有一种客观的方面。

主观主义仅仅把价值看作有意识的欲求的产物。美国实用主义者拉尔夫·巴顿·佩里（Ralph Barton Perry，1876 ~ 1957）声称，价值只不过是兴趣的对象。[8] 价值是由欲求产生的，它们有多大程度的价值取决于它们在多大程度上被欲求：欲求越强烈，价值越大。主观主义与弱的客观主义立场（或混合型观点）之间的差异仅仅在于：主观主义者没有给出关于"适当的欲求"的规范性要求，反而判定所有欲求都是平等的。按照这种定义，人们碰巧欲求的任何东西都是一种价值、一种善。

客观主义者则回应称，我们能够把善与人们所欲求的东西区分开来。例如，我们可以说琼最欲求的就是进入那架“快乐机器”，但它不是善的；或者约翰最欲求的就是加入撒旦的团伙，在那里他将为作恶而作恶，肆意虐害他人，但这并不是善的（甚至对于约翰而言也不是善的）。即使琼和约翰从未由于这些东西而体验到任何不满足，“快乐机器”和撒旦的团伙也存在某种显而易见的坏处。

另一方面，假设琼不想拥有任何朋友，约翰不想对历史、文学、哲学或科学有任何了解。客观主义者会回答说：如果琼拥有一些朋友，如果约翰对历史、文学、哲学或科学有所了解，那么从客观来看这实在是一件好事。

或许，对主观主义者和客观主义者之间的分歧进行裁定的一种方法就是想象一个理想的欲求者，他是公平无私的，对所有行动的后果拥有最全面的知识。这个理想的欲求者所选择的东西当然就是“善”，他所鄙弃的东西就是“恶”。如果这样的话，我们就能够通过提高我们对公平判定的理解和能力来接近这样一种理想的视角。哲学特别是道德哲学的研究把拥有这样一种能力作为它的主要目标之一。

价值与道德的关系

通常来看，价值理论处于道德理论的核心。然而，问题在于道德上的正当与错误本身是否是内在的价值（一如康德所声称的，道德法则是“一块自身就能熠熠生辉的宝石”），正当与错误是否是由它们实现更深层的非道德价值——比如快乐、幸福、健康与政治和谐——的能力所定义的。为了着手理解这个问题并且概述道德的各种作用，请允许我给出一幅道德的流程图（图 4.1），它可以帮助指明价值在道德理论中的作用。

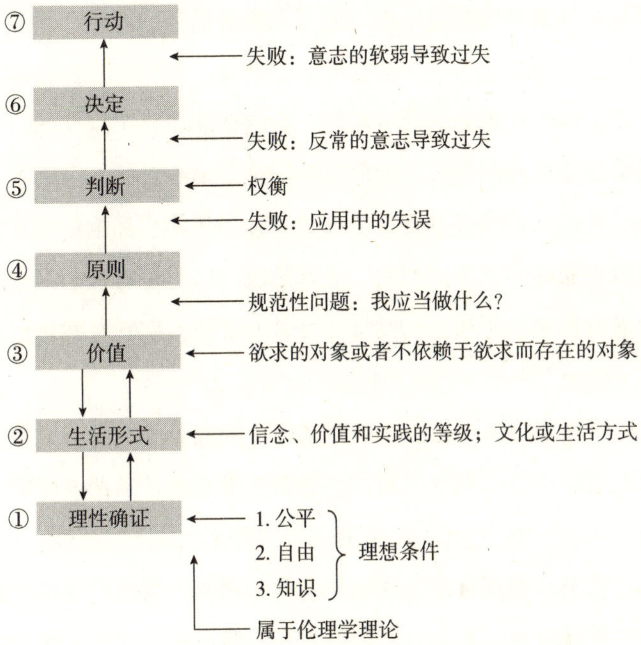

图 4.1　道德流程图

价值（③）在道德流程图中的位置表明，价值在道德领域中处于核心地位。它们是原则（④）的根源，又根植于生活形式（②）之中。价值的范例是生命、爱、自由、隐私、幸福、创造性活动、知识、健康、正直和理性。我们正是根据我们的各种价值引申出各种原则（④），我们也可以把这些原则称作行动导向型价值的“例示者”或“例证者”（因为它们显示出了价值中所具有的潜在的为行动提供指导的效力或规定性的效力）。我们根据“生命”这种价值引申出“促进并保护生命”和“不要杀人”的原则，根据“自由”这种价值引申出“不要剥夺他人自由”的原则，根据“隐私”这种价值引申出“尊重每个人隐私”的原则，根据“幸福”这种价值引申出“促进人类幸福”的原则，其他所有价值也是如此。

至于价值是客观的还是主观的，是内在的还是工具性的，这个图表并未给出任何判断。关于价值或原则是否是绝对的，它也不采取任何立场；不过，它们不需要是绝对的。大多数体系都承认所有或大多数的价值和原则都是可推翻的。也就是说，它们是对我们的行动进行指导的诸种考量，每当它们发生冲突，就必须做出一种裁定，从而决定在当下境况里由哪一种原则推翻另一种原则。

我们常常发现自己身处于同时适用一种或多种原则的道德情境之中。至于把哪一种原则应用到我们的情境里，或者当两种或更多的原则都适用时哪一种原则会在竞争中赢得胜利，我们需要做一种判断（⑤）。正确的原则会界定我们的义务。例如，当我们有机会在一次考试中作弊的时候，我们立即判断诚实原则（源于正直这种价值）适用于这种情境。当两个人或更多人在两种价值哪一种更重要的问题上意见不一的时候，就可能出现人际之间的分歧。比如玛丽论证：吉尔不应该堕胎，因为生命的价值比吉尔的自由和身体的完整性更重要；但是约翰却论证：吉尔的自由和身体完整性比生命的价值更重要。

即使在我们判断了适用哪一种价值之后，我们也仍未完成道德的流程。我们还必须决定去做道德上正当的行动。最后，我们还必须真正去做这种正当的行动。

要注意在这个过程中遇到失败的可能性。我们也许未能将正确的原则应用到情境之中（④和⑤之间的箭头）。例如，我们也许由于疏忽而完全没有想起反对作弊的原则。这是一种应用上的失败。不过，即使在我们做出正确的判断之后，我们仍然有可能未能做出正确的选择，比如无论如何仍然决定作弊。在这种情况下，我们拥有一种反常的意志（⑤和⑥之间的箭头）。最后，我们可能做出正确的选择，但却未能执行我们的决定（⑥和⑦之间的箭头）。我们把这称作意志的软弱（weakness of will）：我们打算去做正当的行动，但却仅仅由于道德上的软弱而未能将其实现。在我们的这个例子里，就是我们打算克制自己不去作弊，但却未能控制住自己。“我所愿意的，我并不做；我所憎恶的，我倒去做。”[9]

更具争议性的问题关涉作为诸种价值之根源的深层结构。一些理论否认存在任何深层的结构，而且反过来断言价值完全凭自身的权利而存在，可以说是独立地存在着的。然而，更多的时候，价值被看作根源于整体的生活形式，这些形式可以是真实的也可以是理想的，比如柏拉图的等级社会，或者亚里士多德的贵族统治，或者犹太教、基督教的上帝之国（理想的犹太会堂或基督教堂）观念。生活方式或文化是信念、价值与实践的整体性和等级性的结合。

关于道德的最深层问题在于，这些生活形式是否能得到确证以及如何得到确证（①）。与其他生活形式相比，一些生活形式是否能够更好地得到确证或者更能得到确证？如果是这样的话，人们又如何确证一种生活形式？为确证提供支持的候选项是像上帝的意志、人类的幸福、所有创造物的繁荣兴旺、公平与知识的准则、一份非常理性的社会契约（霍布斯和罗尔斯）等诸如此类的观念。例如，一个有神论者可能会论证理想的道德体系（即理想的生活形式）由于是上帝所命令的从而得到确证。一个效用主义者会主张最终的标准乃是福利或效用的增进。一个自然主义者或现世人文主义者可能论证理想的体系是由于以下事实而得到确证：它最好地满足了人类的需求或促进了人类的繁荣兴旺，或者它是具有完美理性的人将会选择的一种体系。一些伦理学家会使生活形式成为确证的最终根源，而完全否认存在任何理想的确证。这些是伦理相对主义者，他们声称：每一种道德体系只要被文化或个体选择就是正确的。

但是，图 4.1 的重点并不是确定准确的道德深层结构，而是指出价值观根源于文化的建构，并且是道德原则的基础，而道德原则又是道德推理的基础。针对价值观与德性的关系，我们还可以设计出一种相似的图表（将在第 9 章中讨论）。每一种德性都是以一种价值观为基础的，每一种恶也都是以一种反面价值观为基础的。

好的生活

最后，我们想问哪一种生活是最值得过的。亚里士多德很久以前就曾写道，所有人寻求的都是幸福：①

> 存在着非常广泛的一致意见；无论是普通人，还是那些优秀高尚的人，都会说这是幸福，并且会把幸福等同于生活得好和做得好；但是关于幸福是什么，他们就有分歧，一般人的意见与明智之人的解释就不一样了。因为前者认为它是某种明显的、可见的东西，如快乐、财富或荣誉。[10]

幸福是什么？同样，在这个方面又分成客观主义者、主观主义者和结合论者。客观主义者追随柏拉图和亚里士多德，把幸福与快乐区分开来，提出对于人性而言有一种单纯的理想；如果我们达不到那种理想，那么我们就是失败的。幸福（来自希腊语 eudaimonia，字面的意思是“好的精灵”）不是一种单纯的快乐或满意的主观状态，而是如果我们理解了我们基本的本性，那么我们所有人就都会想要过的那种生活。就像刀子、叉子和轮子都具有功能一样，包括人类这一物种在内的各个物种也都是如此。我们的功能（有时被称为我们的“本质”）就是要按照理性来生活，从而变成某种高度理性的、自律性的存在。当我们过有德性的生活的理想得到实现时，我们就是真正幸福的。

---

① 译文参考了《尼各马可伦理学》中译本（［古希腊］亚里士多德：《尼各马可伦理学》，廖申白译，1095a16–21，北京：商务印书馆，2003），并有所改动。——译者注

柏拉图将幸福称为“灵魂的和谐”。正如处于和谐状态的身体就是健康的身体、和谐地发挥功能的政治国家就是一个好的国家一样，当灵魂的所有特性都和谐地发挥着功能，并且理性的感官统治着激情和情感的要素时，灵魂就是幸福的。尽管我们毫无疑问会知道我们何时幸福以及何时对自身感觉良好，但是这种主观的感觉本身无法定义幸福，因为人们即使未能获得卓越才德，也能够凭借自我欺骗或无知而感到幸福。

随着对人性的进化论解释的兴起，客观主义的观点逐渐淡出了人们的视线，进化论的解释削弱了“存在着一种预定的本质或功能”这样的观念。科学无法发现任何固有的目的（telos）或目标是所有人都必须为之奋斗的。因此，当代的趋势是支持价值多元主义，价值多元主义认为存在很多发现幸福的方式：“要让百花齐放。”但这又导致了主观主义。

主观主义观点的幸福声称，幸福系于观察者的眼睛。你认为你是多么幸福，你就是多么幸福，一分不多，一分不少。这个概念不是一个描述性的概念，而是一种第一人称的评价。我是唯一一个决定或知道我是否幸福的人。如果我感到幸福，那么我就是幸福的，即使其他每个人都鄙视我的生活方式。从逻辑上来说，幸福与德性毫无关系，尽管由于我们的社会本性使然，通常表明如果我们是有德性的，那么我们对自身的感觉会更加良好。

结合论的观点努力把客观主义和主观主义这两个方面的观点合并在一起。其中一个版本就是约翰·罗尔斯关于幸福的“生活计划”的观念：存在着向每个人敞开的诸种多元化的生活计划，重要之处在于这些计划都是一个完整的整体，由每个人自由选择出发，还在于每个人要成功地实现他的诸种目标。这种观点具有显著的主观色彩，因为它承认每个人都是自主的选择者，可以选择诸种目标和某种计划。即使下面的这个人也应当选择一种生活计划——

> 这个人唯一的快乐就是在具有不同几何形状的区域里数草的叶片，比如公园的广场和修剪整齐的草坪……我们对善的定义迫使我们承认：对这个人来说的善实际上就是数草的叶片。[11]

然而，在另外一份主观性的图表中，罗尔斯又承认一种客观性的要素。存在一些对任何值得选择的生活计划而言都必不可少的基本善："权利和自由，权力和机遇，收入和财富……自尊……健康和活力，智力和想象力。"[12] 这些基本善发挥着核心（或者是像车轮的轮毂一样）的作用，无数可能的生活计划（如同车轮的辐条）都根源于此。而除非这些基本善（或者其中的大多数）都存在，否则生活计划仍然不是个体对他自身的自我进行自主选择的一种真实呈现。因此，完全有可能出现"当人们实际并不幸福的时候，却相信他们自己是幸福的"这种情况。

尽管主观主义和生活计划的观点主宰着今天的文学，但也仍然存在着某种动向，这种动向旨在回归一种本质主义或亚里士多德主义的观点，即把幸福看作一种指向某些真正有价值的目标的生活。一些生活方式要比另外一些更有价值，还有一些则可能是毫无价值的。哲学家理查德·克劳特（Richard Kraut）请我们想象存在这样一个人：他所拥有的幸福观念就是受到朋友们的喜爱、钦佩或尊重这样一些事态，如果他的"朋友们"只是假装关心他，那么他会对此感到憎恨。假设他的"朋友们"事实上的确憎恨他，但却"精心安排了一场巧妙的骗局，使他有充分的理由相信他们喜爱并钦佩他，尽管他们实际上并非如此。他被这种假象所欺骗”。[13] 难道我们真的可以把这个人称作是幸福的吗？

或者假设有一个女人将一个想象出来的白马王子当作她整个生活的中心。她拒绝与那些非常令人中意的年轻男子约会，更不用说与他们结婚了；她拒绝教育和旅行的机会，以免它们分散她对这一美妙的未来事件的注意力。在九十五年的时间里，她对所有有耐心的朋友喋喋不休地说这个白马王子马上就要出现。当她九十六岁的时候死亡来临了，在经历了一生的失望之后，她发现她受骗了。她突然意识到：那种看起来好像很幸福的生活是一种愚蠢的、自欺欺人的、非常悲惨的生活。我们会说这个女人直到她临终醒悟之前都是幸福的吗？这些思想实验不是表明了我们的幸福，至少在某种程度上取决于现实，而非仅仅取决于我们自己的评价吗？

或者假设我们改良了我们的“快乐机器”，把它变成了一架“幸福机器”（Happiness Machine）。这架机器是一个很大的容器，里面装满了一种化学溶液。电极与你大脑的更多部分连接在一起。你与技术人员合作，把你迄今想要的所有“幸福体验”都写入程序。假设其中包括想要成为一名橄榄球明星、一名中后卫——他就像一只狗抖落身上的跳蚤一样轻松地突破拦截，并且喜欢在比赛的最后一刻通过持球触地来获得关键一分从而赢得比赛。或者也许你一直想成为一名电影明星，想要徜徉于公众的喜爱和赞美之中。或者也许你想要成为世界上最富有的人，居住于华屋广厦之中，还有忠诚的仆人供你差遣。事实上，通过这架“幸福机器”，你可以拥有所有这些，再加上轰轰烈烈的风流韵事以及与世界上最美丽（或最英俊）之人的爱情。所有这些不可思议的奇遇都将是模拟出来的，而你会真的相信你确实是在经历这些事情。那么，你会进入这架“幸福机器”吗？

如果我告诉你，虽然一旦你被拔掉电极，你可以待在容器外面，也可以进去享受下一次循环，但是进过这架机器的人没有一个自愿选择离开，因为他们已经对它带来的快乐成瘾了，并且相信现实永远无法与它所带来的狂喜相媲美，这样将会怎么样呢？现在你有一个初次进入这架“幸福机器”的机会，你会进去吗？如果不会，那么你不就是正在投票反对把主观主义的观点（甚或生活计划的观点）当作对幸福的唯一解释吗？

当我在课堂上问这个问题的时候，我得到了形形色色的答复。许多学生说他们会进入这架“幸福机器”，大多数人说他们不会。我自己也不会，出于同样的原因，我也不服用毒品并且很少观看电视和观赏性运动，因为它们缺少一些非常重要的东西，而这些东西对于幸福的生活来说则是必不可缺的。这些至关重要的、缺失的成分是什么呢？

行动。我们在这架机器中是完全被动的，仅仅是一个旁观者。但是好的生活要求我们要参与到我们自身的命运之中。我们不仅仅想要一些事情发生到我们身上，我们还想要去完成一些事情，即使冒着失败的危险。

自由。我们不仅想要去做一些事情，而且想要进行选择。在这架“幸福机器”里，我们完全被一种预定的计划所决定，我们无法做别的事情。事实上，除了对那些已经被写入这架机器的程序之中的事情做出反应，我们无法做其他任何事情。

个性。我们不仅想要去做一些事情和自由地行动，而且还想要成为某种人。拥有个性就是成为某种类型的人，从理想的层面上说就是成为一个有价值的、值得尊重的并且为自己的行动负责的人。但是，在这架机器里，我们失去了我们的特性。我们仅仅被我们的体验所定义，却不具有任何个性。我们不是出于特定性情而行动的人，因为我们根本不是在行动。我们只不过是在一个受人吹捧的浴缸里漂浮着的泡沫罢了。

关系。在我们“幸福机器”的生活里不存在任何真实的人。我们存在于绝妙的唯我论之中。整个世界都是我们的想象力虚构出来的事物，受到这架机器的支配；我们的朋友和恋人只不过是我们幻想的产物。但是，我们想要爱真实的人，想要被真实的人爱，而不是这些幻象。

总而言之，这架“幸福机器”是一个谎言，一切都是假象，没有任何现实，它只是一个以过高代价买来的极乐世界，一个骗局！如果这是真的，如果对于真正值得过的生活来说现实是一个必不可少的条件，那么我们在“幸福机器”中就不可能是幸福的。不过，活动、自由、道德品质、亲密关系和一种强烈的现实感也同样必不可少，如果缺少这些成分，那么我们在“幸福机器”的外面也不可能是幸福的。

关于幸福的客观和主观的观点是从两种不同的视角来评判生活，客观主义者假定存在着某种独立的评判标准，而主观主义者则否认这一点。即使看起来存在着各式各样可以被认为是内在地值得过的或幸福的生活方式，即使在我们愿意把“幸福的”这个形容词归属于一种生活之前，某种主观上的认可或满足似乎是必不可少的，在什么生活可以被看作幸福的方面似乎也仍然存在着一些限制条件。就好的生活而言，我们拥有一种适宜性（fittingness）的概念，在正常情况下它就排除了成为重度智障者、成为一名奴隶或成为一个瘾君子（无论是多么满足的瘾君子）这样的生活，同时它就包含了成为一个极其充实的、自主的、健康的人这样的生活。做一个未得到满足的苏格拉底要比做一个得到满足的傻瓜更好，但是只有得到满足的苏格拉底才是幸福的。

这种温和客观主义是由约翰·斯图尔特·穆勒提出的。据穆勒来看，幸福：①

> 不是一种欢天喜地的生活；而是由极少且短暂的痛苦和丰富多样的快乐构成的一种生活，其中主动性的事物相对于被动性的事物具有明显的优势，而且从生活中期望得到的东西不会超过生活所能赠予的东西——这是所有这一切的根基所在。[14]

这种幸福的观念是值得考虑的。它包含活动、自由和现实的成分，排除了由“幸福机器”中的被动体验所提供的满足，而且它假设一些令人快乐的经验要比另一些更好。我将会把道德品质和亲密关系这两种成分添加到穆勒的定义之中。因此，一种更加准确的近似表达可能是这样的：

> 幸福是这样一种生活：在这种生活里，存在着自由选择（包括有意义的工作）、亲密关系和道德品质；在这种生活里，个体不会受到内疚和焦虑的折磨，而会享有宁静和满足。

这种满足不应当与自满相混淆；相反，它意味着对个人遭际的满意，即使个人还要对它进行努力改善。这种新客观主义的、穆勒式的幸福观点是否充分，必须由你来判断。

---

① 译文参考了《功利主义》中译本（［英］约翰·穆勒：《功利主义》，徐大建译，第 13 页，上海：上海人民出版社，2008），并有所改动。——译者注

结论

在这一章中，我们已经看到存在着一系列对道德善的概念进行仔细分析的方法。一些善由于它们的本性而是内在的，并非源于其他的善；而另一些善则是工具性的，因为它们是获得内在善的有效手段。善常常与快乐联系在一起；感官论者将所有的快乐与感官享受等同起来，而满足论者却将所有的快乐与可能不涉及感官层面的满足或享受等同起来。至于价值是客观的还是主观的则存在一种争论。柏拉图持有前一种立场，坚持认为善拥有一种独立的价值存在，不依赖于人类或理性的兴趣；佩里则持有后一种观点，认为价值只不过是有意识的欲求的产物。尽管价值理论处于道德理论的核心，但是正当与错误这些道德概念自身是否是内在的价值也还存在争议。最后，还有价值是如何与人类幸福以及好的生活联系起来的问题，尤其是否存在一种从具体价值的角度对我们获得幸福的能力进行界定的人类目的。

进一步的反思

1. 请看一下本章开头雷舍尔所列的基本价值名单。这八类价值中的哪一类是最重要的？为什么？

2. 请列出五种你认为是内在价值（与工具价值相对立）的价值并解释为什么。

3. 本章论述价值与快乐的部分描述了一架“快乐机器”。如果可以的话，你会在这架“快乐机器”里过你的生活吗？

4. 价值是客观的还是主观的？换言之，我们是因为善是善的所以才欲求善，还是因为我们欲求善所以善才是善的？

5. 本章论述好的生活的部分描述了一架“幸福机器”，即“快乐机器”的一种改良版本。如果可以的话，你会在这架“幸福机器”里过你的生活吗？

6. 本章论述好的生活的部分讨论了几种幸福理论。哪一种看起来是最接近真实的？

第 5 章

社会契约论与道德的动机

卡尔拥有一家利润丰厚的汽车专卖行，他把它的成功归结于长时间的工作、有才能的员工以及最重要的是运用各种伎俩去左右购买者。这些汽车自身的构造或燃油效率并不是特别好，但是他在他的广告中所声称的恰恰与此相反。一旦顾客到了他的店里，他的销售人员就上前，恭维这些可能的购买者，寻找他们心理上的弱点。因为他们按业绩提成，尽可能地对车辆索要最高的价格是符合他们的最大利益的，因此他们几乎毫不退让地坚持标签上的零售价，而且以一些无用的特性为名暗地里增加额外的费用。他们尤其会对女性、少数族裔以及老年人抬高价格，这些人在买一模一样的车时最后经常要比其他顾客多花一千美元。他们还哄骗低收入顾客超出自己的价格承受范围去购买豪华车，只要信贷公司愿意负担全部费用；如果顾客逾期未还贷款，对卡尔的专卖行也不会造成任何损失。当有汽车前来修理的时候，同样按业绩提成的修理工人也哄骗顾客去为一些他们并不需要的昂贵修理项目付账。在一天结束的时候，卡尔和他的员工们回家陪伴他们的家人，却几乎不会思考他们在营业时间里的所作所为的道德性质。

尽管卡尔是一个虚构的角色，但是所有这些弊病在汽车专卖行里都有据可查。通过以一些表面上不为人觉察的方式违背道德的规则，汽车经销商和修理工例行公事般地以不知情的顾客为代价来充实自己的钱包。企图在体制上作弊这一点显然并非局限于商业世界。超过一半的大学生在考试、写文章或作业中作弊。五分之一的纳税者认为在税收上作弊是可以的。百分之三犯有更严重罪行的美国成年人目前正处于服刑、缓刑或假释阶段，而这些仅仅是被逮到的那些人。

由于人类的自我利益有非常强大的驱动力，什么能够促动我们并使我们总是遵循道德的规则呢？问得更简单一点，就是：“为什么要有道德呢？”比较常见的答案是以下这些：

- 行为道德是一个关乎自尊的问题。
- 如果我们的行为不道德，人们就不会喜欢我们。
- 社会惩罚不道德的行为。
- 上帝告诉我们要有道德。
- 对孩子们来说，父母们需要起到道德典范的作用。

这些都是很好的回答，每一个回答对于适当的人而言都可能是一种强有力的动机。例如，对宗教信徒来说，对上帝和神圣判决的信仰可能会促使他们以恰当的方式行事。对父母来说，抚养另一个人的责任可能会迫使他们采取一套更高的道德标准，与他们在其他情况下可能采取的标准形成鲜明的对比。然而，这些答案并不适用于每一个人，它们不适用于那些不是信徒的人、没有为人父母的人、不尊重自己的人以及认为自己能够逃脱惩罚的人。

有一种更为普遍的道德的动机是从一种哲学的角度来解释的，被称为社会契约论。它的核心观念是人们集体同意要有道德的行为，因为人们将其作为减少社会混乱与创造和平的一种方式。通过这种协议或“契约”，我放下我个人对其他人的敌意，作为交换他们也放下对我的敌意。于是当我们集体遵循基本的道德规则时，对我们所有人来说生活就变得更好了。

就“为什么要有道德？”这个问题而言，存在两个截然不同的部分：

第一，为什么社会需要道德规则？

第二，为什么我应当有道德？

第一个问题要求为我们更大的社会框架内的道德机制进行一种确

证。第二个问题要求解释为什么即使当道德与我的利益看起来并不一致的时候，我自己也应当有道德。这一章探讨社会契约论对这些问题的回答。我们应该注意，社会契约论也是一种重要的政治概念，因为它解释了政府从何处获得它们的权威：公民同意给予政府权力，以此作为保持社会安宁的一种手段。然而，我们这里的重点放在社会契约论对“为什么要有道德？”这一独特的伦理学问题的回答上。

为什么社会需要道德规则?

为什么社会需要道德规则？道德能为我们带来哪些其他社会安排无法带来的好处？社会契约论的回答有力地体现在英国哲学家托马斯·霍布斯（Thomas Hobbes，1588 ~ 1679）的《利维坦》（*Leviathan*）一书中。

霍布斯与自然状态

霍布斯相信人类总是出于所感知到的自我利益而行事；也就是说，我们始终如一地寻求喜悦、逃避伤害。他的论证是这样的：自然使我们在体质能力和心智能力上保持基本的平等，从而使得即使一个人可能比其他人稍微强壮或聪明一点儿，每个人也都拥有伤害甚至杀死另一个人的能力——如果没有在与其他人的结盟中落单的话。此外，我们都想要达到我们的诸种目标，比如拥有充足的食物、居所、安全、权力、财富以及其他稀缺的资源。这两个事实，即伤害能力的平等和要满足我们诸种目标的欲求，导致了社会的不稳定：[①]

> 由这种能力上的平等出发，就产生了在达到我们目的方面的希望的平等。因此，任何两个人如果欲求同一个东西而又不能同时享用时，他们就会成为敌人——他们的目的主要是他们自身得以保全，有时则只是为了他们自己的享受——在达到这一目的的

① 译文参考了《利维坦》中译本（［英］霍布斯：《利维坦》，黎思复、黎廷弼译，杨昌裕校，第 93 页，北京：商务印书馆，1986），并有所改动。如下皆同。——译者注

过程中，他们都力图摧毁或征服对方。由此就出现一种情形：当一个入侵者所畏惧的只是另一人单枪匹马的力量时，如果他培植、建立或拥有一个方便的地位，就有希望把其他人的力量团结在一起准备好前来入侵，不但要剥夺那个人的劳动成果，而且要剥夺他的生命或自由。而入侵者本人也面临着来自别人的同样的危险。[1]

考虑到这种不安全的状态，人们有理由彼此惧怕。霍布斯将这称为一种自然状态：在这种状态下，不存在共同的生活方式，不存在可强制执行的法律或道德规则，不存在正义和不正义，因为这些概念在此都不适用。不存在对其他人行为的可靠预期，除了他们将会遵循他们自己的偏好和所感知到的利益并且容易变得专断、暴力和冲动之外。这种结果就是一场所有人对所有人的战争：

根据这一切，我们就可以显然看出：在没有一种共同的权力使人们敬畏的时候，人们便处于被称作战争的境况之中；这样的一场战争是每一个人对每一个人的战争。因为战争不仅存在于战斗或作战时的行动之中，也存在于以战斗进行争夺的意图广为人知的一段时期之中。因此，时间的观念就要考虑到战争的本性中去——就像在考虑气候的本性时那样。因为正如恶劣气候的本性不在于一两阵暴雨，而在于连续许多天都下倾盆大雨的那种倾向一样，战争的本性也不在于实际的作战，而在于整个没有和平保障的时期中人所共知的作战意图。

霍布斯在这里描述了这种敌对的自然状态的后果：

在这样一种境况下，产业是无法存在的，因为成果不稳定。

> 这样一来，举凡农作物的栽培、航海、舒适建筑的使用、将那些需费巨大力量的物体移动和卸除的工具、地貌的知识、时间的记载、文艺、文学、社会，等等，都将不存在。最糟糕的是人们不断处于暴力伤害的恐惧和危险中，人的生活是孤独的、可怜的、险恶的、残忍的、匮乏的。

但是，这种自然状态，或者更准确地说，这种无序混乱的状态是不符合任何人的利益的。如果我们相互妥协，放弃我们某些天赋的自由，比如随心所欲地做事，那么我们完全能够做得更好，这样一来我们所有人都更有可能获得我们想要的那些东西：安全、幸福、权力、繁荣与和平。因此，据霍布斯看来，我们是自私而理性的人，我们应当放弃我们的一些自由，接受一份社会的契约或盟约。这份协议既建立起了规则，也建立起了一种政府权力：这些规则创造一种和平的氛围，这个政府则确保我们由于惧怕惩罚而遵循这些规则。对霍布斯来说，只有在这种契约的条件下，道德才得以出现，正义和不正义才得以产生。凡是不存在任何强制性法律的地方，都既不存在正当与错误，也不存在正义与不正义。

因此，道德是社会控制的一种形式。我们所有人都选择一套强制性的规则，这样一来，如果我们中的大多数人都遵守它们，那么我们大多数人在大多数时候都会过得更好。也许在自然状态中少数优秀的人实际上会过得更好，但是在一种安全且互相合作的状况下绝大多数人都会过得更好。一些人可能会作弊从而违背社会契约，但是只要大多数人在大多数时候尊重契约，我们所有人就会繁荣兴旺。

霍布斯并未声称一种纯粹的自然状态曾经存在过或者人类曾经真

地正式达成过这样一份契约，尽管他注意到这样一种状态实际上存在于国家之间，因此一场“冷战”就使我们所有人都处于恐惧之中。相反，霍布斯是在解释道德的功能。他回答了“我们为什么需要道德”的问题。为什么？因为没有它，生存就会成为一种令人无法忍受的地狱，这种状态下的生活也会变成“孤独的、可怜的、险恶的、残忍的、匮乏的”。

霍布斯式的道德与《蝇王》

威廉·戈尔丁（William Golding）的经典长篇小说《蝇王》（*Lord of the Flies*）[2] 非常出色地描绘了对道德的霍布斯式解释。在这部作品里，一群从六岁到十二岁不等、来自一所英国私立学校的男孩子，漂泊到了一个无人居住的太平洋岛屿上，并且创造了他们自己的社会体系。在一段时间内，文明社会的约束使一切保持和平，但是不久他们的体系就解体了并陷入了野蛮的混乱状态。“蝇王”这个标题来自对希腊词“别西卜”（Beelzebub）的翻译，别西卜是一个恶魔的名字。戈尔丁的观点是，我们不需要外部的恶魔来引发恶，我们已经发现了恶魔，他就在我们心里。恶魔始终存在，始终等待着找准一个时刻进行侵袭，无论何时只要存在一种利益的冲突或者一刹那的道德怠惰，恶魔就会从潜意识的深处浮现出来。我们来讨论一下戈尔丁故事中的一些主题，它们阐明了存在于我们身上的恶魔的统治是如何通过恐惧、歇斯底里、暴力得到推进并最终导致死亡的。

在这部小说中，所有年龄较大的男孩都认识到程序性规则的必要性。在每一次集会中，只有拿着作为权威象征的白色海螺的孩子才可以发言。他们以民主的方式选出领袖并且授予他有限的权力。即使是邪恶的罗杰，当他欺负小亨利、向亨利身边扔石头的时候，也设法避免石头砸伤这个小孩子：

> 在这儿，旧生活的禁忌虽然无形无影，却仍然是强有力的。席地而坐的孩子的四周，有着父母、学校、警察和法律的庇护。罗杰的手臂受到文明的制约，虽然这文明对他一无所知并且已经毁灭了。①

由于从充满约束的成人世界里解放出来，进入一个无忧无虑、多姿多彩的世界，孩子们最初感到兴高采烈，但是在此之后他们面临着社会生活中通常令人恼火的一面：权力和地位的争夺、对社会责任的忽视、公共政策的失败以及日渐升级的暴力。拉尔夫和杰克这两个男孩为争夺领导权，相互之间展开了一场激烈的竞争。作为一种妥协，随之出现了一种劳动的分工，但原属于杰克的唱诗班成员的那些猎手拒绝帮助其他人建造居所。不劳而获不久就变得很常见，因为大多数孩子放下他们的任务，跑到海滩上玩耍。对义务的忽视导致他们未能从一架路过的飞机那里得到援救。

文明的力量是脆弱的，容易受到原始且具有爆发性的激情的伤害。敏感的西蒙作为宗教意识的象征，在一片狂热的怒火中被人群屠杀了。只有小猪和拉尔夫，他们仅仅作为这场谋杀的旁观者对这场暴行由于内疚和同情感到非常悲痛。

随着混乱程度的加深，小猪（哲学和文化的化身）的眼镜被摔碎了，并且还身患哮喘，于是他变得更加可怜。在由杰克领导的叛乱者偷走

① 译文参考了《蝇王》中译本（［英］威廉·戈尔丁：《蝇王》，龚志成译，第 68 页，上海：上海译文出版社，1985），并有所改动。以下皆同。——译者注

了他的眼镜去利用太阳的光生火之后，他的境地尴尬到了谷底。拉尔夫（不太机灵但在道德上是善良而文明的领导者的象征）未能劝服杰克归还眼镜，这时小猪坚持主张他对眼镜拥有道德上的权利：

> 你身体比我壮，你没生哮喘病。你看得见东西……可我不是来乞求眼镜的，不是来乞求开恩的。我不是来求你讲公道的……不要因为你强就可以为所欲为，有理才能走遍天下。把眼镜还我……你一定得还！

或许也正是小猪引燃了这场怒火，因为在道德失序状态下的道德论述是一种不合时宜的语言，只会刺激那些最坏的成员变得更加不道德。坐在悬崖上面的罗杰对这番道德推理的回应就是推下一块巨石砸了下去，小猪被砸中，跌落了四十英尺，死掉了。

一个代表团开始捕猎野猪作为食物，然后他们发现他们自己很享受这种杀戮。这些孩子被嗜血的快感淹没了最初的羞耻，并且呈现出一种与他们的所作所为更加相符的心理人格，于是他们用五颜六色的泥浆来装扮自己。在摆脱了他们的社会性自我之后，他们无情地杀死任何妨碍他们的人。西蒙和小猪的死（他们分别是宗教和哲学的象征，这是阻止社会堕入地狱的两道有力壁垒）以及最后用“两端削尖的矛”对拉尔夫进行的捕猎标志着人心中恶的深度。

具有讽刺意味的是，当一切看起来都要迷失的时候，英国海军最终赶来救援，并且挽救了拉尔夫（文明）。但是，海军的象征是一种双面的警告。一方面，它象征着在有些不幸降临的时候，需要一种军事防卫来把文明从野蛮人（希特勒的纳粹党，或杰克和罗杰的同伙）手中拯救出来；但是另一方面，它也象征着对鲜血和复仇的追求仍然隐藏在当代文明之中。孩子们的世界与他们曾经身处的那个成人世界相比，实际上仅仅是处于一种较低级的阶段，那种浅薄的成年人文明如果受到重挫，也很有可能退回腥牙血爪的状态。这些孩子得到了成年人的拯救，但是谁又来拯救那些以所谓的防御为名对军工企业和武器系统如此重视的成年人呢？

人的生存所具有的这种根本意义上的歧义性在这部小说的每一部分都可以看到，它深刻地反映出了人类的境况。哪怕是小猪的眼镜——这个岛上唯一一个现代技术的样品——也变成了对这个岛屿的一种诅咒，因为杰克用它点燃了一场森林大火，以便用烟熏出他们的猎物拉尔夫，这场大火烧毁了整个森林并且夺去了这个岛上的动物的生命。这是一个象征，既针对我们滥用技术破坏环境的倾向，也针对我们制造那些将会导致全世界自我毁灭的武器的能力。

社会秩序与道德的益处

我们从《蝇王》中得知，历代形成的并且内化于我们心中的这些规则阻止我们倒退，使我们有希望击败社会中的恶魔，无论这个恶魔可能藏身何处。同样，从霍布斯的视角来看，道德由一系列诸如此类的规则构成，如果几乎每一个人都遵循它们，那么几乎每一个人都将繁荣兴旺。这些规则虽然限制我们的自由，但却促进了更大范围内的自由和福祉。更具体地说，设立和遵循道德规则给社会带来的五种益处如下所示：

- 保护社会免于崩溃。
- 减少人类的苦难。

- 促进人类的繁荣。
- 以公正且有序的方式解决利益冲突。
- 分配赞扬与谴责、奖励与惩罚以及负罪感。

所有这些益处所具有的共同之处就在于“道德是一种社会活动”这个事实：它必须与社会有关，而非与孤立的个体有关。如果只有一个人生活在一座岛屿上，那么不存在任何道德；诚然，对于这个人来说，一些行为会比另一些更好，比如吃椰子而不是吃沙子，但却不会存在道德——就这个术语的充分意义而言。然而，只要有第二个人出现在这座岛屿上，道德就出现了。因此，道德是一套使我们能够达成我们的集体目标的规则。想象一下，如果我们凡事随心所欲而不遵守道德规则，社会将变成什么样。我可能向你承诺：如果今天你给我洗车，明天我就帮你处理课外作业。因为你信任我，所以你给我洗车。但是到了明天，我却开车去了海滩而没有帮你做课外作业并且还嘲笑你，这就会让你很生气。或者你把钱借给我，但我却带着它溜掉了。或者我在符合自己利益需要的时候就撒谎骗你或伤害你，甚或在我感到受到挑战的时候就杀死你。在这样的情形下，社会将会完全崩溃。父母会遗弃孩子，配偶一有机会就会相互背叛。没有人再有动机去帮助其他任何一个人，因为合作的协议将不再得到承认。深重的苦难在很大程度上会通行无阻，人们将不再幸福。我们将无法繁荣兴旺，也无法实现我们最高程度的潜能。

我曾游览过哈萨克斯坦，当时它正在经历制度的艰难转变。在这种转变期间，随着国家权力在很多方面退出，犯罪活动不断攀升，全社会充斥着不信任。晚上，当我在居住的公寓里想要上楼回房的时候，我处于一片漆黑之中。我问为什么楼梯间里没有电灯泡，唯一的答复是居民偷走了它们，因为他们相信：如果他们不偷，他们的邻居也会偷。当一种支配性权威缺席的时候，社会契约就受到了损害，每个人都必须在黑暗中挣扎——这种说法既是字面上的也是比喻性的。

我们需要道德规则来指导我们的行动，它能照亮我们的道路，阻止和减少苦难，增加人类的福祉（以及动物的福祉），根据得到承认的公平的规则来解决我们的利益冲突，并且分配行动的责任，从而使得我们能够根据人们的行动对道德原则的体现来对他们进行赞扬、谴责、奖励或惩罚。在一个变得越来越相互依赖的世界里，伴随着恐怖主义和种族灭绝的威胁，我们需要一种全球合作的观念和一种强烈的道德责任的观念。如果全球共同体要延续下去并且得到繁荣，那么我们现在就仍然需要道德，一如我们过去曾经对它的需要那样。

为什么我应当有道德?

我们与霍布斯的社会契约论在道德规则是社会秩序所需要的这一点上意见一致：对于自然状态来说，道德起到一种非常重要的矫正作用，除非存在着对于道德立场的广泛坚守，否则社会将会崩溃。不过，还遗留下一个令人头疼的问题："我为什么要参与？"如果我足够狡猾，我就能够在对我有利的时候违背道德规则而又永远不被捉住，从而避免受到惩罚。那么对我来说，究竟有什么动机去接受道德的立场呢？两千多年前柏拉图在他的《理想国》中就提出了这个问题，在那里他讲述了古各斯（Gyges）的故事。

古各斯的故事

在柏拉图的故事里，古各斯是一个牧羊人，他偶然发现了一枚戒指，它可以使他隐身，供他自由支配。在这种情况下，他可以最大限度地沉湎于他的贪欲而不用害怕被捉住，他因此能够逃脱社会及法律和惩罚的束缚。于是，他杀死了国王，诱奸了他的妻子，并且自己做了国王。由这个故事引出的相关问题是：如果我们也拥有这枚戒指，难道我们不会做同样的事情吗？

为了让这个问题更加尖锐，让我们用当代的字眼重新改写古各斯的故事。假设有一对兄弟吉姆和杰克。吉姆是一个极好的小伙子，善良、富有同情心，几乎像圣徒一样，总是为穷人着想，帮助其他人。他好到令人觉得不太真实。作为一个年轻男子的他被杰克诬陷犯了一桩严重的罪行，因而被投入监狱，不时受到守卫和囚犯的骚扰与折磨。当被释放的时候，他无法找到工作，被迫乞讨为生。现在他像流浪汉一样生活在一个大城市里，健康状况很差，没有一个家人，也没有居所。人们对他避之唯恐不及，因为他看起来很危险，尽管他的心其实像白雪一样纯洁无瑕。

杰克是两兄弟中年长的那个，他诬陷了吉姆。吉姆有多么好，他就有多么坏。吉姆有多么“不成功”，他就有多么“成功”。他是体面和公民德性的具体体现。他是一名屡受提拔并且非常富有的公司高管，他的精明和他那正直的表象（他其实完全缺乏正直的品质）受到所有人的称赞。他娶了本地最美丽的女子为妻，他的孩子们全都在最好的私立学校上学。杰克的妻子完全被他的表演所骗，而对他几乎一无所知的孩子们也都无条件地爱着他。他在他的教会中是一名长老，也是很多慈善团体的董事会成员，还被评选为他所在城市的“理想公民”。教师们把他当作一个人怎样才能既具有道德上的德性又成为一个成功企业家的范例。他受到所有人的尊敬和钦佩。然而，他所有的成功和财富都是通过无情地毁灭那些信任他的人而获得的。他事实上是一个邪恶的人。

因此，由这个古各斯的故事引出的问题是：如果你必须选择过这两种生活中的其中一种，那么你会选择哪种生活？是那个不正义而又出奇“成功”的哥哥杰克的生活，还是那个正义而又出奇“不成功”的弟弟吉姆的生活？

吉姆是个好人，他并非由于自身的过错而成为社会的弃儿。让我们考虑选择过吉姆这种生活的两种理由。柏拉图论证，我们应当选择“不成功”却正义的人的生活，因为道德是对我们有利的。他让人们把注意力集中到灵魂和谐的观念上，并论证不道德会腐蚀人的内心，而德性则净化人的内心，因此一个人是幸福的还是不幸福的与其道德上的正直恰好对应。要求在做有道德的好人还是做不道德的人之间进行选择，就像要求在做健康的人还是做有病的人之间进行选择一样。即使不道德的人拥有物质上的好处，在他那种糟糕的状态中他也无法享受它们；而好人即使遭遇贫穷和厄运，也能在简单的愉悦中找到欢乐。

柏拉图是正确的吗？吉姆遭受的伤害可以由他心中的内在善来弥补吗？杰克心中的恶比他体验到的外在善更重要吗？也许我们对人心缺乏足够的了解，从而无法确定吉姆和杰克哪一种状况更好。但是也许我们可以想象一些像杰克这样虽然邪恶但却似乎兴旺发达的人。他们看起来对他们所过的生活表示满足，在他们的商业和个人的胜利中享受适度的幸福，这一点可能不完全是他们在欺骗我们。而且也许我们认识一些像吉姆这样尽管善良实际上却很可悲的人。他们希望拥有有意义的工作、一个充满爱的家庭、朋友以及居所——但是他们没有，他们的德性不足以产生幸福。一些好人是不幸福的，一些坏人看起来却是幸福的。因此，苏格拉底借助健康—疾病的类比而提出的这个答案可能是不正确的。

柏拉图的第二种回答是一个宗教式的答复：上帝将会基于人们的德性或恶来对他们进行奖赏或惩罚。这个承诺就是给予有德性的人永久的天福，而给予罪恶的人无边的磨难。上帝能够看到一切，并且根据个人的道德功绩以绝对正义的方式赐予奖赏。因此，尽管吉姆和杰克可能在此世拥有不同的命运，但是吉姆的状况要比杰克好上无数倍。如果这种宗教伦理学是真实的，那么道德就符合我们的自我利益。对于我们来说，善真的是对我们而言的善。信仰宗教的人有充分理由选择过贫困圣徒的生活。

我们在稍后的一章中将会讨论如何处理宗教与道德的关系，但是关于这个问题我们这里可以说：不幸的是，我们无法确定地知道是否存在着一个上帝或来世。许多真诚的人怀疑或不相信宗教的学说，而且很难去证明他们是错的。即使虔诚的信徒也可能有一些怀疑，不能确定这些关于来世和上帝存在的教义的真实性。无论如何，还有成千上万的人不是宗教信徒，因此自我利益与道德之间的关系问题是一个非常紧迫的问题。为什么人们应当选择永远过一种有道德的生活——一个道德哲学家能够提供一种非宗教式的回答吗?

道德、自我利益与博弈论

努力证明我们应当永远有道德是一场艰难的战役，因为正如我们所看到的，可能会出现无数的情境表明：只要我们不被抓住，违背道德规则就是符合我们最大利益的。社会契约论者最近试图借鉴所谓博弈论这一领域的研究来解决道德与自我利益之间的冲突的问题。博弈论隐含的观念是要呈现出这样的情境：其中的参与者要做出将给他们中的每一个人都带来最大好处的决定；因此，这些博弈提供了一些简单的模型来理解真实世界中更为复杂的社会交往情境。例如，“大富翁”（Monopoly）这样一个简单的游戏模拟了你死我活的真实商业世界，在这个世界里，你需要在竞争者杀死你之前杀死竞争者。同时，“大富翁”还显示出当单个人成功拥有一切时给社会带来的毁灭性后果。哲学中最常见的博弈论场景就是“囚徒困境”，这也常用来表明道德与自我利益之间的紧张关系。

博弈一：囚徒困境

囚徒困境的场景是这样的：另一个国家里的秘密警察逮捕了我们的两个间谍山姆和苏。在被捕之前，山姆和苏已经约定一旦被捕，他们在审讯期间都要保持沉默。现在既然他们落在敌人手里，他们两个人都知道如果他们坚守他们的约定保持沉默，警察只能把他们拘留四个月；但是如果他们都违背他们的约定，供认他们是间谍，他们每个人都将在监狱里被监押六年。然而，如果一个人坚守约定，另一个人违背约定，那么坚持的那个人将会被监押九年，而供认的那个人将被立即释放。我们可以用下面的图 5.1 来表现他们的处境。左边的数据代表山姆在不同的选择下将会被监押的时间，右边的数据代表苏在这些选择下将会被监押的时间。

		苏	
		坚持	违背
山姆	坚持	四个月，四个月	立即释放，九年
	违背	九年，立即释放	六年，六年

图 5.1　囚徒困境

一开始，山姆是以这种方式进行推理的：要么苏会坚守约定，要么她会违背约定。如果苏坚持，那么山姆应当违背，因为对他来说，完全免于监押要比被监押四个月更好。另一方面，如果苏违背，那么山姆也应当违背，因为对他来说，被监押六年要比被监押九年更好。因此，无论苏做什么选择，违背约定都符合山姆的最大利益。然而，苏所用的推理方式与山姆完全一样，也会得出结论违背约定符合她的最大利益。这就是要点所在：如果两个人都以这种方式进行推理，他们就会获得一种倒数第二差的处境，即每个人都被监押六年，我们知道这是相当糟糕的。如果他们能够一心坚持他们最初的约定保持沉默，两个人的处境都会更好一些，只要遭受四个月的监押。但是，在无法通过魔法般的读心术来看到对方真实意图的情况下，他们怎样才能充满信心地这样做呢？他们不可能这样做，因此每个人都将被迫照顾自身的最大利益，从而违背他们最初的约定。

简而言之，这就是囚徒困境在违背道德规则方面给我们带来的教训。无论其他人怎么做，对我来说秘密地违背社会规则都似乎更好。

如果囚徒困境告诉我们说，坚守道德对我而言是最好的事情，那样一来就毫无问题，但不幸的是它显示的却是相反的结论。我们现在怎么办？要记住像囚徒困境这种博弈的要点在于提供一种简易的模型来理解复杂的社会情境，然而就我怎样才能从对道德规则的坚守中受益而言，囚徒困境可能不是一个很好的模型。尤其是，它把道德选择不准确地描述为一种一次性的事件：山姆和苏处于一种单一的情境之中，他们必须要在究竟是坚守他们最初的约定保持沉默，还是违背这一约定方面做出一种单一的选择。但是道德并非一种单一问题型的决定。每天当我们可以从欺骗中获益的时候，我们都要决定是否去违背社会的道德规则。我应该偷税漏税吗？我应该用一张伪造的信用卡来付账吗？我应该欺骗一个轻信于人的消费者吗？道德更像是这样的一场游戏：其中的每个参与者都会互换角色，因此我们需要考虑一种不同的博弈模型。

博弈二：合作还是作弊

试想一种被称作“合作还是作弊”[3]的替代性的博弈论场景：这里有两个参与者和一个银行家，银行家会给参与者钱或者向他们收取罚款。每个参与者都有两张牌，标着“合作”和“作弊”。每一步都是两个参与者同时放下他们的一张牌。假设你和我正在比赛，存在四种可能的结果。

结果一：我们都出“合作”。银行家会付给我们每个人三百美元。我们会得到令人满意的奖赏。

结果二：我们每个人都出“作弊”。银行家会罚我们每个人十美元。我们会由于彼此欺骗而受到惩罚。

结果三：你出“合作”，我出“作弊”。银行家会付给我五百美元（金钱诱惑），而你会被罚一百美元（一笔笨蛋罚款）。

结果四：我出“合作”，你出“作弊”。银行家会罚我一百美元，而会付给你五百美元。这是结果三的倒转。

这个游戏会一直持续到银行家叫停为止。从理论的层面来说，我可以通过一直作弊来大赚一笔。经过二十步之后，我就能持有一万美元，前提是你笨得一直出“合作”，在这种情况下你会输掉两千美元。如果你是理性的人，你就不会那么做。如果我们两个人都持续作弊，在二十步之后我们每个人都会以输两百美元而告终。

假设我们按照“如果另一个同伴一直合作，那么你也要一直合作；只有在他首先作弊的时候，你才可以作弊”这一原则来行事。如果我们两个人都坚持这条原则，那么在二十步之后我们每个人都会赢得六千美元——一份不错的奖赏！而且，如果我们继续理性地行事，我们还有希望赢得更多。

我们可以得出结论说：长远来看，基于理性的自我利益会要求你和我合作。当我可能通过作弊获得更大奖赏的同时，还存在着赢得的金额大大缩水的高风险。正如当代社会契约论者大卫·高塞尔（David Gauthier）所说：“道德是一个关于诸种原则的体系，如果每个人都接受它并且根据它来行事，那么它对每个人都是有利的；然而，根据这一原则体系行事会要求一些人履行一些对他们不利的行动。”[4]“合作还是作弊”这种博弈表明道德正是我们每个人为了保持我们在一个文明社会中所拥有的最低限度的善而必须付出的代价。我们必须承受自由的丧失所带来的一些不利（类似于在一个重要的组织中支付会员费用），从而使得我们既能保护自己免于混乱的袭击，又能拥有对生活的提升。因为社会的有序是一种至关重要的益处，所以即使一个自私的理性之人也应当容许百年的自由受到限制。

因此，对于“为什么我应当有道德”这个问题的回答就是：我要容许对我而言的某种不利因素，以便我能获得一种整体的、长远的利益。

道德的永久动机

“合作还是作弊”游戏告诉我们，即使非道德主义者一般而言也必须坚守道德规则，因为它会给他带来某种长远利益。然而，还遗留着一个严肃的问题：对于聪明的人来说，每当他能够违背一种道德规则，而且这样做既不会被察觉，也不会动摇这整个体系的时候，他就仍然会违背这种道德规则。这个聪明的非道德主义者把他对社会体系造成的影响考虑在内，只要经过一种仔细的成本效益分析之后保证作弊是安全的，那么他就会作弊。为了让他那聪明的欺骗得到奖赏，他甚至可能会鼓励进行道德教育，以便让更多的人更加专注于道德规则，这反过来将使他可以更加放心大胆地作弊。

道德与利益的悖论

高塞尔通过他所谓的道德与利益的悖论来描述聪明的非道德主义者这个问题。他写道：

> 如果一种行动在道德上是正当的，那么这样做也必定是合理的。如果这种行动是合理的，那么这样做也必定是符合我的利益的。但有时候道德的要求与自我利益的要求并不相容。因此，我们看似具有一个矛盾：履行我们的道德义务一方面必定是合理的，另一方面却又无须是合理的。[5]

如果从形式上更加清晰地表达出来，那么这个论证是这样的：

1. 如果一种行动在道德上是正当的，那么这样做必定是合理的。

2. 如果这种行动是合理的，那么这样做必定是符合我的利益的。

3. 但有时候道德的要求与自我利益的要求并不相容。

4. 因此，一种道德上正当的行动必定是合理的，同时又无须是合理的，这就成了一个矛盾。

有问题的前提似乎是第二个，即声称我们行动的理由必须诉诸自我利益。为了简单起见，让我们把这一点称为理性的自我利益原则。

难道我们不可以对这条理性的自我利益原则进行质疑吗？难道我们不能有充分的理由去做某些违背我们利益的事情吗？假设莉莎看到一个小男孩将要被一辆汽车轧到，为了救这个孩子，尽管充分意识到她所面临的危险，但她还是猛扑到了这个小孩身上。莉莎的利益与这个孩子的生命没有任何关系，但她仍然努力冒着生命危险去救他的性命。这难道不是一个有理由违背个人自我利益的例子吗？

它似乎正是一个这样的理由。理性的自我利益原则似乎过度依赖于以下这种立场：人们总是为了满足他们所感知到的最大利益而行事——一种被称为心理利己主义的观点，我们在稍后的一章里将会对其进行批判性的考察。有些时候，我们有理由去做一些与我们所感知到的自我利益相违背的事情。例如，当一个穷人捐钱帮助另一个穷人时，我们就会看到这一点；当一个学生知道他能够轻易作弊而不被人察觉，但却仍然克制自己不去作弊时也是如此。忠诚、诚实、慷慨和善良常常要求我们违背我们自身的利益而行事。

但是，你可以通过下面这种说法来反驳这一推理：“忠诚、诚实、慷慨或善良或许有违我们直接或短期的利益，但是长远来看，它实际上有可能符合我们的最大利益，因为道德的生活和利他的生活所承诺的益处与满足是不道德的人和吝啬的人无法享用的。”

这个回应似乎存在某些值得称道的地方。它的根据似乎是一种言之成理的道德心理学的观点，这种观点规定：品质的形成不像一个你可以随意开关的浴室水龙头。要想拥有道德生活的这些益处，友谊、互爱、内在的宁静、道德上的尊严或满足以及免于道德上的内疚，一个人就必须拥有某种可以信赖的品质。总而言之，这些益处是非常值得拥有的。实际上，不具有这些益处的生活可能是不值得过的。因此，我们可以断言：对于每一个人来说（只要他还是有理性的人），高度道德的生活是他所能过的一种最好的生活。所以，由此得出，培养这样一种高度道德的品质或者对其继续加以培养是合理的，因为对我们大多数人来说，我们的教养已经在一定程度上对其进行了培养。

在一个有序的社会环境里长大的人，在想到伤害别人或做不道德的事情时会感到深深的痛苦，在践行道德的时候会感到深深的满足。对这样的人而言，内部与外部的惩罚的结合可以很好地把审慎与道德拼接在一起。然而，这种情境可能不适用于那些并非在一种道德的环境里成长起来的人。这一点应当让我们感到沮丧吗？不。正如格里高利·卡夫卡（Gregory Kavka）所说的，我们不应当把“一个认为道德对他没有利的非道德主义者的沾沾自喜视为对我们的胜利。它更像一个认为买歌剧唱片对他没有利，从而节省了钱财的聋子可悲的自吹自擂”[6]。非道德主义者是一个由于没有任何朋友因而以不必买圣诞礼物为傲的斯克鲁奇①。

① 斯克鲁奇（Scrooge）是英国作家狄更斯的作品《圣诞颂歌》中的主人公，一个刻薄冷酷的吝啬鬼。——译者注

对理性的自我利益原则的改进

因此，我们想说，道德视角的选择不是一种任意的选择，而是一种理性的选择。某些生活比其他生活更好：一种生活如果不具有道德所带来的这些益处，就不是一种理想的或充实的生活；它缺少太多为人类繁荣所需要的东西。在一种得到满足的生活的一般性过程里，我们在一些特殊场合的行动中牺牲我们的自我利益是不可避免的冒险，有理性的人在这种情况下都会采取这样的冒险。尽管你把赌注下在道德的一边可能会输，但如果把赌注下在反对道德的一边，那你几乎肯定会输。

因此，理性的自我利益原则必须要以一种改进的形式进行重新阐述：

> 改进之后的理性的自我利益原则：如果选择一种生活计划 L 是合理的，而这种生活计划包括着做行动 A 的可能性，那么选择 L 必定符合我的利益（或者至少不违背我的利益），即使 A 本身可能不符合我的自我利益。

现在，一个人在做不符合自己利益的事情时，就不再有任何悖论性的内容了，因为尽管个体的道德行动可能偶尔会与他的自我利益相冲突，但是这种行动是体现在并且来自一种整体的生活计划，而这种计划并不违背个体的自我利益。例如，尽管你或许可以为了一笔让你能够在物质上过得更好的钱财而欺骗一个公司或一个国家，但它却是与你所承诺的并且一般而言对你具有益处的生活形式相对立的。

而且，品质是很重要的，习惯会迫使我们做出可预测的行为。一旦我们获得道德生活所必需的那种品质，一旦我们变成有德性的人，我们就无法把道德像一个水龙头一样时开时关。当我们屈服于诱惑的时候，我们在违背这种良好品质的过程中会体验到异化。这种内疚会折磨我们，我们通过不正当手段所获得的任何东西都会由于它而黯然失色。

改进之后的理性的自我利益原则回答了本章提出过的几个道德问题：如果我戴着古各斯的戒指，那么我应当不道德地行事吗？在我能够侥幸逃脱的情况下，我应当违背社会契约吗？对这两种情形的回答都是“不”。首先，有道德地行事有些时候是很合理的，即使这些行动不直接涉及我们的自我利益。其次，更重要的是，一种缺少自发的和深思熟虑的道德善行的生活或许是不值得过的。这有助于解释为什么汽车专卖行里的卡尔与他的员工们应当有道德地行事，即使它意味着面临更少营业额以及更少利润的风险。如果他们接受一种道德的生活形式，这种生活仍然伴随着一种对于私人财务利润的欲求，因而不会让人负担过重，那么他们可能发现，通过停止对他们顾客的欺骗，他们在商业生活中会感受到更多的奖赏。

当然，无法保证道德就会产生成功和幸福。吉姆是不幸福的。在某种意义上，道德是一种理性的赌博。它不确保成功或幸福。生活是悲剧的。好人一败涂地，而坏人有可能兴旺发达，就像杰克。然而，有道德的人对这种可能性有所准备。约翰·罗尔斯以这种方式来概述道德生活的脆弱性：①

① 译文参考了《正义论》中译本（［美］罗尔斯：《正义论》，何怀宏等译，第 560 ~ 561 页，北京：中国社会科学出版社，1988），并有所改动。——译者注

> 一个公正的人有所不愿为，因此在面对邪恶环境时他可能宁死也不去不正义地行事。诚然一个人可能为了正义的缘故丧生，而另外一个人则可能活下来，但是这个公正的人却是做了他考虑过的所有事情中他最愿意做的事情。在这个意义上他没有被所预见到的厄运打倒。爱的危险也是同样。的确，它仅仅是一个特例。彼此相爱的，或对人和生活形式有强烈依恋关系的人同时也易于毁灭：他们的爱使他们成了不幸或他人的不正义的人质。朋友和恋人们在进行着互相帮助的冒险，家庭成员们也乐于做同样的事……我们一旦在爱就易受伤害。[7]

然而，我们可以采取行动减轻这种脆弱性，我们可以为了一个更加道德的社会而一起合作，可以培养我们的孩子使其具有更加敏锐的道德敏感性和良好的习惯，以便让我们身边的杰克们越来越少。我们可以建立一个更加公正的社会，这样人们一旦看到我们都在为了一个更加幸福的世界（如果你喜欢的话，也可以说是一个互开方便之门的世界）而携手合作，他们就会进一步摆脱作弊的诱惑，更加倾向于通力协作。总之，政治秩序愈公正，好人就愈有可能有好报，自我利益与道德也就愈有可能聚合在一起。

结论

在这一章中，我们考察了社会契约论对道德动机的解释，这种解释通过“为什么社会需要道德规则？”和“为什么我应当有道德？”这两个问题表达出来。霍布斯论证，因为人类总是出于所感知到的自我利益而行事，所以人们自然而然地会陷入与每一个人的冲突，即陷入自然状态之中。对我们来说，解决之道就在于创立一份社会契约：只有放弃我们的一些自由并且接受道德规则，我们才能获得和平。因此，对第一个问题（“为什么社会需要道德规则？”）的回答就是：道德是一种必需的社会控制机制。

社会契约论对第二个问题（“为什么我应当有道德？”）的回答更为复杂，就像“合作还是作弊”这个游戏所表明的那样。从根本上说，我应当有道德，因为通过容忍一些偶尔给自己带来的不利，我可以获得一种整体的、长远的利益。即使当我违背道德规则而又能够躲过惩罚的时候，我也仍然需要始终如一地遵循它们，因为尽管一种个体性的道德行动有时可能与我的自我利益不一致，但是这种行动根源于某种整体的道德生活形式，而这种生活形式并不违背我的自我利益。

进一步的反思

1. 请思考约翰·霍斯珀（John Hospers）在《人类的行为》（*Human Conduct*）一书第174页中提出的如下情境："假设你告诉一个盲眼的卖报人，说你递给他的是一张五美元的钞票，然后他给你四美元以及一些硬币作为找零，然而你递给他的实际上只是一张一美元的钞票。几乎每个人都会认为这样一种行动是错的。但是一些认同这种判断的人可能仍然会问：'告诉我，为什么我不应当做这种事。'"你会对这样的人说些什么呢？

2. 请阐明关于自然状态的霍布斯式解释，并谈谈你是否同意这种观点。

3. 霍斯珀相信"为什么我应当有道德？"这个问题的唯一回答只能是"因为它是对的"。诉诸自我利益的回答不能回答这个问题，因为这些回答是要寻找一些诉诸自我利益的理由反对追逐自我利益，而这是一种自相矛盾。霍斯珀在这一点上是正确的吗？关于要有道德这个问题我们还能否提供更多的说法？

4. 多年以来有许多学生通过作弊的方式进入医学院。你愿意成为这些医生当中某一位的病人吗？在关于为什么要有道德的理由方面，这对你有什么启发？

5. 在 https://serendipstudio.org/playgrourd/pd.html 这个网站上，有一个在线版本的"合作还是作弊"游戏。请花几分钟时间玩一下这个游戏，并尝试一下不同的策略，然后讨论一下你的体验是否证实了"就长远来看，对你而言合作要比作弊更好"。

6. “你是否相信对于‘为什么要有道德’而言总是存在着一些诉诸自我利益的理由”，这一点在很大程度上取决于“你是否相信以及在何种程度上相信一些生活形式比另一些更好”。存在某种可以使我们据以判断一种生活形式的性质比另一种更好的客观标准吗？

第 6 章

利己主义、自我利益与利他主义

在商业世界里，与自私有关的最声名狼藉的案例之一是雀巢婴幼儿奶粉。在 20 世纪 70 年代和 80 年代，雀巢在发展中国家启动了一项营销策略，诱使无数贫穷的母亲陷入对婴幼儿奶粉的依赖之中。雀巢的营销团队穿上与正式护士相似的制服，混入医院里，宣扬他们的婴幼儿奶粉给健康带来的益处，并且给母亲们留下能够维持几个星期的免费样品——正好足以减弱母亲们产生母乳的能力。于是母亲们别无选择，只能购买奶粉。但是，对奶粉的恰当使用需要占到一个家庭收入的百分之七十，无力支付的母亲们只好对奶粉进行稀释——常常是用被污染的地下水，结果导致数以百万计的婴幼儿死于疾病和营养不良。在全世界对雀巢进行了为期十年之久的联合抵制之后，这家公司在 1984 年改变了它的营销方法。但是，直到今天还有一些激进组织指责包括雀巢在内的婴幼儿奶粉公司仍然在向贫穷的母亲们进行营销，从而导致每天有四千名婴儿死亡。[1]

即使最坏的企业也不会故意杀人。更准确地说，它们不断被赚取利润的需求驱动着，而利润可以推翻其他所有的考虑。如果人们在进行商业交易的过程中受到伤害或死亡，这对它们来说也不是一个问题——除非由此受到罚款、负面影响或联合抵制从而严重损害销售额。我们可以从雀巢事件中学到的一个教训就是企业的自私是根深蒂固的：它们所做出的每一个决定都是最终服务于公司而且仅仅是那家公司的最大利益。即使当企业向慈善机构进行捐赠的时候，它也总是将其作为一种公关活动来提升自己的公众形象，进而提升销售额。考虑到企业完全由人构成，这就引发了一些严肃的问题，这些问题关系到的是在我们的私人和商业生活中，自私是不是一切人类行为背后的驱动力。

在道德生活中，自我关怀（self-regard）、自我利益（self-interest）

或自爱（self-love）的位置是怎样的？我们所做的每一件事真的是出于自我利益的动机以至于道德必定是利己的吗？某种形式的利己主义是最好的道德理论吗？抑或利己主义实际上是与真正的道德截然对立的？无私是可能的吗，以及如果是，那么它是理性的吗？这些就是我们在这一章要讨论的问题。有许多不同种类的利己主义，不过使道德哲学家们感兴趣的两种主要类型则是心理利己主义和伦理利己主义。

心理利己主义这种立场认为：我们总是去做我们认为符合我们自身最大利益的那种行动。也就是说，我们除了自私别无选择。除了我们相信将会促进我们利益的东西，其他任何东西都无法成为我们做事的动机。我总是努力促进我的自我利益，而你也总是努力促进你的自我利益。

与之相比，伦理利己主义则认为每个人都应当永远去做将会最好地服务于他自身最大利益的那些行动。心理利己主义是一种关于我们作为人实际如何行为的理论，伦理利己主义则是一种关于我们应当如何行为的理论。换言之，我们的道德义务是去寻求个人自身的自我利益，我们行为中的对或错取决于我们能否实现我们的自我利益。让我们从心理利己主义入手展开我们的研究。

心理利己主义

再次重申，心理利己主义是认为我们总是去做我们认为符合我们自身最大利益的那种行动的理论。这一观点宣称是一种对人性的描述；换言之，它主张：所有人在心理上都被设计为只按照使他们所认为的个人自我利益得以推进的方式来行事。向慈善机构捐赠、拯救溺水者或者自愿参与某个救灾组织，无论我做出什么行动都是一样的。实际上，我的所有行动都是出于自私的动机。也许我之所以做这些看似无私的行动，是为了提高我的声望，或者仅仅是为了使我感到舒服。总之，最主要的就是我做它们完全是为了我自己。由于心理利己主义声称这是一种关于人性的事实性理论，所以我们可以合理地询问有什么证据支持这种观点。在这样的辩护之中有一种是由自我满足引出的论证。

由自我满足引出的论证

简而言之，由自我满足引出的论证是这样的：

S. 因为每个人总是努力去做将会给他带来满足的事情，所以每个人都是一个利己主义者。

最著名的是亚伯拉罕·林肯（Abraham Lincoln）在下面的逸事中给出的这个论证：

林肯先生曾经在一辆泥泞的旧式马车上向一位旅伴评论说：所有人做好事都是受到自私的驱使。他的旅伴对这种立场进行反驳。此时他们正在经过一座木排桥，桥下有一个泥沼。当他们经过这座桥的时候，他们看到堤岸上有一头老母猪发出可怕的声音，因为它的小猪们已经陷入泥沼之中，并且有被吞没的危险。

当这辆老旧的四轮马车开始攀山的时候，林肯先生喊道：“车夫，请稍停一下，好吗？”然后林肯先生跳出马车，跑回去把小猪们从泥水中举起来，把它们放置在堤岸上。当他回到马车上的时候，他的同伴评论道：“你看，亚伯，在这件小事中哪里有什么自私呢？”“哎呀，天啊，艾德，这正是自私的本质。如果我一走了之，撇下那头为小猪们担忧的、遭受苦难的老母猪不管，那么我的心灵一整天都不会安宁。我这样做是为了获得心灵的安宁，难道你不明白吗？”[2]

S是真实的吗？乍看之下它似乎有些模棱两可。因为一方面它可能意味着：

S1. 对于任何一个行动A而言，每个人做A都是为了获得满足。

满足就是目标。根据这种解释，可以推断我们所有人都总是会以使我们自身的自我利益最大化的方式来行事，这里的自我利益被解释为需要的满足。经过扩展之后的S1可以改写如下：

我们所有人都想要幸福，在生活中寻求满足，我们所做的每一件事情都是有意识地朝向这一目的。

亚伯拉罕·林肯声称帮助小猪脱离泥沼是为了慰藉他的良心，因此全然出于自私的动机。

设想将林肯的这个故事改动一下：场景是一样的，只是呼唤车夫停下并且主动跳出去拯救这些小猪的人是艾德。他经历了这一考验之后愉快地回到马车上。这时林肯用下面的话来迎接他：

> 艾德，你要知道你的所为正是自私的本质。如果你没有努力帮助那些小猪，你就无法让你自己心安。

但是艾德回答道：

> 亚伯，当我在努力帮助那些小猪的时候，我并不觉得是在寻求我自己的幸福。我之所以做这件事，是因为我相信它们的苦难应当得到缓解。当然，我因为成功地做了这件事情而感到满足，但是任何成功的行动都会自动伴随着满足。即使我对它们的帮助没有成功，我也会感到一定程度的满足，因为我在努力帮助它们这一点上成功了。

在评判动机与成功的关系时，林肯似乎是错的，而艾德似乎是对的。当我们行事的时候，我们并非总是在有意识地寻求我们自身的满足或幸福。实际上，一些人似乎是在寻求他们自身的不幸，如受虐狂和具有自我毁灭倾向的人所做的事情，而且我们有时似乎会在不去有意识地考虑我们幸福的情况下自发行事。因而艾德的立场类似于以下所述：

> S2. 我们所有人都会做我们最想要做的那种行动，因此，我们会由于那种行动的成功进行而感到满足。

这样一来，S2 就突破了心理利己主义，因为“我们最想要做的”行动有可能是一个无私的行动，比如在帮助小猪的这个例子里。不过，S2 似乎也不太对，因为我们是否总是去做我们最想做的事情这一点还不确定。当我节食的时候，我很想克制自己不去吃美味的巧克力蛋糕和冰激凌，但我有时发现自己会屈服于这种诱惑。在做自己不想做的事情方面，酗酒者和成瘾者有着更加痛切的经验。这些意志软弱的经验与 S2 构成了严重对立。因此让我们尝试另外一种对 S 的解释：

S3. 我们总是努力去做我们最想要做的事情，并且会由于那种行动的成功进行而体验到满足。

S3 把意志的软弱考虑在内，因而似乎更加接近真实。而且基于以下原因它也似乎更好一点：当我们寻求某种目标的时候，我们通常意识不到对满足有丝毫关注，但任何任务的完成似乎都自然而然地伴随着满足。当我伸手抓住一个即将被一辆汽车撞上的孩子，把她从危险中拉回来时，我为自己的成功感到满足，但我并非为了感到满足才去救她。总之，因为我在救她之后感到满足，所以就得出结论说我必定是把自我满足作为目的，这是把行动的结果与目的混淆在了一起。这就像由于汽车经常在行驶时耗费汽油，从而推断这样行驶的目的就是要耗费汽油一样荒谬。简而言之，当我们要求心理利己主义者的立场具有更进一步的明晰性时，由自我满足引出的最初的论证也就烟消云散了。

快乐主义悖论

由自我满足引出的论证的另一个问题主要集中在所谓的快乐主义悖论上，假设一个能够可靠地预测事情结果的超级心理学家告诉你，有两种行动方案可供你选择：一，你进行一场完美的抢劫，并把银行行长与唯一一个知道你行踪的人（你最好的朋友或者你的母亲）都杀死，然后逃到阿根廷去逍遥快活；二，你克制自己不去犯罪，并且将会作为一名教师过着一种简朴而体面的中产阶级生活。进一步假设，他使你确信选项一将产生一千单位的幸福或满足（暂且把这些单位叫作“千乐”①），而选项二则将仅仅产生五百千乐。你会选择哪一个呢？如果你选择二，那么这就证明心理利己主义是虚假的。

这似乎表明我们是基于我们整体的价值图景而行事，并且在实现我们的目的时获得满足，但是满足并非唯一的目的。这正是约翰·斯图尔特·穆勒在下面这句话中想要表达的意思：“未得到满足的苏格拉底要比一个得到满足的傻瓜更好。”同样，“一个不满的好人要比一个有福的坏人更好。”仅仅为了满足而寻求满足似乎属于穆勒所说的不值得欲求的“猪的哲学”。我们所有人都想要幸福，但是我们不想为此而不惜一切代价或者为此而排斥其他某些价值。

而且，幸福本身似乎是一种特殊的目标。正如快乐主义悖论所显示的，得到幸福的最好方式就是把它忘记。也就是说，如果你旨在完成一些有价值的目标，它们会间接地带来幸福，那么你就会有更高的概率获得幸福：

> 我曾寻求福乐之鸟，她却飘摇飞入碧空。
>
> 我曾寻求邻人之善，福乐却飞入我怀中。

只要我们欲求的仅仅是幸福并且是为了幸福而欲求幸福，那么幸福似乎就是一种难以捉摸的目标。只有在追求其他一些具有内在价值

---

① “千乐”（hedon）是作者自造的词，作为对“幸福”和“满足”的度量单位。该词源于“快乐主义”（hedonism）一词的词根，而后者又源于古希腊语中的“快乐”（η'δονη'）一词。——译者注

的目标的过程中，幸福才得以产生。乔尔·范伯格（Joel Feinberg）以下面这种方式来展示快乐主义悖论：

> 想象有一个名叫约翰的人，从一开始就缺乏理智上的好奇心。他完全没有为了知识自身而去获取任何一种知识的欲求，因而也对科学、数学和哲学的问题毫不关心。进一步想象，自然的美也无法打动约翰，他对静美的秋叶、白雪皑皑的高山、波涛汹涌的海洋都无动于衷。春日清晨在乡间的悠然漫步和冬天里的滑雪冒险对他来说都同样是一种烦扰。而且，让我们设想约翰在艺术中也找不到任何趣味。小说是无聊的，诗歌是一种痛苦，绘画毫无意义，音乐只是噪音。再进一步设想，对于棒球、足球、网球以及其他任何运动，约翰都没有参与或观看的热情。游泳在他看来是一种难受的水上体操，太阳只不过是晒伤的一个肇因。跳舞是对男女都适用的白痴行为，社交是对时间的浪费，异性是一种毫无吸引力的谜团。政治是一种欺骗，宗教是纯粹的迷信；数以百万计的弱势者的不幸境况丝毫不值得关心，也不值得为其感到激动。最后设想约翰在手工艺、工业或贸易方面也没有任何天赋，而他也并不为这一事实感到遗憾。
>
> 那么约翰对什么感兴趣呢？他必定欲求着某种东西。毫无疑问，他的确如此。约翰对自身的幸福具有一种势不可当的激情，他全身心地投入自身的幸福之中。他生活中的唯一欲求就是要幸福。此时不难想象，约翰的这个欲求注定要遭到挫败。[3]

这种快乐主义悖论似乎表明了心理利己主义具有一些严重的问题。

由自我欺骗引出的论证

假设心理利己主义者修改了他对S的解释，从而将潜意识的动机也包括在内。这种论点现在认为我们有时会在我们的动机方面进行自我欺骗，每当我们克服自我欺骗并且真正深入审视我们的动机构成时，我们就会发现一种本质性的自私。

这种自我欺骗的论证是可靠的吗？它的一个问题在于它似乎是一种无法证伪的教条，因为有什么证据能够反驳它呢？假设你审视自己的动机结构，并没有找到一种有力的利己主义动机。利己主义者对此会说什么呢？利己主义者会回应说：你只是审视得不够深入罢了。但是你可能好奇，你如何知道自己的审视在什么时候是足够深入的呢？利己主义者回答说：在你找到自私的动机的时候。举例来说，假设林肯的朋友艾德在把小猪从泥沼中救出来之后，对自己这种行为的动机构成进行反省，却没能找到一种自私的动机。那么亚伯可能会回答道："艾德，我并不是说自私总是有意识的。因为自我欺骗深藏于人心之中，所以你只不过是审视得不够深入罢了。"

这个争论可以表明我们永远无法证明心理利己主义是虚假的。但是它也不能为利己主义者的论点提供安慰。恰恰相反。如果我们尽己所能地深入审视，却仍然没有找到一种自私的动机，那么我们就有理由相信不是所有行动都受到行为者效用考量的驱动。至于通过举证使我们相信我们仍然是在自我欺骗则是利己主义者的责任了。利己主义者似乎要为他们犯了以偏概全的谬误而感到内疚。仅仅因为我们有时会在我们的动机方面受到自我欺骗，就推断我们必定总是受到欺骗的。但这根本推导不出来。

假设人们大多都是心理利己主义者，即我们经常被自我关怀式的动机所驱使，但这并不意味着我们是完全的利己主义者，也不意味着我们必定是自私的。《韦伯斯特词典》将自私定义为“寻求或专注于自己的利益、快乐或福祉，而不考虑他人”。但是，我们可以发现我们的价值观念是把他人之善囊括在我们的幸福之中的。一个朋友或一个恋人的幸福与他人之善的关系是如此密切，以至于二者无法被分隔开。所以如果心理利己主义被作为自私来解释，那它肯定是虚假的。如果它只不过是对我们如何产生动机的一种陈述，那它或许仍然是虚假的。与之类似的某些东西——主导性心理利己主义[①]——可能是真实的，但这并不排除无私行动的可能性。

① 主导性心理利己主义（Predominant Psychological Egoism，亦作 Predominant Egoism），是对心理利己主义（Psychological Egoism）的一种弱化。它不再认为利己是行为的唯一动机，只强调它是行为的主要（predominant）动机，因此是一种温和版本的心理利己主义。——译者注

伦理利己主义

伦理利己主义这种道德观点认为，每个人都应当永远去做将会服务于自身最大利益的那些行动。换言之，道德上正当的行动就是将自身最佳利益最大化的那些行动，即使它与他人的利益相冲突。认识到下面这一点是很重要的：伦理利己主义的道德理论并不主张每个人都应当具体地服务于我（或者说话者）的最大利益。例如，我们可以想象一个残暴的国王可能认为有道德的行动就是具体地服务于国王的最大利益的那些行动。与之相比，伦理利己主义的立场更具普遍性。它促使每个人去把自己的最佳利益最大化。约翰、玛丽、比尔和苏每个人都应当以服务于他们自身利益的方式来行事。接下来我们讨论一下为伦理利己主义进行辩护的四种常见论证。

由严格的心理利己主义引出的论证

为伦理利己主义提供支持的论证有一种是直接来自我们在之前的部分中考察过的心理利己主义理论，如果根据心理上的设定，我仅仅为了我自己的最佳利益而行事，那么我永远没有义务对他人去做利他（即无私）行动。更加形式化的论证是这样的：

前提一，我们每个人总是寻求自身利益的最大化（心理利己主义的定义）。

前提二，如果一个人不能够做某个行动，那么他就没有义务去做那个行动（应当蕴含着能够）。

前提三，利他的行动包含把其他人的利益放在自己的利益之前（利他主义的定义）。

前提四，利他主义与心理利己主义相矛盾，因而利他主义是不可能的（根据前提一和前提三）。

因此，利他的行动从来不是道德上的义务（根据前提二和前提四）。

前提一就是心理利己主义的理论自身。前提二规定了一条基本的道德原则：我们从来没有义务去做不可能的事情。如果我有履行某种行动的义务，那么履行那种行动至少首先是在我的能力范围之内的。例如，我没有治愈癌症的义务，因为做这件事完全超出了我的能力。这种基本的立场可以概括为一句话："'应当'蕴含着'能够'。"前提三将利他的行动定义为无私的行动。前提四表明：根据定义，利他的行动是与心理利己主义的主张——所有的行动都是旨在使个人的自我利益最大化——直接对立的。由此得出，我们在道德上从来没有义务去履行义务性的行动。

这个论证成功吗？如果我们认可在之前的部分中对心理利己主义提出的批评，那么我们就必须拒绝前提一，如此一来整个论证也就崩塌了。不过，为了论证的缘故，就让我们承认前提一是真实的并且假定心理利己主义准确地描述了人性。那么现在这个论证能够为伦理利己主义提供证明吗？并不一定。上述论证仅仅使我们有理由拒绝"利他的行动是道德上的义务"这一论点。但是，这并没有得出我们就应当履行利己的行动。就此而言，上述论证并未表明我们在道德上有履行任何行动的义务。因此，这个论证是失败的。

霍布斯由主导性心理利己主义引出的论证

现在我们来考虑另一个由心理利己主义引出的替代性的论证，我们在托马斯·霍布斯的作品中找到了这种论证。他的论证是这样的：假设我们存在于任何一个社会之外，没有法律和共同商定的道德，处于一种“自然状态”之中。不存在共同的生活方式，除了暴力之外没有解决利益冲突的手段，对他人将会如何行为也缺乏可靠的预期。而且，人天生是自私的；他们追随着他们自己的偏好及其所感知到的利益，倾向于以可怕、任性和暴力的方式来行事和做出反应甚至过度反应。在这种自然状态里，生活的结果是混乱无序的，这里的生活是“孤独的、可怜的、险恶的、残忍的、匮乏的”。

据霍布斯的观点，我们被驱使着不惜一切代价存活下去，而且我们明白，无论是就个体还是就集体而言，接受某种最低限度的规则对我们所有人都更有好处——每当自我利益对其他人构成一种威胁时，这种规则就会推翻当下的自我利益。因此，一种彼此共同商定的道德准则的观念就从一种理性的自我利益的情境中产生了。但是，如果只有一些人遵守它，那么道德准则当然也就没有作用。因此，为了防止人们违反道德准则，霍布斯筹划了一个强有力的中央政府，包括一个强大的警察机关和一种稳定有效的惩罚体系。被抓捕和被惩罚的威胁应当起到威慑犯罪的作用。人们必须相信违背法律并不符合他们的整体利益。[4]

推动霍布斯整个理论的引擎是心理利己主义：自私迫使我们进入混乱状态，而自私又迫使我们通过彼此共同商定的道德准则来解决这个问题。尽管霍布斯毫无疑问赞同心理利己主义，但是一些学者论证他是以一种更加温和的方式对心理利己主义表示赞同。[5] 对于霍布斯来说，人类的行动主要是由自我利益驱动的。换言之，人的本性导致我们极度偏向自我利益而非偏向他人的利益。因为如果没有分外的努力我们就无法利他地行事，所以完全出于自我利益地行事在道德上是可允许的。而且，霍布斯在构想基于自我利益的道德义务时，所采取的进路相当复杂，它最终引导着我们接受那些日常的道德原则。开明的常识告诉我们，我们应当致力于实现与我们的短期利益相对的长期利益，所以我们需要克制我们感官的当下满足，克制自己不去做将会破坏使我们能够达到我们目标的社会条件的那些事情。或许，我们甚至应当一般性地遵守金规则，“要像你希望别人对待你那样对待别人”，因为对别人做好事将会有助于确保他们对我们做好事。

霍布斯对伦理利己主义的论证成功吗？一方面，它似乎克服了上述由严格的心理利己主义引出的论证所具有的两种局限。首先，通过提倡一种更加温和的心理利己主义，他至少避开了我们之前考察过的对心理利己主义的一些抨击。其次，霍布斯所做的不仅仅是排除基于道德义务的利他行动的可能性，他还寻求确立一种具体的道德义务——这种道德义务是为了个人长期自我利益的最大化。具体而言，在霍布斯看来，我们去做那些让个体存活下去的利己行动在道德上是被允许的。

尽管霍布斯对伦理利己主义的论证看似合理，但是它似乎依然太过于依赖心理利己主义。它假定我们所能做的最好的事情莫过于成为利己主义者，因此我们应当尽可能地在我们的利己主义方面具有策略性。但是如果像之前所论证的那样，心理利己主义是虚假的，那么就没有理由排除非利己行为的可能性。或许所有人都应当更加努力地以利他的方式行事。由于霍布斯是在提出一种更加温和的心理利己主义观点，所以我们并非不可避免地要成为伦理利己主义者。简而言之，霍布斯的理论看似合理却不可靠。

斯密的经济学论证

18 世纪的经济学家亚当·斯密（Adam Smith）为道德的利己主义进路提出了辩护，他的辩护基于给社会带来的经济效益。据斯密来看，在一个竞争性的市场中，个体的自我利益会产生一种对全社会而言最理想的善的状态。他论证，竞争使得每个个体都生产更好的产品，并且以比竞争对手更低的价格来将其卖出。例如，如果我是一个汽车制造商，希望在竞争中存活下去，那么我将想方设法把我的车制造得更好，并且以更便宜的价格来出售，努力赢得更多的顾客。这样我获得了利润而顾客也得到了实惠。因此，我的自我利益导向的是对社会而言最好的整体情境。斯密把这种效益生动地描绘为一只“看不见的手”所造成的结果，在我们追求自我利益时，它几乎是魔法般地指导着经济。

这个论证成功吗？实质上，斯密的经济学论证不是一个为伦理利己主义提供支持的论证。它实际上是一个为效用主义提供支持的论证，效用主义利用自我利益去实现所有人的善。这个理论的目标是社会效益，但是它把它的信心置于一只看不见的手之上，这只看不见的手是内在于自由企业体系之中的，它指引着开明的自利去达到那一目标。我们可以说它是一种双层架构：在最高的层面上，它是效用主义的；而在日常行动的较低层面上，它是注重实际的利己主义。

第二层　总体目的：社会效用

第一层　个体动机：利己

这种双层架构的经济学论证意味着我们不关心社会善，仅关心我们自身的善，而且正是通过这种方式，我们将有可能实现最高的社会善。

在这样一种双层架构中或许存在着某种真理。不过，首先，能否将（有争议的）经济学方法应用到人际关系领域这一点并不清楚，人际关系可能具有一种与经济关系不同的逻辑。从伦理的意义上来说，效用最大化的最好方法或许是为他人献出自己的生命，而不是像一个利己主义者可能主张的那样去杀死另一个人。其次，古典的自由放任资本主义是否有效也还不清楚。自从 1929 年的“大萧条”以来，大多数经济学家对原教旨资本主义的信心已经改变，大多数西方国家利用某种政府干预作为对资本主义的补充。同样，尽管自我利益常常导向更大的社会效用，但它也有可能失控从而需要对他人的关心作为补充。古典资本主义已经有所改变，以便使政府干预得到允许，其成果就是面向贫困人群的福利体系、公共教育、社会保障和医疗保险。与之类似，一种令人满意的道德体系可能需要将注意力放在他人的需求上，并且指导我们满足那些需求，即使我们认为这并不符合我们当下的自我利益。

兰德对自私德性的论证

当代作家安·兰德（Ayn Rand）这个名字与伦理利己主义紧密相连。在《自私的德性》（*The Virtue of Selfishness*）一书中，她论证自私是一种德性，而利他是一种恶、一种完全破坏性的观念，利他导致个人价值被逐渐削弱。兰德以如下观点来定义利他主义：

> 任何为了他人利益而采取的行动都是善的，任何为了自身利益而采取的行动都是恶的。因此，一个行动的受益者是道德价值的唯一评判标准，受益者不论是任何人，只要不是这个人自己，就什么事情都可以做。[6]

因此，利他主义是自杀性的：

> 如果一个人接受了利他主义的伦理学，那么他的首要关心不是如何过他的生活，而是如何将其牺牲……利他主义侵蚀了人们把握个体生命价值的能力；它所彰显的心灵是从“人已被取消”这一现实引出的……利他主义把死亡当作它的最终目标和价值标准——从逻辑上来说，忘我、顺从、克己以及其他各种形式的苦难，包括自我毁灭，都是它所倡导的德性。

但是，一个人应当从他自己的行动中获益。正如兰德所说：“人真正的价值和利益，即关心他自己的利益，正是一种道德生活的本质所在，人必须是他自己的道德行动的受益者。”我们所有人实际上都想成为受益者，但是社会哄骗我们，诱使我们认为：利己主义是恶的，而利他主义是善的，集体的平庸是有德性的，而大胆的创意则是一种恶。

兰德论证，我们拥有一种不可剥夺的权利去寻求我们自身的幸福和成就，不管它给别人带来什么影响。利他主义会否认我们拥有这种权利，所以它是“堕落的信条”。由于找到“以自我为中心”的幸福是生活的最高目标和最高善，因此号召我们为了他人的善而牺牲自己幸福的利他主义是与最高善相对立的。她的论证可以展开如下：

1. 处于一种幸福状态中的人的能力的完善是对人而言的最高善。我们拥有一种努力达到这一目标的道德义务。
2. 利他主义伦理学要求我们为了他人的善而牺牲我们的利益和生活。
3. 因此，利他主义伦理学是与幸福这一目标不相容的。
4. 伦理利己主义要求我们专门寻求自己的幸福，所以它是与幸福这一目标相一致的。

5. 因此，伦理利己主义是正确的道德理论。

兰德似乎认为每一个个体都有义务首先寻求自己的善，而不管它给别人造成什么影响。她似乎把这种义务建基于这一事实之上，即每个活的生物体的行动都“指向一个单一的目标：这个生物体生命的维持”。据此，她推断出最高的价值就是生物体的自我保护。归根结底，我们每个人都应当首先关心自己的利益，“我即上帝”，让恶魔去关心那些不能足够坚强地照顾他们自身的人吧。

我们应当如何看待兰德对自私德性的论证？简而言之，它犯了虚假两难推理的错误，从而看起来是有缺陷的。它过于简单地设定绝对的利他主义和绝对的利己主义是仅有的选择。但是，这是一种对这个问题偏激的看法。在这两种立场之间还存在足够多的选项。即使一个坚定的利己主义者也会承认（与快乐主义悖论类似），对于我们来说，有时达到自我实现的最好方式是忘掉我们自身并且努力为了目标、原因或他人而生活。即使利他不被要求作为一种义务，它在很多情况下也是可以被允许的。而且，自我利益与关怀他人的动机可能并非不可相容。自我利益和自爱在道德上是善的事物，但是这些并非要以他人的合法利益为代价。当存在与利益有关的道德冲突时，就需要一个公平的裁决过程。

这个论证的另一个问题在于，在兰德的作品里，她在提倡自私与提倡自我利益之间游移不定。但是，这是两个不同的概念。自我利益的意思是我们关心促进我们自身的善，但这并非一定要不惜任何代价。我想成功，然而我认识到有时我会在这件事上失败，而这种失败是很公正的。尽管感到沮丧，我也会接受这一公正的结果。自私则要求我为了我自己的善而牺牲他人的善，即使这样做是不公正的。自我利益是我们本性中合法的一部分，而自私则是一种越轨，一种对于道德立场的不接受。

因此，兰德的论点，即“伦理学要求‘行动者必须总是其行动的受益者’”，并没有得到很好的论证支持，而且在更深的层面上它还与我们日常的道德经验相矛盾。

反对伦理利己主义的论证

在考察伦理利己主义这样的理论时，第一步是对那些为其提供支持的论证进行评价；我们在之前的部分已经这样做了，并且发现没有一个论证是令人信服的，尽管霍布斯的论证可能言之成理。第二步是去探讨那些试图反驳这一理论的论证。因此，我们来看一下反对伦理利己主义的五种论证。

结果相互矛盾论证

布莱恩·麦德林（Brian Medlin）论证认为，伦理利己主义不可能是真实的，因为它无法满足道德的一个必要条件，即成为对行动的一种指导。他提出，它就像是在劝告人们基于互不相容的欲求去做相互矛盾的事情。[7] 他的论证是这样的：

1. 道德原则必须是普遍的和无条件的。
2. 我必须使我的利己欲求普遍化，从而胜过汤姆、狄克和哈利。
3. 不过，我也必须假定汤姆的利己欲求胜过狄克、哈利和我（以此类推）。
4. 因此，我规定了互不相容的结果，同时我也没有为欲求的冲突提供一种裁决的方法。实际上，我等于什么也没说。

杰西·卡林（Jesse Kalin）对此进行了恰当的回应，他论证我们可以将我们关于伦理情境的信念与我们的欲求区分开。[8] 他把这种情境比作一种竞技体育赛事，其中你相信你的对手与你一样有权利去努力赢得胜利，但是你希望在实际中赢得胜利的是你而不是他。一个更好的例子是国际象棋游戏，你认识到你的对手应当移动他的“象”来为“将军”做准备，但你希望他没有想到这一步。A 应当去做 Y 这一信念并不意味着你一定想要 A 去做 Y。因此，这个以相互矛盾的结果来反对伦理利己主义的论证失败了。

公共性论证

反对伦理利己主义的公共性论证提出，如果一个利己主义者公开宣传他的利己主义方案，那么必然会损害这一方案本身。一方面，要想成为一种道德理论，似乎就必须使它的道德原则公之于众。除非这些原则是作为公众易于接受的普遍命令而被提出的，否则它们既无法充当行动的指导，也无助于利益冲突的解决。不过，另一方面，将这些原则公之于众并不符合利己主义者的自我利益。利己主义者宁愿我们其他人都是利他主义者。例如，我们可能会问为什么兰德要写书宣扬她的立场？她通过宣扬伦理利己主义而从她的书上赚到的钱与泄露天机的代价相比是值得的吗？

因此，对于利己主义者来说，为她的立场进行论证将会适得其反——而且更糟的是她还应当说服别人相信它。不过，拥有一种私人道德——这种道德不解决利益冲突——是完全可能的。因此，利己主义者在坚守一种私人的、非标准的、独有的自我关怀式道德的同时，也应当公开倡导传统道德的标准原则，从而使社会不致崩溃。所以如果你们愿意付出这种代价，那么你们就可以接受这种唯我论导向的利己主义规范。

如果利己主义者打算付出这种代价，那么利己主义就可以是一个自洽的体系，尽管具有某些局限性。虽然利己主义者能够以有限的方式与他人进行合作，甚至或许拥有朋友——只要他们的利益不与他的利益相冲突，但是他不得不非常谨慎地保持他的独立。利己主义者不能给出与他的立场有关的建议或主张，至少不能真心地这样做。他必须在道德孤立中以原子论或唯我论的方式独自行事，因为宣扬他对利己主义原则的坚守对于他的方案来说是危险的。他不可能向他的孩子们教授真正的道德，不可能向他人证明自己的合理之处，也不可能原谅他人。这个反对伦理利己主义的公共性论证的底线在于，不错，利己主义者可以秘密地坚持他个人的利己主义道德原则，但他无法在不伤害自我利益的情况下对它进行宣传。这一限制至少在某种程度上给伦理利己主义的生命力造成了不利。

友谊及伦理利己主义的悖论

情况可能甚至比老练而自觉的利己主义者所设想的更糟糕。利己主义者可能拥有朋友吗？如果有限的友谊是可能的，那么他能够陷入爱河或者体验到深厚的友谊吗？假设利己主义者发现在对幸福这一目标的追求中，深厚的友谊是属于他的最佳利益的，他能变成一个朋友吗？建立深厚友谊所必需的是什么？一个真正的朋友是这样的一个人：他并非一直专注于他在这种关系中的自身利益，他为了服务或增加另一个人的利益而完全忘记了他自己，至少在有些时候是这样。“爱所寻求的不是它自己。”爱是一种利他的性情，正与利己主义相反。而且，我们还认识到拥有朋友和恋爱关系是属于我们的自我利益的，没有它们的话生活就缺少最主要的欢乐和意义。因此，伦理利己主义的悖论就在于，为了达到利己主义的目标，一个人必须放弃利己主义并且（在一定程度上）变成一个利他主义者，而这正是利己主义的对立面。

我们可以再一次诉诸一种层级的区分。在最高的反思性层面上，我断定我想幸福。但是，我还断定找到幸福的最好方式是在一个共同体中拥有朋友和友好关系，在这个共同体中我们所有人都以公正、友爱的方式行事。由于拥有朋友和行事公正都要求具有以公正的、利他的方式行事的性情，所以我决定在一种较低的或最基本的层面上我必须以公正的、利他的方式生活，而不是以利己的方式生活。因此，在这个较低层面上，对真正友谊的追求给伦理利己主义造成了不利。

由违反直觉的后果引出的论证

反对伦理利己主义的第四种论证认为，它是一种绝对的道德体系，不仅允许利己的行为，而且要求利己的行为。舍己为人不仅不被要求，而且在道德上是错误的。只要我没有确凿证据证明我对你的帮助最终将会对我有利，我就必须克制自己不去帮助你。如果我按下一个按钮就能拯救整个欧洲和非洲使其免于毁灭，那么只要我从中一无所得，对我来说去按那个按钮就是错的。根据这种逻辑，帮助受伤的受难者却没有为此收取报酬的心地善良的撒玛利亚人在道德上就是错的。如果利己主义者正在从环境污染中获利的话，那么肯定也很难理解他为何应当关心环境问题。例如，假设利己主义者通过生产化学溶剂获得了四十个单位的快乐，由此造成的污染反过来使其他人受到一千个单位的苦难；虽然利己主义者自身也由于污染而遭受苦难，但却只有十个单位。因此，根据行为者利益最大化的一种计算，他在道德上就有义务去生产这种污染性的化学制品。但这看起来是违反直觉的，它违背了我们正常的公平观念。

未来世代问题

伦理利己主义的最后一个问题在于它认为没有义务去为未来世代保留稀缺的自然资源。利己主义者质问："我为什么应当为子孙后代做事呢？""子孙后代又为我做过什么呢？"利己主义者在为未来世代保留自然资源的过程中一无所得，因为未来世代尚不存在，所以也无法给予利己主义者任何好处。加勒特·哈丁（Garrett Hardin）讲述过一个故事：他花一美元栽了一棵红杉树苗，它的全部经济价值是一万四千美元，不过实现这一价值需要两千年。他坦白说，作为一个"经济人"，他栽这棵树苗是愚蠢的，但是他仍然这样做了。"我的任何一个直系后代都几乎不可能获得（这棵树的价值）。我最多希望的是某个无名的子孙将会从我的行动中获益……不过何必为此操心呢？"他的回答承认了利己式经济推理的失败，或者说他自身理性的失败。他写道："我开始怀疑理性——如我们现在所设想的，可能不足以保障我们所欲求的目的，即照顾到子孙后代的利益。"[9]

再考虑一下一位经济学家在伦敦经济学院所作的推断：

> 假设由于用尽了全世界的资源，人类的生命确实到了终点。但那又怎样？除了宗教的信念，人类种族的无限延续有什么值得期望的呢？可能在这个世界上几乎每个人都不愿意去死，可能每个人对死亡都有一种本能的恐惧。但是，人们一定不要把这一点与另外一种观念混淆在一起——那种观念是说，从任何合理的角度来看，还未降生的世代如果被生下来，据说都要比他们没被生下来的境况更好。[10]

这看起来是一种前后一致的利己主义回答。另一位来自麻省理工学院的经济学家这样处理这个问题：

> 对于我们有限的人类心灵来说，以下陈述可以使得地质年代变得容易理解：地球四十五亿年的历史相当于乘坐超音速喷气式飞机绕地球一圈……人类在距离终点还有八英里的时候登上了飞机，工业时代的人在距离终点还有六英尺的时候登上了飞机……今天我们正在进行一场争论，争论的主题就是人类应当使其在飞机上的时间期限最大化到何种程度。
>
> 根据科学家的观点，太阳正在逐渐膨胀，地球将会在一百二十亿年之后被太阳吞噬掉。这就意味着我们的飞机还有时间再绕行三次。我们想要人类在这三次绕行世界的时候都待在飞机上吗？我们对另一个八英里之外的人类感兴趣吗？我们对另一个六英尺之外的人类感兴趣吗？或者我们仅仅对零点几毫米之内的人类感兴趣吗？这让我思考：我关心一千年之后会发生什么吗？……我关心人类何时从这架飞机上下来吗？我想我基本上得出了结论：我不关心在另外一个八英尺的时候人类是否还在飞机上，也不关心在另外三次绕行世界的时候人类是否还在飞机上。[11]

但是我们大多数人确实发现，我们对未来的人类负有义务，这一点在直觉上是很明显的，即使他们无法酬谢我们。如果是这样，伦理利己主义就不可能是一种充分的伦理学理论。它可能是一个更大的理论的一部分，但它必须要以其他理论作为补充。

总之，我们看到伦理利己主义有很多严重的问题。它无法前后一致地将自身公之于众，也不能经常为其立场进行辩护。它趋向于唯我论，并且将很多最深层的人类价值排斥在外，比如爱与深厚的友谊。它违背了公平的原则，而且最重要的是，它使得对利他行为的绝对禁止成为必需，而我们却在直觉上感受到这种利他行为正是道德所要求的（或者至少是其所允许的）。

结论

新教改革者马丁·路德曾经说过：人类就像这样一个人，当他从一侧上马的时候，却总是从另一侧跌落，尤其是当他试图为了弥补之前的夸大而矫枉过正的时候。其实，伦理利己主义也是这样。傻子式的利他主义是不合理性的、带有负罪感的，属于自我消解式的道德；为了尽力对这样一种利他主义进行弥补，伦理利己主义就跌落到了马的另一侧，信奉一种自我拔高的骗子式盘算，但是这种盘算却将生活中最深层次的欢乐自身都剥夺掉了。因此，只有以恰当的方式上马、避免两种极端的人，才有可能乘着这匹幸福之马奔向它的目标。

进一步的反思

1. 请评判这一陈述是真还是假：“每个人都是一个利己主义者，因为每个人都总是努力去做将会给他自身带来满足的事情。”

2. 第 1 章开头是基蒂·吉诺维斯被杀的事件。请回顾一下那个事件，并且讨论一下一个伦理利己主义者面对基蒂·吉诺维斯的险境会做出如何反应。利己主义者会承认他们具有一种向吉诺维斯施以援手的义务吗？

3. 请讨论一下支持伦理利己主义的四种论证。其中哪一种是最有说服力的？为什么？

4. 请讨论一下反对伦理利己主义的五种论证。其中哪一种是最有说服力的？为什么？

5. 利己主义者常常论证说，大多数的道德体系都未能充分地认识到道德应当符合我们的最大利益。就此而论，伦理利己主义可以被视为对其他那些强调为了义务或他人而履行义务的伦理观点所具有的不足进行弥补的一种努力。请阐释一下这种论证是否具有可取之处。

第7章

效用主义

假设你与一个垂死的百万富翁一起待在一个岛屿上。在他的遗言中，他恳求你帮他最后一个忙："我已经把我的整个生命献给了棒球，在这五十年里我一直全力支持纽约洋基队并从中获得了无尽的快乐。现在我就要死了，我想把我的所有财产两百万美元都捐给洋基队。"他指着一个装满巨额钞票的箱子继续说："你会把这些钱带回纽约，并把它带给洋基队的老板，以便让他能够挖掘到更好的队员吗？"你答应实现他的愿望，正在这时他的脸上闪现出欣慰和感激的笑容，在你的怀中死去了。在到达纽约之后，你看到你最喜欢的慈善机构世界饥荒救济组织（你不会怀疑它的正直）在报纸上投放的一则广告，期望得到两百万美元来救助非洲即将死于饥荒的十万人。这两百万美元不仅会挽救他们的生命，而且还会购买设备和各种肥料，这些对于建设一种可持续经济而言都是必不可少的。鉴于这则广告，你决定重新考虑你对那个临死的洋基队球迷的承诺。

在这种情况下，怎么做才是正当的？想想一些传统的道德原则，看看它们能否帮助我们做出一种决定。常常被用来指导行动的一条原则是"让你的良心成为你的向导"。我回想起这条我所钟爱的原则，它是我的父亲在我很小的时候告诉我的一条原则，现在也仍然在我的心灵回荡。但是，在这里它有帮助吗？没有，因为良心主要是教养的一种功能。人们以什么样的方式被抚养长大，他们的良心就以什么样的方式对他们说话。基于教养的原因，一些人对于自己犯下的暴行安之若素，而另一些人踩死一只昆虫都会良心不安。假设你的良心告诉你要把这笔钱捐给洋基队，而我的良心则告诉我要把这笔钱捐给世界饥荒救济组织，我们还能对这个问题进行讨论吗？如果良心是它的终点，那我们只能默然无言。

另一条鞭策我们的原则是“做最富有爱的事情”，耶稣特别提出了“爱邻如己”这条原则。爱无疑是一种极好的价值。它是一种比恨更有益的态度，如果仅仅为了我们自己的心理健康考虑，我们应当克服恨的感情。但是，当存在一种利益冲突的时候，爱足以指导我们的行动吗？“爱是盲目的，”有人说过，“而理性，像婚姻这样的事情，才是一种令人心明眼亮的东西。”在对那个百万富翁的钱财进行支出这个事情上，我应该爱谁？爱那个百万富翁还是爱那些饥饿的人？我们看不出来爱自身能够解决什么问题。事实上，没有明显的迹象表明我们一定永远做最富有爱的事情。我们应当永远以爱的方式去对待我们的敌人吗？或者，如果有些人故意以不公正的方式伤害了我们、我们所爱的人或其他无辜的人，那么对这些人感到仇恨是道德上可允许的吗？纳粹集中营的幸存者应当去爱阿道夫·希特勒吗？爱自身无法解决这些复杂的道德问题。

第三条常常用来指导我们道德行动的原则是金规则：要像你希望别人对待你那样对待别人。这也是一条高尚的经验性规则，它在简单的、常识性的情境中发挥着作用。但是它也有些问题。首先，它不能从字面上来理解。假设我喜爱听喧闹的重金属音乐。由于我会想要你为我把它喧闹地演奏出来，所以我推断我也应当为你把它喧闹地演奏出来，即使我知道你很憎恨这种玩意儿。因此，这条规则必须修改为：要像你希望别人对待你那样对待别人，如果你是站在他们的角度考虑的话。然而，这仍然有些问题。如果我是暗杀罗伯特·肯尼迪（Robert Kennedy）的人，我会想要自己从监狱中被释放出来，但这样的人并不一定应该被释放。如果我把自己放在一个性饥渴者的位置上，我可能想要与接下来可以找到的任何一个人发生性关系；但没有明显的迹象表明我（或其他任何人）必定依从我的愿望。与之类似，金规则也没有告诉我要把那个百万富翁的钱财捐给哪一方。

良心、爱和金规则都是非常有价值的经验性规则，可以帮助我们度过一生。对处于日常道德情境中的大多数人来说，它们大多数时候都在发挥着作用。但是，在更为复杂的情况下，尤其是当各种利益存在着合法冲突的时候，它们就是有局限的了。

对于解决这些困境来说，一种更有希望的策略是遵循某些确定的道德规则。假设你决定把那个百万富翁的钱财捐给洋基队，是为了要信守你的承诺，或者是因为其他做法将会变成偷窃。你所遵循的原则将是“永远信守承诺”。原则在生活中是很重要的。所有的学习都包含对某组规则的理解；正如黑尔（R.M.Hare）所说的：“没有原则，我们就不能从我们长辈传给我们的那些内容中学到任何东西……每一代也都将必须从自我摸索和自我教育开始。”[1] 如果你决定按照信守承诺的原则行事，你就坚持了一套被称为道义论的道德理论。在第 1 章中，我们看到道义论体系主张价值的核心在于行动或某种行动；行动本身的一些特性具有内在的价值。例如，一个道义论者会发现在说谎这种行动中存在某种内在地就是错误的东西。

另一方面，如果你决定把这笔钱捐给世界饥荒救济组织，从而救助无数的生命并恢复那个地区的经济偿付能力，那么你就站在了另外一种被称为目的论伦理学的理论一边。有些时候，它也被称作后果论伦理学。我们在第 1 章中看到，它的价值核心是行动的结果或后果。例如，一个目的论者会根据说谎所产生的后果来判断说谎在道德上是正当的还是错误的。

我们已经考察过一种目的论伦理学：伦理利己主义。这种观点认为，给行为者带来最大数量的善的行动就是正当的行动。利己主义是局限于行为者自身的目的论伦理学。在这一章中，我们将会讨论目的论伦理学的主要观点——效用主义。与伦理利己主义不同，效用主义是一种普遍性的目的论体系。它要求的是社会中善的最大化，也就是说，对于最大多数人来说的最大善，而不仅仅是行为者的善。

经典效用主义

在我们的正常生活中，我们一直使用着效用主义的推理方式；当看到那笔钱财给贫困的人带来的好处会比给我带来的好处更多的时候，我就可能把那笔钱财捐给慈善机构。在战争时期，我可能会冒着生命的危险参军，因为我发现在那个时候社会的需求比我自己的需求更重要。效用主义作为一种正式的伦理学理论，它的种子是由古希腊哲学家伊壁鸠鲁播下的，他提出："快乐是自然赋予我们的目标，它也是我们判断每一种事物是否为善的标准。"根据这种观点，正当和错误取决于某种事物所产生的是快乐还是痛苦。伊壁鸠鲁的理论很大程度上聚焦于个体对快乐和痛苦的私人经验，以至于他倡导某种说法的伦理利己主义。不过，伊壁鸠鲁给 18 世纪的一系列哲学家带来了启发，这些哲学家强调普遍幸福的观念，即行动所产生的令人快乐的后果，这些行动不仅影响到个体，而且还影响到其他人。弗朗西斯·哈奇逊（Francis Hutcheson，1694 ~ 1746）提出："给最大多数人带来最大幸福的行动是最好的。"大卫·休谟（David Hume，1711 ~ 1776）则引入了"效用"这个术语来描述那些给人们造成影响的行动所带来的令人快乐的后果。

不过，效用主义的经典表述出现在两位英国哲学家与社会改革家杰里米·边沁和约翰·斯图尔特·穆勒的著作之中。他们对道德的处理是非宗教性的，而且他们努力通过拒斥无根据的道德与法律规则来改造社会。

杰里米·边沁

效用主义存在两个主要的特性，杰里米·边沁明确表述了这两点：后果论原则（或其目的论的一面）和效用原则（或其快乐论的一面）。后果论原则规定：一种行动的正当或错误取决于这种行动所产生结果的好或坏。重要的是目的，而非手段——目的证明手段合理。效用或快乐主义原则规定：唯一自身为善的事物是某种具体的状态（快乐、幸福、福利）。快乐主义式的效用主义把快乐视为唯一的善，把痛苦视为唯一的恶。用边沁的话来说就是："自然把人类置于快乐与痛苦这两个至高无上的主人的支配之下。只有它们才可以指明我们应当做什么，才可以指明我们将会做什么。"[2] 如果一个行动带来的快乐比痛苦更多或者阻止了痛苦，那么它就是正当的；如果它带来的痛苦比快乐更多或者阻止了快乐的出现，那么它就是错误的。

边沁发明了一种测量快乐和痛苦的方案，他将此称为快乐计算：通过将一种令人快乐的经验或一种令人痛苦的经验的七个方面求和而得出这种快乐或痛苦经验的量化得分，这七个方面即它的强度、持续时间、确定性、接近度、丰硕度、纯净度和广度。把这些加起来算出每一种可能行动的快乐和痛苦数量，然后比较这些得分，我们就能决定要执行哪一种行动。就我们在把那个垂死百万富翁的钱财捐给洋基队还是捐给非洲饥荒灾民之间进行抉择的例子而言，我们将会着眼于上述七个方面，把所涉及的一切可能的快乐加在一起。如果我们发现把那笔钱财捐给遭受饥荒的灾民会带来至少三百万千乐，而把它捐给洋基队所带来的少于一千千乐，那么我们就有义务把那笔钱财捐给遭受饥荒的灾民。

边沁的效用主义中存在某种吸引人的地方。它是简单的，因为所应用的只有一条原则：把快乐最大化，把苦难最小化。它是符合常识的，因为我们都认为道德实际上就是与减少苦难和增进仁善有关的。它是科学的：完全进行定量的测量并且公平地应用原则，不会由于种族、性别、人际关系或宗教而对我们自己或对其他人给予特殊对待。

然而，边沁的哲学可能从某种意义上来讲是过于简单化的，而从另外一种意义上来讲又是过于复杂化的。它可能是过于简单化的，因为还存在着快乐之外的价值（正如我们在第 6 章中所看到的）；而就那种人为的快乐计算而言，它似乎又过于复杂化了。那种计算受到太多变量的阻碍，而在给那些变量赋予分值方面也有问题。例如，炎热天气里的一杯冷饮或者凉爽天气里的一次热水澡，我们给这些多少分值呢？一个五岁孩子得到一个新玩具时的喜悦与一个三十岁的人找到一个新恋人时的喜悦，我们又如何对二者进行比较呢？乞丐鲍勃自己没有汽车，如果把你的第二辆汽车给他，他会从这辆汽车中获得比你更大的乐趣，那么我们就可以把你的第二辆汽车夺过来给他吗？而且，如果我们所测量的仅仅是快乐的整体效益，再如果杰克或吉尔在“快乐机器”或“幸福机器”或吸毒时比他们在现实世界中更“幸福”，那么，难道我们不是有确保这些条件变成现实的义务吗？出于这样的考虑，边沁式的效用主义，即使在他自己的时代，也被称作“猪的哲学”，因为与一个略有不满的苏格拉底相比，一头享受其生活的猪将会构成一种更高的道德状态。

约翰·斯图尔特·穆勒

为了应付这些各式各样的反对，为了拯救效用主义使其免于成为一种猪的哲学的指责，边沁的继承人约翰·斯图尔特·穆勒寻求将幸福与纯粹的感官快乐区分开来。他这一理论的说法常常被称为幸福论效用主义（“幸福论”来自希腊语 eudaimonia，意思是“幸福”）。他从某类高阶的快乐或满足，比如理智的乐趣、审美的乐趣与社交的乐趣，和最低限度苦难的角度来定义幸福。换言之，存在两种快乐。低级的或基本的快乐包括吃、喝、性欲、休息和感官的舒适。高级的快乐包括高雅的文化、科学知识、理智力和创造力。尽管低级的快乐具有更加强烈的愉悦感，但是当过分沉溺其中的时候它们也会导致痛苦。高级的快乐倾向于更加持久、接连不断和循序渐进。

穆勒论证，高级的或更精纯的快乐优先于低级的快乐：“与一种低级的存在相比，一种具有更高感官体验的存在需要更多东西才能使他幸福，他或许也更能承受剧烈的苦难，而且他一定会在更多的时候受到它的影响。”不过，从质的角度来说，他仍然好过于没有这些更高感官体验的人。“做一个未得到满足的人要比做一头得到满足的猪更好，未得到满足的苏格拉底比一个得到满足的傻子更好。”[3] 人类这种生物需要更多的东西才会成为真正幸福的人。虽然他们想要低级的快乐，但是他们也想要深厚的友谊、理智的能力、文化、创造与欣赏艺术的能力、知识和智慧。

但是有人可能反驳：“我们怎么知道拥有这些高级的快乐就真的更好呢？”在这里，穆勒想象出一个专家小组，这些专家对于两种快乐都拥有一种广泛的体验，穆勒认为这些专家几乎都会对高级类型的快乐有一种明显的偏好。因为穆勒是一个经验主义者，即一个相信所有知识和得到确证的信念都是基于经验的人，他依赖于人类历史结合而成的共识。根据这种观点，对摇滚音乐和古典音乐都有所体验的人将会更喜欢巴赫和贝多芬，而不是金属乐队。换言之，我们一般是从欣赏简单的东西（例如儿歌）上升到欣赏更为复杂和精细的东西（例如需要更高天分的诗歌），而不是倒过来。

由于未能提供一种更好的回答，由于采取了一种精英主义的方式而且由于过分偏爱理智胜过感官，所以穆勒一直受到批评。但是他抓住了一个要点。我们一般都同意：如果我们对低级和高级的快乐都有所体验，那么即使一种充实的生活会同时包含这两者，对于人类而言一种仅仅拥有低级快乐的生活也是不充分的，不是吗？做一个未得到满足的苏格拉底不是比做一个得到满足的傻瓜更好吗？当然，做一个得到满足的苏格拉底比做一个未得到满足的苏格拉底还要更好一点。

这个要点不仅仅在于人类不会被那些给猪带来满足的东西所满足，还在于从某种角度来说高级快乐的性质是更好的。但是所谓更好的快乐又意味着什么呢？他给出的表述是这样的：

> 幸福……不是一种欢天喜地的生活；而是由极少且短暂的痛苦和丰富多样的快乐构成的一种生活，其中主动性的事物相对于被动性的事物具有明显的优势，而且从生活中期望得到的东西不会超过生活所能赠予的东西——这是所有这一切的根基所在。[4]

穆勒显然是在通过强调像知识、理智、自由、友谊、爱和健康这样更高级的品质来扩展“快乐”这一概念的边界。事实上，人们甚至可以说：他为幸福设立的这块试金石实际上与真实的快乐无关，而更多是与一种非快乐主义式的、有教养的心灵状态有关。

行动效用主义和规则效用主义

效用主义存在两种经典的类型：行动效用主义和规则效用主义。在应用效用原则的过程中，行动效用主义者，比如边沁，认为从理想的角度而言，我们在任何给定的时刻都应当将原则应用于向我们敞开着的所有可选项。我们可以用如下方式来定义行动效用主义。

行动效用主义：若要认定一种行动是正当的，需当且仅当它带来与其他可选项同样多的善。

行动效用主义的一个实际问题在于，我们不可能在每一种情况下都进行必要的计算来确定哪一种行动是正当的行动，因为在很多时候我们必须自发而迅速地行事。因此，各种经验性规则——例如，“一般而言不要说谎”和“一般而言要信守承诺”——就具有实践上的重要性。然而，正当的行动仍然是那个带来最大效用的选项。

行动效用主义的第二个问题在于，它似乎完全违反我们对于最低限度的正当行为的基本直觉。想一下理查德·勃兰特（Richard Brandt）对行动效用主义的如下批评：

> 它意味着，如果你雇用了一个男孩修剪你的草坪，然后他完成了工作并且要求报酬，那么只有当你无法为你的钱财找到一种更好的用途时，你才应当把你承诺的报酬付给他。它意味着，当你把每个月的薪水带回家的时候，只有在这笔钱无法更有效地满足其他人的需求时，你才应当把它用来供养你的家庭和你自己。[5]

行动效用主义的替代方案是一种被称作规则效用主义的观点，我们在穆勒的理论中发现了它的一些要素。从最一般的角度而言，这种立场是这样的。

规则效用主义：若要认定一种行为是正当的，需当且仅当它是一条规则所要求的，这条规则自身又是一组规则中的一条，而对这组规则的认可则会给社会带来比其他任何可行的替代方案更大的效用。

人类是遵循规则的生物种类。无论是说一种语言、驾驶一辆汽车、跳舞、写一篇文章、攀岩还是烹饪，我们都是通过坚持给定主题所内含的各种规则来学习的。我们想要拥有一组指导行动的规则，并且通过这组规则来生活。对于大多数的人来说，行动效用主义的规则，即做那种使效用最大化的行动，太过于一般化了。很多时候，我们没有时间确定说谎是否会带来比讲真话更大的效用，所以我们需要一种更为明确的规则来对通过了理性审查测试的真实性进行规定。规则效用主义坚持认为，将效用最大化的最好方式是遵循最有可能给我们带来所欲求结果的那组规则。因为道德是一种社会制度和公共制度，所以我们需要把我们的行动与其他人相协调，从而使得我们能够对其他人的行为拥有可靠的预期。

就最复杂想法的规则效用主义而言，有三个层级的规则指导着行动。在最低的层级上是一组效用最大化的经验性规则，比如“不要说谎”和“不要造成伤害”，除非这些规则之间发生冲突，否则人们应当永远遵循它们。如果这些一阶的规则发生冲突，那么就应当考虑一组二阶的解决冲突型的规则，比如“避免造成严重伤害比讲真话更重要”。位于层级顶端的是一种三阶规则，有时也被称为余数规则，它就是行动效用主义的原则：当没有其他规则可应用的时候，就去做在你的最佳判断看来将会使得效用最大化的那种行动。

下面是关于这一点的一个例证：假设你承诺与你的老师下午三点在他的办公室会面。在你去那儿的路上，你偶然遇到了一个留在路边、亟须帮助的事故受害者。在这个情境里的两条一阶规则是“信守承诺”和“当你不会因之遭受严重不便的时候，要帮助那些需要帮助的人”。你很快决定违反你与你老师的约定，因为在这种情况下帮助他人的规则似乎明显推翻了信守承诺的规则。我们可以说，存在一种二阶规则，它规定：“当你不会因之遭受严重不便的时候，要帮助需要帮助的人”的一阶规则可以推翻“信守承诺”这条规则。然而，可能还存在一些没有明显的经验性规则可以应用的情境。比如说你有五十美元，但你现在实际上并不需要它。那你应当如何使用这笔钱呢？把它存入你的储蓄账户？把它捐给你最喜爱的慈善机构？用它举办一个聚会？不仅没有清晰的一阶规则来指导你，而且没有二阶规则来解决诸种一阶规则之间的冲突。在这里，也只有在这里，位于第三层级的、一般性的行动效用原则得到了应用，因为在这一点上没有其他任何基本规则可以应用，也就是说，要做在你的最佳判断看来会产生最多善的事情。

行动效用主义与规则效用主义之间的争论一直持续到了今天。凯·尼尔森（Kai Nielsen），一个坚定的行动效用主义者，认为没有任何规则是神圣的；不同的情境要求不同的行动，而且从潜在的角度来说，任何规则都是可以被推翻的。因此，他对他所谓的道德保守主义进行了批评，道德保守主义是指任何一种主张存在某条或某组享有特权的道德原则的规范伦理学理论，它规定了各种确定的行动：无论后果如何，只要不按照这些行动去做就永远是错的。

尼尔森进一步论证，我们不仅要为我们所施行的那些行动的后果担负责任，而且要为我们未能施行某些行动从而导致的不作为的后果担负责任。他将此称为“消极责任”。举例来说，假设你是一名有轨电车司机，突然发现你的刹车失灵了。你即将要碾过在你前方轨道上的五名工人。然而，如果你的行动够快，你可以把这辆电车转到一条旁轨上，那儿只有一个男人正在工作。这时你应当怎么做？坚持在放任恶和作恶之间进行区分的人会论证，你应当什么都不做，只能放任这辆电车杀死那五名工人。但是，否认这是一种绝对区分的人会认定，你要做一些积极的事情把所造成的恶最小化。消极责任意味着，无论在哪一种情况下，你都要为一些人的死亡担负责任。效用主义者坚持，做正当的事情就意味着把恶的数量最小化。因此，你应当主动使一个人遭受死亡从而挽救另外五个生命。[6]效用主义的批评者在这一点上进行争论，他们要么认为消极责任并非一种严格的义务，要么认为它也可以在效用主义之外的其他体系里发挥作用。

效用主义的力量

效用主义有三种非常积极的特性。第一种吸引力或力量在于，它是一种简单的原则、一种绝对的体系，它会对每一种情境都给出一个潜在的答案：做会促进最大效用的事情！拥有一种简单的、指导行动的并且适用于每一种场合的原则是好事，即使它可能很难得到应用（因为生活并不是简单的）。

它的第二种力量在于，效用主义似乎触及了道德的实质。它不只是一种仅仅提出一些在选择原则方面的宽泛指导方针却不提供任何原则的形式化体系，比如“做你能够使之普遍化的事情”这种指导方针。相反，它有一个实质的核心：我们应当促进人类（可能还有动物）的繁荣兴旺并减少苦难。第一种力量的优点在我们寻求要做什么的答案时给我们提供了一种清晰的决策程序。第二种力量的优点对我们的观念产生了吸引力，因为我们的观念认为道德是为了人而制定的，与其说道德与规则相关，不如说与帮助世间的人和缓解世间的苦难相关。

正因为如此，所以效用主义看起来是符合常识的。例如，在对第 1 章所讨论的基蒂・吉诺维斯事件进行处理的过程中，它给我们提供了清晰而合理的指导：我们应当报警或做一切必要的事情去帮助她，只要对她的帮助不会产生比对她袖手不管更大的负效用。而且，在决定如何处理那个死去的百万富翁的二百万美元的事件上，我们内心的某种声音说：当向一个死去的人信守承诺意味着听凭成百上千的受灾饥民死去的时候，信守这个承诺就是荒谬的。通过帮助这些贫困者而实现的善远远多于通过把钱捐给洋基队而实现的善。

效用主义的第三种力量在于，它特别适合处理后代问题，即我们为什么应当为了尚未存在的人类未来世代的改善而保护稀缺的自然资源。用修辞性的方式来表达，这个问题就是："我为什么应当关心后代，后代为我做过什么？"在第 6 章中，我们看到伦理利己主义理论在这个问题上未能给我们提供一种充分的回答。换言之，利己主义者在为了尚未存在因而不能给利己主义者带来任何好处的未来世代而保护自然资源的过程中毫无所得。然而，效用主义者主张一种高于一切的义务：把普遍幸福最大化。只要保证未来人们生活的质量是正向的，我们就有义务去延续人类的生存，去繁衍人类，去采取一切必要的行动来确保他们的生活质量不仅是正向的而且是高水平的。

尽管我们不能识别这些未来之人的身份，但是这没有关系。我们可以把他们仅仅看作效用的抽象占位符，我们旨在将效用最大化。德里克・帕菲特（Derek Parfit）用下面的效用主义原则来解释这一点："如果那些活着的人比那些本来已经活过的人的状况更差，那就是坏事。”他用如下方式来举例说明他的原则。假设我们这一代可以在“安全的能源政策”和“冒险的能源政策”这两种能源政策之间进行选择，[7]冒险的政策对我们而言确保是安全的，但是对某个未来世代比如说两百年以后而言就有可能产生严重的问题。安全的政策不会给我们带来什么益处，但是对生活在至少两百年以后的后代而言却会确保是稳定和安全的。我们必须选择，而且我们要为我们所做的选择担负责任。如果我们选择冒险的政策，我们就对我们的后世子孙施加了伤害，即使他们现在还未存在。在某种意义上，我们要为这些即将活着的人负责，因为我们的决策将会产生不同的因果链条，从而导致诞生不同的人。不过，更重要的是，我们要为他们的生活质量负责，因为我们本来可以使未来人类的生活好于他们所过的生活。

我们对于未来人类的义务是什么？如果效用主义者是正确的，那么我们就有义务给后代留下一个尽可能好的世界。这就意味着从根本上简化我们的生活方式，从而使得我们只使用必要的资源，尽可能保持表层土壤的完好，保护濒危物种，减少我们的二氧化碳排放，维护荒野保护区，总之在明智地利用技术的同时把我们对环境所造成的一切有害影响最小化。

对效用主义的批评

效用主义已经经历了几个世纪，但是对它的批评也同样如此；在我们给它提供一份“哲学上的合格证明”之前，我们需要面对一系列常见的对效用主义的反对意见。

效用主义公式的问题

第一个问题出现在效用主义的这个公式之中：“最大多数人的最大幸福。”注意，在这个公式里有两个“最大”的项：“幸福”和“数目”。每当我们拥有两个变量，我们就会产生当这两个变量表面上发生冲突的时候我们决定要把哪个变量排在第一位的问题。为了看清这一点，请考虑接下来的这个例子：我提供一千美元作为对在最短时间里跑了最长距离之人的奖赏。有三个人参加：乔在三十分钟内跑了五英里，约翰在五十分钟内跑了七英里，杰克在六分钟内跑了一英里。谁应当得到奖赏呢？约翰达到了要求的一部分（跑了最长距离），而杰克却达到了要求的另一部分（跑了最短的时间）。

这恰恰是效用主义的问题。一方面，我们可能关心的是传播幸福，从而让最大多数的人获得它（在这种情况下，我们应当忙于生育更多的人口）。另一方面，我们可能关心的是社会中可能获得的最大数量的幸福（在这种情况下，可能会诱使我们容许一些人变得比其他人更幸福，只要他们的增长部分可以抵消失败者们减少的幸福）。因此，我们应当更担心总的幸福还是更担心最大平均数呢？

效用主义者还尤其强调我们所讨论的是谁的幸福：所有对快乐和

痛苦有所体验的存在者，还是所有的人类，抑或所有有理性的存在者。一种标准可能把患有智障的人排除出去，而另一种则可能会把动物包含进来。最后，效用主义者需要指明我们如何测量幸福以及如何在不同人的幸福之间进行比较。我们已经看到穆勒努力用高级快乐的观念来处理这个问题，我们也看到了他的解决方式所产生的额外纠纷。

尽管上述问题都无法击败效用主义作为一种切实可行的理论的地位，但是它们的确使效用主义者承受了一种沉重的负担，这要求他们澄清他们的理论宗旨。

对后果进行比较的反驳

效用主义的另一个关键问题在于，它似乎需要一种超人的能力来窥探未来并且调查一系列令人难以想象的行动后果。当然，我们通常不知道我们行动所造成的长远后果，因为生活太过于复杂，而且后果延续到无限的未来。一个行动引起一种事态，而这种事态转而又引起另一种事态，由此无限延伸，因此计算也就变得不可能。回想一下这首儿歌：

> 少了一枚钉子，丢了一块蹄铁；
> 少了一块蹄铁，丢了一匹战马；
> 少了一匹战马，丢了一名骑手；
> 少了一名骑手，输了一场战役；
> 输了一场战役，丢了一个王国；
> 这一切都因为少了一枚马掌钉。

可怜而不幸的铁匠，在他的余生里，他必须承担起多么重大的效用罪过啊！

但是，把某个王国的丧失归咎于可怜而失败的铁匠是荒谬的，效用主义者没有愚蠢到让一个铁匠为这一糟糕的情境负责。相反，效用主义者追随 C. I. 刘易斯（C. I. Lewis），区分了两种后果：一种行动的实际后果和另一种本来可以合理地预期发生的后果。[8] 以这样两种后果为基础，存在两种相应的正当行动。如果一个行动拥有最好的实际后果（根据第一种后果），那么这种行动是绝对正当的。如果一种行动可以很合理地被预期会有最好的后果（根据第二种后果），那么这种行动是客观正当的。

只有基于合理预期的客观正当性才是这里要讨论的核心。基于实际后果的实际正当性是无意义的，因为这只能在一种行动完成之后才能确定，我们只要坐观呈现出来的一系列实际后果就可以了。但是，当一个行为者试图预先确定如何行事的时候，他所能做的最多就是运用可以利用的最好信息，做一个有理性的人预期将会产生最好的总体性结果的事情。例如，假设当希特勒的祖母带着小希特勒上楼回家的时候滑倒了，这时她必须要在以下两种情形之间进行选择：要么扔下还是婴儿的希特勒，听凭他受到致命的伤害；要么摔断自己的胳膊。根据刚刚给出的公式，对她来说让婴儿希特勒被杀死是绝对正当的，因为历史将会证明这样更好。但是，她凭借自己的能力是无法知道这一点的。所以她做出了任何有理性的人都会做的事情，她冒着自己受伤的危险挽救了这个婴儿的生命。她做了客观上正当的事情。效用主义的理论认为，通过做那些基于可能的后果而被理性判定为最好行动的事情，一般而言，实际上就会促进最好的后果。

对于规则效用主义的一致性反驳

关于规则效用主义的一个经常争论的问题是：当从逻辑上把它推到极限的时候，它是否一定会要么变成一种道义论体系，要么把自身转变为行动效用主义。如果是这样，那么它就是一种前后不一致的理论，无法为进行道德判断提供任何真正独立的标准。简而言之，这种论证是这样的：想象一下，遵循某种规则效用主义体系的一套一般性规则会产出一百千乐（积极效用单位），而我们总是能够发现在某种情况下，违背一般性规则将会在不减少整体总数的前提下带来额外的千乐。例如，我们可以想象这样一种情境：为了避免伤害某人的感情而违背“不要说谎”这种一般性规则会产生比遵守这种规则更大的效用（例如一百零二千乐）。看起来，我们总是能够通过以下方式来对任何想法的规则效用主义进行改进：无论何时只要我们判断，通过违背某套规则我们能够生产出比遵循这套规则更大的效用，那么我们就要违背这套规则。

为了更加充分地说明这一点，请再考虑以下这个例子。假设一个声名狼藉的有前科的罪犯查理，他已被宣判犯有一桩严重的罪行，而且被判处一项严厉的惩罚。但是，作为审判长的你刚刚获得了新的证据，这个新证据如果被呈上法庭，就会证明查理无罪。但是你还有一项法庭不接受的证据，这项证据证明查理犯了一桩同样十恶不赦的罪行，尽管他尚未因为这桩罪行而受到控告。这项证据还表明查理是一个危险分子，他不应当出现在城市的街道上。你应当怎么做？一个行动效用主义者毫无疑问会隐瞒新证据，以此保护公众免于受到一个罪犯的侵害。而一个规则效用主义者在做决定的时候会更加艰难。一方面，他坚持“不允许无辜的人由于他们未曾犯下的罪过而遭受折磨”这条规则。另一方面,他又坚持“保护公众免于受到不必要的伤害”这条规则。规则效用主义者可能会使用余数原则来对这个问题做出决定，这样就会得出与行动效用主义者一样的结果。然而，这似乎给我们一种违反直觉的结果。如果这就是我们无论如何都注定会达到的结果，那么我们为什么不直接做一个行动效用主义者而放弃中间的步骤呢?

对于规则效用主义者来说，或许还有其他方法来处理这个问题。他可能选择一条不同的余数原则，这条原则诉诸我们最深层的直觉:“每当两种规则发生冲突，都要选择与你最深层的道德直觉相符合的规则。”因此,这个法官很有可能决定把免除查理罪行的证据展现出来，以此坚守“如果没有充足的证据证明人们犯有某些罪行，那么就不能听凭人们由于这些罪行而遭受折磨”这条规则。规则效用主义者论证，从长远来看，一条为像这样法律上无罪而道德上应受谴责的人提供保护的规则将会产生比遵循一种行动效用主义原则更大的效用。如果我们认可第二种直觉主义版本的余数原则，那么我们可能会被指责已经变成了道义论式的直觉主义者而不再是效用主义者了。

我们如何回应这种针对前后不一致的批评?从更准确的角度来说，我们要把道德哲学看作复杂的、多维的，所以为了效用目标而努力这一点与向我们的直觉请教这种方法都是道德考量和道德行动的一部分。因此，即使规则效用主义包含向道德直觉的请教，这些因素也可能都是缠绕在一起的，从而都同样是道德推理的合法部分。总之，乍看之下似乎存在的一致性问题，实际上只不过是对道德所具有的多层性质的一个指示符。

无休止性反驳

据效用主义来看，一个人应当永远去做那种承诺促进最大效用的行动。但是，通常存在无限多的可能行动供我选择，即使我可以不去考虑所有的选项，我也可以相当确定常常存在一种更可取的行动是我所能做的。例如，当我要和一个朋友去电影院的时候，我应当问下我自己：如果我去帮助社区里那些无家可归者会不会促进更大的效用。当我要睡觉的时候，我也应当问下我自己：此时此刻我是否能够做一些事情来帮助拯救臭氧层。而且，为什么不直接把我的所有财产（除了供我生存所绝对必需的东西之外）都捐给穷人来促进效用呢？在遵循效用主义的情况下，我应当争分夺秒、不眠不休；当然，在我可以通过牺牲自己来让其他人更幸福的时候，我就没有权利享受生命。彼得·辛格（Peter Singer）实际上倡导一种与之类似的行动效用主义立场。据辛格来看，中产阶级的人们有义务把他们收入中多于三分之一的部分都贡献给（尤其是发展中国家的）穷人，而且我们所有人都有义务把我们所拥有的超出三万美元之外的每一分钱贡献出来，直到我们的状况仅仅勉强好于世界上最贫穷的人为止。

辛格这种处理方式的问题在于，这使得道德要求过高，从而抑制其发挥作用，而且未能阐明义务的不同层次。因此，效用主义必定是一种错误的学说。但是，规则效用主义者对这种无休止性反驳有一个回应：在一组效用最大化的规则中，实际上也会包含一种对休息和娱乐进行规定的规则。行为者应当致力于把他自己的幸福还有其他一些人的幸福最大化。出于同样的原因，至于那些不处于我们主要圈子中的人，我们最好不要对他们的需求操心太多。尽管我们应当关心穷人的需求，但是如若一般人变得过度沉浸于这些关心之中，那实际上反而会促进负效用。辛格代表了一种激进的行动效用主义立场，这种立场未能对那些促进人类繁荣兴旺的规则给予足够的关注，比如拥有自己财产的权利、教育自己的孩子、改善自己的生活质量，在北美很多地区所有这些事情每年的花费可能多于三万美元。然而，效用主义者也提醒我们，与我们现在所做的相比，我们确实能够为遭受苦难的人做更多的事情，尤其是如果我们联合起来合作行事。而且我们可以在提高我们总体生活质量的同时简化我们的生活并缩减不必要的开支。

公共性反驳

人们通常认为，道德原则必须为所有人知晓，从而使所有人都能够自由地遵守这些原则。但是，效用主义者通常不愿意建议每个人都像一个效用主义者，尤其是一个行动效用主义者那样行事，因为那样一来就要耗费大量的思虑来计算各种可供选择的行动方案所带来的可能后果。如果大多数人都只是像道义论者一样行事，我们的社会就好得多。[9] 因此，效用主义似乎与我们对公共性的要求相矛盾。

针对这种反驳存在两种回应。首先，这种反驳最多只是在反对行动效用主义，因为后者至少在理论上主张坐下来计算我们计划执行的每一种行动所带来的好的后果和坏的后果。相比之下，规则效用主义并不关注特殊行动的后果，而只是关注有可能带来最大善的某组规则。而这些规则实际上已经被规则效用主义者公共化了。

其次，第二种回应是行动效用主义者自己可能提供的一种回应：这种反驳只体现出一种对公共性（甚或民主）的偏爱。公共性也完全有可能仅仅是一种经验性规则，无论何时只要有很好的理由相信避免将行动效用主义的观念公共化可以使我们获得更大效用，公共性这条经验性规则就可以被推翻。

然而，这个回应对公共性所带来的好处赋予了一个令人无法接受的低值。因为我们需要将我们的行动与其他人相协调，所以道德规则必须公开发布，通常是通过法律法规的形式。我或许可以从抄近路穿越草坪去上课节省下的几分钟时间里受益，但是我也同样珍视一片美丽的草坪。我们需要公共规则来确保草坪的完好状态。因此我们在禁止踩踏草坪这一点上取得了一致意见，即使它可能具有一种效用性的功能。还有很多活动可能会带来个体效用的提升甚或公共的善，但若经常做这些活动就会造成灾难性的后果，比如砍伐树木来建造房屋或者制造报纸、书籍，尽管房屋、报纸、书籍也是有价值的。因此我们要对伐木业进行管理，以便使每一棵树被砍伐之后都有一棵新树来替代，从而让大森林保持完好无损。所以道德规则必须得到公开宣示并且常常被制定成法律强制执行。简而言之，尽管这种公共性反驳没影响到规则效用主义，但是它对于行动效用主义来说似乎是一个严重的冲击。

相对主义反驳

有时人们还指责规则效用主义变成了相对主义，因为它似乎在不同的社会里支持不同的规则。在一个社会里，它可能鼓励一夫多妻制，而在我们的社会里它又为一夫一妻制辩护。在一个沙漠社会里，它鼓励“不要浪费水”的规则，而在一个水源丰富的群落里却不存在这样的规则。但这并不是真正的约定相对主义，因为这样的规则之所以有效不是由于群落选择了它，而是实际情境使然。在第一个例子里，一夫多妻制的规则之所以有效，是由于男女比例的不均衡；而在第二个例子中，“不要浪费水”的规则之所以有效，则是与水资源可用性有关的环境因素使然。境遇主义不同于相对主义，它与客观主义保持一致，因为它实际上与道德原则（在这里就是效用原则）的应用有关。

但是，还存在一种更严重的忧虑，它也关系到规则效用主义向相对主义靠拢的倾向，即规则效用主义可能会变得过分具有灵活性，以至于它可以证明任何道德规则都是合理的。如果有人问我们为什么支持把仁善作为一种道德规则，那么似乎太容易回答了：“因为从长远来看，这条原则将有可能贡献出更大的效用。”令人担心的是，行为效用主义者也可以对那些我们认为恶毒的规则，比如酷刑给出同样的答复。普遍幸福观念的转变将会引起道德规则的转变。

规则效用主义者会如何回应这一点呢？大卫·休谟是效用主义道德推理的一个早期捍卫者，他论证说，人性把一致性强加到了我们的道德评价之中。具体而言，他论证说，存在着“人类构造中的诸种普遍原则”，这些原则决定着我们在道德问题中的发现是否适当。例如，仁爱就是一种我们自然而然地觉得很适当的品行。[10] 以休谟为榜样，规则效用主义者可以把幸福的关键成分建立在我们共同的人类心理构造的基础上，而不是建立在摇摆不定的个人奇想的基础上。这会给效用主义提供一种更为客观的基础，进而使其不太容易受到相对主义指控的影响。

对“目的证明不道德的手段合理”的批评

效用主义受到的主要批评是效用的目的可能会证明不道德的手段是合理的。我们可以借助将普遍幸福最大化的名义做很多卑鄙的事情：欺骗、酷刑、奴隶制甚至消灭少数族裔。只要能让更大数量的人口获益，这些行动或许就可以被证明是合理的。这个问题一般可以展开为如下论证：

1. 如果一种道德理论证明某些我们普遍认为不可允许的行动是合理的，那么这种道德理论必须被摒弃。
2. 效用主义证明某些我们普遍认为不可允许的行动是合理的。
3. 因此，效用主义必须被摒弃。

让我们来看一下这一论证的几种不同观点。

说谎反驳

威廉·D. 罗斯已经论证了效用主义要被摒弃，因为当说谎能够服务于更大的善时，效用主义就会赞成说谎，而这却是违反直觉的。试想两种行动 A 和 B 都能产生一百千乐，仅有的差别在于 A 需要讲一个谎言而 B 则需要讲真话。效用主义必定主张这两种行动是具有同等价值的，但这似乎是不合情理的，因为真实似乎是一种从内在层面上就是善的东西。

我们心里的某些东西厌恶“通过效用主义的观念去证明谎言是真实的”这种价值体系。真实的价值是神圣的，一定不能成为权宜祭坛上的祭品。

在对这种反驳进行回应的时候，效用主义者可能认为：将说谎的行动与诚实的行动等同起来这种推演结果确实存在一些违反直觉的地方；但是他们论证，我们必须做好准备改变我们由文化引起的道德偏见。讲真话的重要之处究竟是什么，或者说谎的不好之处究竟是什么？如果证明说谎实际上能促进人类的福利，那么我们就不得不对它表示认可。但这是不太可能的。我们的幸福与一种对可靠信息（即真实）的需求联系在一起，而这些信息则与如何实现我们的目的有关，因此真实性将是规则效用主义所设立的各种规则之一。但是，当说谎将会明显地提升效用同时又不会破坏对于规则的一般性坚守时，我们就应当说谎。我们难道不是已经对“向一个歹徒说谎”或者“说一些善意的谎言来避免伤害人们的感情”表示认可了吗？

完整性反驳

伯纳德·威廉姆斯（Bernard Williams）论证，效用主义由于命令我们违背我们最核心、最根深蒂固的那些原则从而违背了人格的完整性。他用下面的例子来说明这一点：

> 吉姆发现自己处于南美某个小镇的中心广场上。有二十个印第安人被绑着紧贴在墙上，大多数被吓得面无人色，少数几个毫无惧色，在他们前面是几个穿着制服的武装人员。一个粗壮的男人穿着汗渍斑斑的卡其布衬衫，他是负责此处事宜的队长。在对吉姆进行了大量的盘问之后，他们确认他是在进行一次植物考察的过程中由于意外事故而到了这里。队长向吉姆解释说，当地的

居民最近有反抗政府的行动，从居民中随机挑出来的这组印第安人即将被处死，以此警示其他可能的反抗者反抗带来的恶果。然而，由于吉姆是一个来自其他地方的受尊敬的访客，所以队长很高兴给予他一份宾客的特权，即亲自杀死这些印第安人中的一个。如果吉姆接受，那么作为这一仪式的特有标志，其他的印第安人将会被释放。当然，如果吉姆拒绝，那么就不存在特殊的仪式，队长佩德罗也就会做他在吉姆到来的时候就要做的事情，把他们都杀掉。吉姆拼命回忆他小时候看的小说中的内容，忖思如果他拿到一把枪，他能否控制住队长佩德罗并对其他士兵进行胁迫，但是很明显这种想法绝对不会成功。任何诸如此类的尝试都意味着所有印第安人都将被杀掉，他自己也会被杀死。绑在墙上的人、其他的村民都了解这种情景，他们毫无疑问都在恳求吉姆接受这一特权。他应当怎么办？[11]

威廉姆斯反诘道：

如果一个人的生活是围绕着某种规划或看法而建立起来的，那么这个人，作为一个效用主义的行为者，怎么可以仅仅为了在其他人的规划所构造的因果场景里获得效用总额，就把自己的这种规划或看法视为众多满足中的其中一种和一个可有可无的东西呢？”[12]

在对这种批评的回应中，效用主义者可以论证，完整性并不是一种我们不惜任何代价都一定要坚持的绝对真理。对于道德生活而言，某种让渡可能是必要的，效用主义者在设计行动策略的时候可以把这一点考虑在内。甚至当要求我们为了他人而牺牲我们的生命或限制我们的自由时，我们可能不得不限制或牺牲某种被威廉姆斯称作完整性的东西。在很多情况下，我们或许不得不“两害相权取其轻”。如果效用主义关于消极责任的学说是正确的，那么我们就需要认识到：就像我们要为我们所犯下的恶行负责一样，我们也要为我们明明知道却袖手不管的恶行负责。

正义反驳

就之前的这两个问题而言，效用主义者的回应就是我们应当重新考虑讲真话和人格完整性是否是一些永远不应妥协的价值观念。不过，当我们考虑到我们大多数人都认为永远不可或缺的正义的标准时，这种情境就更加尖锐了。让我们来看两个例子，每一个例子都突出了正义的一个不同方面。

首先，请想象一下，在一个种族不稳定的社区里发生了一桩强奸案和谋杀案。作为这个城镇的治安官，你已经为种族和谐努力了一辈子。现在，正当你的目标将要实现的时候，这个事件发生了。这桩罪行被认为是由于种族方面的因素激起的，一场暴乱即将爆发，它将非常有可能导致数人死亡，并造成长时间的种族对立。不过，你发现你可以诬陷一个流浪汉犯下了这桩罪行，从而通过审判认定他有罪，而他也将会被执行死刑。有充分的理由相信一场快速的审判和死刑将会阻止这场暴乱并且挽救社区的和谐。只有你（以及将会对此保密的真正罪犯）才会知道一个无辜的人将被审判并处死。这时怎么做才是道德上正当的？效用主义者似乎会诬陷这个流浪汉，但是许多人会觉得这样做骇人听闻。

作为第二个例证，请想象你是一个主张效用主义的内科医生，正在照管五个病人：有一个病人需要移植一个心脏，有一个病人需要两个肺，还有一个病人需要一个肝脏，最后两个病人每个人需要一个肾脏。现在一个需要进行免疫接种的健康单身汉来到了你的办公室，你判定他对于你的五个病人来说是一个最好的牺牲品。通过一番效用计算，你确定：如果你将一种致命的药剂注射进这个健康人的身体里，然后再用他的器官去救助你的五个病人，那么你毫无疑问就能做到最大的善。[13]

这些无视正义的观点使我们感到厌恶。效用主义者居然会对这样的行动，即滥用法律系统或医疗系统去实行他们的诡计，仔细想来这一事实似乎是令人惊恐的。它让我们想起中世纪罗马天主教的主教为捕杀异端、宗教法庭和宗教战争所作的辩护：

> 当教会的存在受到威胁的时候，她就从道德的诫命中解脱了出来。因为有团结作为目的，所以每一种手段的运用都是圣洁的，即使是狡猾、背叛、暴力、买卖圣职、监禁、死亡。因为所有的命令都是为了团体，个人必须要为共同的善而牺牲。[14]

“你无法在不打破鸡蛋的情况下做一个煎蛋饼”，效用主义者对这一点能够做出怎样的回应呢？这一次再简单地说“正义不是一种绝对的价值，可以为了整个社会的善而推翻正义”就没有作用了。老练的规则效用主义者坚持，拥有一种我们一般而言都会坚守的正义价值是很合理的。也就是说，我们对正义这种价值的接受，能够最好地服务于普遍的幸福。正义不应当被当下的效用考量推翻，因为人的权利自身就是效用考量的结果，因而不应当有丝毫的违背。换言之，因为我们潜意识地倾向于支持我们自己的利益和偏见，所以我们建立了权利原则来保护我们自己和其他人免于受到反复无常且怀有偏见的行动的伤害，这些行动从长远来看将会具有很大的负效用。因此，我们一定不能过于轻易地破坏制度性权利。因此，从一种原始的规则效用主义的评价来看，治安官不应当诬陷无辜的流浪汉，医生也不应当从单身汉身上获取器官。

然而，效用主义者无法排除为了人类更大的善而牺牲无辜之人的可能性。我们所有人不是都会同意“牺牲一个无辜的人来阻止一场巨大的灾祸是正当的”吗？例如，假设一个疯子要引爆一枚核弹，它将摧毁纽约市。他预定在一小时之内引燃这枚核弹。他的精神病医生非常了解这个疯子，向我们确保有一个方法可以阻止他：对他十岁的女儿施加酷刑并且用电视播放。假设，为了论证起见，完全无法伪造这种酷刑。在这种情境下，你难道不会考虑对这个孩子施加酷刑吗？正如规则效用主义者所看到的，我们拥有两种相互冲突的道德规则：一种是阻止广泛伤害的规则，一种是反对酷刑的规则。为了解决这个冲突，规则效用主义者可能诉诸第二层级的冲突解决型的规则：我们可以牺牲一个无辜的人来阻止一场明显更为严重的社会伤害。或者，如果没有任何冲突解决型规则可用，规则效用主义者还可以诉诸第三层级的余数规则：当没有其他规则可以应用的时候，就去做在你最好的判断看来将会使得效用最大化的那种行动。通过运用这种余数规则，规则效用主义者可以证明对这个女孩施加酷刑是合理的。

因此，在这样的情况下，牺牲一个无辜的人去拯救一个城市或阻止某种大规模的灾难可能是正当的。在这些情况下，规则效用主义者对正义的处理方式，实际与以上对说谎和人格完整性的处理方式是一样的：在效用主义里，正义只是一种较为低阶的原则。问题显然在于确定何种规模的灾难才可以成为牺牲无辜生命的根据。在战争期间总是会提出这个问题：在每一场轰炸袭击中，尤其是在对广岛和长崎的原子弹投放中，非战斗人员与战斗人员的区分被无视，出于对减少己方伤亡结束战争的动机而牺牲了无辜市民的生命。即使我们清楚地知道机动车每年会导致成千上万的无辜者死于非命，但是我们仍然决定开动轿车和卡车，在我们这样决定的时候，我们似乎就是在做出这种主观的判断。像这样的主观判断突出体现了效用主义在处理正义问题时遇到的困难。

结论

我们已经看到，多层级的规则效用主义满足了伦理学的目的，为道德行为给出了一种清晰的决策程序，并且把帮助别人和减少世间苦难作为重点。它还对后代问题提供了一种令人信服的解决方案。另外，规则效用主义也对针对它的所有批评做了回应，至于这些回应是否充分则是另外一回事。接下来的两章将讨论另外两种伦理学理论，在对这两种理论进行思考之前，我们或许最好推迟做出关于效用主义的最终判断。

进一步的反思

1. 请思考一下第 1 章中提到的道德的三种目的：促进人类的繁荣兴旺；减少人类的苦难；公正地解决利益冲突。效用主义实现了其中的哪一种目的？未能实现其中的哪一种目的？

2. 对效用主义的一种批评是说它未能保护人们的权利。请试着阐述这种批评，然后阐释一下你是否同意。

3. 约翰·罗尔斯主张，效用主义错在把个人选择的原则应用于社会。例如，我有权利在不穿一套新衣服的情况下出去，这样我就能够为我的大学教育或其他我想要的东西节省些钱。但是效用主义却要求：你要为了其他人的大学教育或共同体的总体善而放弃一套新衣服。这是一种合理的批评吗？

4. 如果奴隶制可以变得很人道，并且能够产出超乎寻常的总体效用，那么效用主义者会对它表示认可吗？

5. 假设你是一名军官，刚俘虏了一名敌军的士兵，他知道在某个地方埋藏着一颗秘密的定时炸弹。除非拆除它的引信，否则这枚炸弹就会爆炸，杀死数千人。那么，对这个士兵施加酷刑来迫使他透露炸弹的位置这种做法在道德上是可允许的吗？请根据效用论和道义论的理论来对这个问题进行讨论。

6. 沿用前一个问题的例子，假设你还俘虏了这个敌军士兵的孩子们。根据效用主义，对这些孩子施加酷刑来迫使这个士兵透露炸弹的位置是可允许的吗？

第 8 章

康德与道义论

让我们再看一下第 7 章讨论效用主义时在开头所讲的那个故事。一个百万富翁临终嘱托你把二百万美元捐给洋基队。你答应了，但是之后却又忍不住想把这笔钱捐给了世界饥荒救济组织。这时你应当怎么做？把行动后果看作重点的效用主义者会告诉你按照促进最大多数人最大利益的方式行事。本质上来说，目的可以证明手段合理。因此，违背你对这个百万富翁的承诺并且把钱捐给世界饥荒救济组织看起来就是最好的选择。

但是，道义论对这个问题的回答恰恰相反。决定一个行动正当或错误的不是后果，而是这个行动自身或者它所代表或示范的那种规则的某些特性。目的永远不能证明手段合理。例如，即使在讲真话和信守承诺这样的行动可能会带来某种伤害的时候，这些行动本身也是正当的；即使在说谎和违背承诺这样的行动可能会带来一些好的后果的时候，这些行动本身也是错误的。不公正地行事是错的，即使它将会使预期的效用最大化。

在这一章里，我们探讨伦理学的道义论进路，具体而言就是伊曼努尔·康德提出的理论。作为德国启蒙时期最伟大的哲学家和古往今来最重要的哲学家之一，康德既是一个绝对主义者，又是一个理性主义者。他相信我们能够运用理性制定出一套始终如一且不可推翻的道德原则。

康德受到的影响

对康德所受到的诸方面影响稍作了解有助于理解康德的道德哲学，这里我们将讨论以下两个方面。第一个方面是他那个时代理性主义与经验主义之间的哲学争论，第二个是在那个时代的道德哲学中占支配地位的自然法直觉主义的理论。

理性主义和经验主义

理性主义与经验主义之间的哲学争论出现于 17 世纪和 18 世纪。理性主义者，比如勒内·笛卡儿（René Descartes）、巴鲁赫·斯宾诺莎（Baruch Spinoza）、戈特弗里德·莱布尼兹（Gottfried Leibniz）、克里斯蒂安·沃尔夫（Christian Wolff），主张纯粹理性能够告诉我们世界是怎样的，不用依赖经验。我们不依赖经验就能够知晓形而上学的真理，比如上帝的存在、灵魂的不朽、意志的自由和因果联系的普遍性。经验对于使我们的心灵向这些观念敞开而言可能是必要的，但这些观念本质上是上帝自我们出生就种植在我们心里的一些固有观念。另一方面，以约翰·洛克（John Locke）和大卫·休谟为首的经验主义者则否认我们拥有任何固有的观念，并且论证所有知识都来自经验。我们的心灵只是一张白板、一片空白，经验在上面书写着它的教程。

理性主义者和经验主义者把他们的争论延续到道德知识的领域。理性主义者主张，我们关于道德原则的知识是一种形而上学的知识，是由上帝种植在我们心中的，可以被理性发现，并由理性演绎出关于人性的一般原则。另一方面，经验主义者尤其是弗朗西斯·哈奇逊、大卫·休谟和亚当·斯密论证并主张，道德完全建立在人性的偶然性之上，以欲求作为基础。道德关心的是使人幸福、实现他们反思之后的欲求，而理性只是一种帮助他们实现欲求的实践手段。就理性本身而言没有丝毫特殊的重要性。它主要是一种使激情理性化的东西，是激情的一个仆人。正如休谟所说："理性是而且应当仅仅是激情的一个奴隶，除了服务和遵从激情之外，永远不能自称有其他任何职能。"道德建立在我们对他人苦难的同情这种感情的基础上，建立在感同身受的基础上。因此，对于这样的经验主义者来说，道德是视人性而定的：

人性 → 感情和欲求 → 道德原则

如果我们拥有一种不同的本性，那么我们就会拥有不同的感情和欲求，进而也会拥有不同的道德原则。

康德拒绝哈奇逊、休谟和斯密的这些观念。道德应当依赖于人性以及应当屈从于运气的改变和经验发现的机遇这种思想令他愤慨。道德不是偶然的而是必然的。即使我们的感情与它们现在的模样有所不同，道德也会依旧约束着我们。康德写道：①

> 每一种经验的成分，不但不能给道德原则带来任何助益，反而甚至高度损害它的纯洁性；绝对意义上的善良意志本身所特有的、无可估量的价值，正在于它的行动原则摆脱了一切只由经验提供的偶然原因的影响。我们要经常不断地提醒人们，警惕粗心大意，以至警惕想在经验的动机和法则中寻求原则的浅薄的思想习惯；因为人的理性，在懒惰的时候喜欢睡在鸭绒枕上沉溺于美

① 译文参考了《道德形而上学的原理》的中译文（［德］康德：《道德形而上学的原理》，苗力田译，第 78 页，上海：上海人民出版社，1986），并有所改动。——译者注

> 妙的幻想之中，把一个由各种不同因素凑成的、谁看来就像谁的混血儿充作道德；但在那曾经见过德性的真正形式的人看来，它却完全不像德性。[1]

康德说：不，给道德奠定基础的不是我们的欲求，而是我们的理性意志。理性作为某种先验的、对一切有理性的存在者都具有普遍约束力的东西，足以确立道德的法则。

行动直觉主义和规则直觉主义

自从中世纪以来，欧洲道德哲学最有影响的版本之一是自然法理论。简括地说，这种观点主张，通过上帝嵌入在人性之中的理性直觉，我们就能发现永恒和绝对的道德原则。中世纪的自然法哲学家托马斯·阿奎那论证，我们拥有一种特殊的心理过程叫作良知（synderesis），它给了我们关于道德善的一般知识。然后从这种知识出发，我们获得了一系列基本的道德义务。这其中的关键在于“人类拥有一个能够给我们提供一种对道德的直觉性认识的自然感受”这种观念。这种一般性的立场被称为直觉主义。在 17 世纪和 18 世纪，大多数伦理学理论中都假定了某种直觉主义，而康德也深受其中一些理论的影响。直觉主义呈现为两种基本的形式：行动直觉主义和规则直觉主义。

行动直觉主义把每一种行动都看作一个独特的伦理场景，主张我们必须通过向我们的良心或直觉请教或者不依赖于任何规则而做出选择，来决定每一种情境里的是非对错。就每一种我们考虑履行的具体行动来说，我们都必须咨询我们的良心，从而发现做什么事情在道德上是正当的（或错误的）。英国国教主教约瑟夫·巴特勒（Joseph

Butler，1692 ~ 1752）在他著名的道德训诫中有一个关于行动直觉主义的表述。他写道：

> （如果）每一个朴素诚实的人，在他参与任何一种行动方案之前，都问一下自己：我将要做的这件事是对还是错？……那么我一点儿也不会怀疑：几乎任何情境下，几乎任何一个公平的人，都会怀着真诚和德性愉快地回答这个问题。[2]

巴特勒相信，我们每个人都有一颗良心，它在几乎每一个事例里都能够发现什么是正当的，什么是错误的。这与“让你的良心成为你的向导”这样的劝告相一致。我们不需要通过一般的规则来学习什么是正当的，什么是错误的；我们的直觉就会告诉我们这些事情。判断在于道德感知，而不在于某种抽象的、一般性的规则。

然而，行动直觉主义具有一些严重的缺点。首先，一个直觉主义者很难进行论证：就说谎而言，你们要么拥有相同的直觉，要么拥有不同的直觉，如此而已。如果我相信堕胎这种具体的行动在道德上是可允许的，而你相信它在道德上是错误的，然后我们可能要求对方更加深入地观察我们的良心，但是我们无法就这一主题进行论证。深刻的直觉的确在道德哲学中占有一席之地，但是直觉还必须受到理性的审核和理论的校正。

其次，规则对于包括道德推理在内的所有推理而言似乎都是必需的，而行动直觉主义者似乎忽视了这一点。你可以通过思考你是如何学会开车、做乘除法或打字的来检验这一点。即使你最终可以把最初的原则内化为习惯，以至于你都意识不到它们，但是人们仍然可以援引一条规则来涵盖你的行动。例如，你可能不再记得为汽车加速的规则，但还存在着关于学习这条规则的一种原初的经验，而你也在继续不知不觉地遵循着这一规则。像“信守承诺”和“不要杀害无辜”这样的道德规则似乎也是在以相似的方式起作用。

再次，不同的情境似乎享有共同的特性，因此我们若规定不同的道德行动就会前后不一致。假设你相信约翰在他的数学考试中作弊在道德上是错误的，如果你又相信你在同样的考试中作弊在道德上是可允许的，那么，难道你不需要解释一下你的情境与约翰有什么不同之处吗？如果我说约翰在考试中作弊是错的，我不就是在暗示任何与约翰各方面都相似的人（包括所有学生在内）在考试中作弊都是错的吗？换言之，道德似乎包含一种普遍性的维度，或者所谓的可普遍性原则：如果一个人判断 X 是正当的（或错误的）或者好的（或坏的），那么也就是在理性地判定任何与 X 各方面都相似的东西都是正当的（错误的）或者好的（坏的）。如果这条原则是可靠的，那么行动直觉主义就是误导性的。

直觉主义的另一种进路规则直觉主义主张，当我们在每一种情境下确定什么是正当的、什么是错误的时候，都必须咨询道德规则，而这些道德规则正是我们通过直觉接受来的。规则直觉主义者认可普遍性的原则，也认可我们在做道德判断的过程中要诉诸原则或规则这种观念。像“我们永远不应当说谎”“我们应当永远信守承诺”“我们永远不应当处死一个无辜的人”这样的规则构成了一套有效的规定，无论其结果如何。对康德产生最大影响的规则直觉主义者是德国哲学家塞缪尔·普芬道夫（Samuel Pufendorfo，1632 ~ 1694），他也是他那个时代最有影响的自然法理论家。普芬道夫描述了我们获取道德知识的直觉过程：

> 人们通常说，我们从本性自身获得了关于这种（道德）法则的知识。但是，这并不意味着这些与要做什么、不要做什么有关

的清楚明白的观念是种植在刚出生的人心里的。相反，之所以说本性教导我们，部分是因为关于这种法则的知识可能是在理性之光的帮助下获得的，部分也是因为它的那些一般性的和最有用的要点是如此的清楚明白以至于一眼看去就迫使人们对其表示赞成……尽管我们不能记得它们第一次吸引我们理解并且占据我们心灵的准确时间，但是关于我们对这种法则的知识，我们不可能有任何其他的意见，只能认为它来自我们的存在，或者是我们与生俱来的并且同时与我们伴随在一起的。[3]

据普芬道夫来看，我们拥有的道德直觉分成三组：对上帝的义务、对自己的义务、对他人的义务。所有这些义务都是指导我们行动的道德规则。在这三组中，普芬道夫所提倡的主要义务规则是以下这些。

对上帝：认识上帝的存在与本性；崇拜上帝。

对自己：发展自己的技能和天分；避免伤害我们的身体，比如避免暴食和醉酒，不要自杀。

对他人：避免冤枉别人；平等待人；促进他人的善；信守承诺。

康德在两个方面受到普芬道夫的影响。首先，康德是一个特殊类型的规则直觉主义者，他相信道德知识是通过理性直觉以道德规则的形式到达我们内心的。正如我们将要看到的，康德的道德心理学相当复杂，他的直觉观念引出一种独特的理性观念，而我们在普芬道夫那里是找不到这种观念的。其次，康德认可普芬道夫关于对上帝的义务、对自己的义务和对他人的义务的划分。不过，康德论证，对上帝的义务实际上是宗教义务，不是道德义务，而对自己的义务和对他人的义务才是真正的道德义务。

定言命令

康德伦理学理论中的主要道德规则是他所谓的定言命令，实质的意思是“绝对命令”。在对这一特殊规则自身进行介绍之前，他先引入了一种对内在的道德善的说明作为预备。

内在善与善良意志

正如我们已经注意到的，康德想让道德真理脱离偶然性和经验观察的地带，想将它安全地放置在必然、绝对、普遍的真理领域。尽管道德常常为像幸福这样一些非道德的善提供保障，但是道德的价值不是基于它具有工具性价值这一事实；相反，道德就其自身而言就是有价值的：[①]

> 在世界之中，或者甚至在世界之外，除了善良意志，不可能设想一个无条件善的东西。尽管理解、明智、判断力等，或者说其他心灵上的才能，它们可能被称作勇气、决心、毅力等，或者说那些性格上的素质，毫无疑问，从很多方面看是善的并且值得欲求；然而，它们也可能变成极大的恶，非常有害，如若那使用这些自然禀赋因而构成所谓品质的意志不是善良的的话。……即使由于生不逢时，或者由于无情自然的苛待，这个善良意志应当完全丧失了实现其目的的力量。即使它竭尽自己最大的努力，仍

① 译文参考了《道德形而上学的原理》中译本（［德］康德：《道德形而上学的原理》，苗力田译，第 42 ~ 43 页，上海：上海人民出版社，1986），并有所改动。——译者注

> 然还是一无所得，所剩下的只是善良意志，……它也仍然如一颗宝石一样，自身就发射着耀目的光芒，自身之内就具有价值。它所具有的用处或者所结出的果实，既不会给这种价值增添任何东西，也不会使其损失任何东西。[4]

唯一绝对的善、无条件地自身即善的东西就是善良意志。其他所有的内在善，包括理智的善和道德的善，都可能服务于罪恶的意志，因而有助于恶。它们只有在一种善良意志的伴随下才是在道德上有价值的。即使成功和幸福自身也不是善的。荣誉可能导致自负。缺乏善良意志的幸福是不应得的运气、来路不正的所得。效用主义也不可信，因为如果我们拥有一定量的幸福可供分配，那么不管德性如何一律平均分配就是公正的吗？难道我们不应当根据道德善有差别地来分配它吗？幸福的分配应当与人们的道德价值成比例。

康德对善良意志的论证在多大程度上是成功的？人们永远且必然把非道德的德性用于善的用途，而且利用像智力这样的一种德性去为恶完全是不可能的，我们能够想象出一个这样的世界吗？幸福会仅仅由于人们可以不正确地对其进行分配而变得不那么善吗？一个人不可能像误入歧途的空想社会改良家那样把善良意志自身用于坏的用途吗？正如格言所说的，“地狱之路是由善良的意图铺就的”。希特勒在执行他那卑鄙的计划时可能具有善良的意图吗？善良意志不可能具有坏的效应吗？

即使我们可能同意善良意志是一种很大的善，康德的阐述，即它是唯一天生是善的事物，也不见得是正确的。因为正如智力、勇气和幸福可以被用于坏的用途或具有坏的效应一样，善良意志也可能如此；

而且正如善良意志可以被用于坏的用途这一点似乎不会给善良意志带来损害一样，其他德性可以被用于坏的用途这一点也不会给它们带来损害。对于任何一种道德上善的行动而言，善良意志可能都是一个必要的成分，但是善良意志是否也是道德善的一个充分条件则是另外一个问题。

不过，或许我们可以重新解释康德从而保留他的核心洞见。善良意志似乎的确存在某种道德上有价值的东西，这一点与任何后果都无关。试想下面的例证。两个士兵自告奋勇跨越敌人的防线去联系位于另一侧的盟军。两个人都出发了，并且都尽他们最大的努力通过敌人的领域。一个成功了，另一个人没有成功被俘虏了。但是，他们两个人从道德的角度来说不是都值得称赞吗？其中一个人的成功绝不会使另一个人的善相形见绌。从一种常识道德的立场来判断，他们的行动具有同等的善；从一种效用主义或后果论的视角来判断，成功的行动要比不成功的行动更有价值得多。在这里，我们可以根据后果的价值来区分行为者的价值，并做出两种独立的、不相冲突的判断。

假言命令 vs. 定言命令

对于康德来说，所有提到的义务都可以转化为命令式或命令的语言。因此，道德义务可以说具有命令式的效力。他区分了两种命令式：假言命令和定言命令。假言命令的公式是“如果你想要 A，那么就做 B”。例如，“如果你想要一份好的工作，那么就接受一种好的教育”，或者“如果你想要变得幸福，那么就保持清醒并且过一种和谐的生活”。定言命令的公式很简单：“做 B！”即做理性所揭示出来的内在地正当的事情，比如“讲真话！”假言命令，或手段—目的的命令，不是描述道德行动的命令式。定言命令，或无条件的命令式，才是正确的命令式，因为它们表明真正承认道德义务所具有的至高无上地位。这样的命令式是直觉性的、即时的、绝对的命令，一切有理性的行为者都可以借助他们的理性来理解这种命令。

康德论证，一个人对道德义务的履行必须仅仅出于道德义务自身（“为义务而义务”）。一些人之所以遵从道德法则，是因为他们从自我利益的角度认为这是道德的。但他们不是真正道德的，因为他们并不是出于道德法则而行事。例如，一个商人可能相信“诚实是最好的策略”；换言之，他可能判断，为他的顾客找回准确的零钱和提供高质量的产品有助于生意兴隆。但是，除非他完成这些行动是由于它们是他的义务，否则他就不是在有道德地行事，尽管他的行动与如果他是在有道德地行事时所可能会有的行动完全相同。

这种符合康德框架的命令式，作为一种理性的产物，是一种使行为原则普遍化的命令式。他将其称为定言命令（Categorical Imperative，简称 CI）：“要只按照你愿意它成为一条普遍自然法则的准则而行事。”对于康德来说，定言命令是确定任何一种行动方案的道德性的程序。他写道，一切具体的道德义务“都可以由这个单一的命令式得出”。因此，例如，对自己的义务，比如发展自己的天分以及不要自杀，都可以从定言命令中演绎出来。对他人的义务，比如信守承诺以及帮助危难中的人，也是如此。

对于我们来说，定言命令程序的第一步是考虑我们打算进行的行动背后所潜藏的准则。所谓准则，康德是说行为者行事时打算依照的一般规则。例如，如果我想要援助某个处于危难之中的人，我的潜在准则可能是这样的：“当我看到某个人处于危难之中，而且对他的援助不会给我造成过度的负担时，我就应当援助他。”第二步是考虑这种准则是否可以普遍化从而应用于每一个人，比如“当任何一个人看到某个人处于危难之中，而且对他的援助不会给自己造成过度的负担时，这个人都应当援助他”。如果它能够被普遍化，那么我们就认可这种准则，这种行动也就是道德的。如果它不能被普遍化，那么我们就拒绝这种准则，这种行动也就是不道德的。因此，定言命令程序的一般框架是这样的：

行动的准则

↓

将准则普遍化

↓

对成功普遍化的准则表示认可（对不成功的准则表示拒绝）

据康德来看，只存在一种定言命令，但是他提出了它的三种公式化表述。

自然法则原则：“要按照你愿意它成为一条普遍自然法则的行动准则而行事。”

目的原则：“要如此行事，即在每一种情况下都把无论你自己身上的还是其他人身上的人性看作一种目的，决不能把它仅仅看作一种手段。”

自律[1]**原则：**“要如此行事，即你的意志通过准则同时可以将自身

① autonomy，在本书的其他地方一般被译为“自主”或“自主性”，这里译为“自律”，以便与下文的“他律”（heteronomy）相对应。——译者注

看作是在制定普遍的法则。”

把这三种公式化表述联系在一起的主题是可普遍性：一种特定的行动方案能够被一般化从而适用于那种情境下的任何一个各方面都相似的人吗？对于康德而言，确定一种准则能否被成功地普遍化，取决于我们遵循的是定言命令的三种具体公式化表述中的哪一种。不过，这三种表述的要点都在于我们要置身于我们的个人准则之外，从而公平客观地评价我们的准则是否适合作为我们所有人生活依赖的原则。

让我们从第一个同时也是最有影响力的自然法则原则开始逐一审视这三种公式化表述。

自然法则原则：四个例子

再次重申，定言命令的自然法则原则是这样的："要按照你愿意它成为一条普遍自然法则的行动准则而行事。"这里的重点在于你必须要像遵守物理法则一样行事，尤其是在这样的法则没有发生内在冲突或自我摧毁的情况下。例如，自然界不可能存在一种使一个东西既向上行又同时向下落的重力法则。与之类似，在一条被普遍化的原则出现某种内在冲突的情况下，一个道德体系也不可能存在。如果你能够始终如一地愿意每个人都按照一条给定的准则行事，那么这就是对定言命令的一种实践，它表明这种行动在道德上具有可允许性。如果你不能始终如一地愿意每个人都按照某条准则行事，那么这种行动在道德上就是错的，这条准则也必然会由于自我摧毁而被拒斥。

定言命令这种公式化表述的核心是一个"矛盾"的观念，也正是康德所考虑的这种矛盾引起了很多争论。约翰·斯图尔特·穆勒对定言命令的这个方面所进行的批评非常有名："（康德）未能——几乎有些荒唐——表明‘一切有理性的存在者都采用最凶残的、不道德的行为规则’这个事情存在任何矛盾或存在任何逻辑上的（即使不说是物理上的）不可能。”（《功利主义》第 1 章）但是，当代美国哲学家克里斯汀·科斯嘉德（Christine Korsgaard）论证，关于康德所说的“矛盾”含义，存在三种可能的解释。首先，康德可能是说这样一条准则的普遍化会是一种逻辑上的矛盾，即所提出的这种行动完全是不可设想的。其次，他可能是说它会是一种目的论上的矛盾，即这条准则在一种有目的、有组织的自然系统中无法起到一种法则的作用。再次，他可能是说它会是一种实践层面的矛盾，即如果每个人都试图将其用于某种目的，那么我为了达到那种目的而做出的行动就会变得无效。科斯嘉德相信，所有这三种解释都得到了康德著作的支持，康德自己可能甚至没有发现这三种解释之间有任何差异。但是，她论证，第三种是更可取的，因为它能够使可普遍化检验成功地处理更多的情境。她写道：

> 这种检验表明要被禁止的那些行动，正是其在达到它们目的时的效力依赖于它们成为例外的那些行动。如果某种行动在被普遍化的时候，不再作为达到某个成问题目的的一种途径，那么它就是一个这种类型的行动。”[5]

定言命令的这种公式化表述揭示出在我的行动中存在着一个实践层面的矛盾——只要表明，我在试图侥幸获取某种东西，如果其他人也都这样做，那么我的做法就不再有用。它暴露出在我所计划的行动中存在着的不公平、欺骗和作弊。

康德在应用这一检验的时候给出了四个例子：许下一个假的承诺，自杀，忽视自己的天分，避免帮助别人。其中的第一个和第四个是对他人的义务，而第二个和第三个是对自己的义务。康德用实例表明定言命令的自然法则原则在应用于这些准则中的每一条时是如何发挥作用的。

许下一个假的承诺：假设我需要一些钱，正在考虑“向你借钱并且承诺偿还给你，但实际不打算偿还”这种做法是否是道德的。我可以对自己说“每个人在遇到没有其他办法可以解决的困难时，都应当许下一个虚假承诺”吗？

我的行动的准则是M：

M. 每当我需要钱的时候，我都应当在借钱的时候许下一个假的承诺。

我能够把我的行动所依照的准则普遍化吗？将可普遍性检验应用于M，我们得到P：

P. 每当任何一个人需要钱的时候，这个人都应当在借钱的时候许下一个假的承诺。

但是，这就出现了某种问题，因为如果我把“许下不打算信守的承诺”的原则普遍化，我就会被卷入一种矛盾之中：

> 我立即发现，我可能愿意说谎，但不会愿意把说谎作为一条普遍法则。因为如果有这样一条法则（即这样一条行动普遍遵循的准则），那么就根本不存在什么承诺了……因此，只要我的准则被作为一条普遍法则，它就必然会摧毁自身。[6]

由此造成的这一事态将会是自我摧毁的，因为除非存在着对承诺实现的预期，否则没有任何心智正常的人会再把承诺当作承诺。因此，许虚假承诺的准则未能符合普遍化的标准，所以它是不道德的。现在，我来考虑相反的准则，即一条以信守我的承诺为基础的准则：

M1. 每当我需要钱的时候，我都应当在借钱的时候许下一个真诚的承诺。

我能够把这条准则普遍化吗？

P1. 每当任何一个人需要钱的时候，这个人都应当在借钱的时候许下一个真诚的承诺。

是的，我可以把M1普遍化，因为这里面不存在自我摧毁或矛盾的因素。因此，许下真诚的承诺是道德的，我们可以把信守承诺的准则作为一条普遍的法则。

自杀：康德的一些例证并不像信守承诺的义务这样顺理成章。例如，他论证定言命令会禁止自杀，因为我们无法使这样一种行动所依据的准则成功地普遍化。如果我们试图将其普遍化，那么我们就会获得以下原则："每当一个人经历的痛苦看起来多于快乐的时候，这个人就应当自杀。"然而，据康德来看，这是一种自相矛盾，因为它会违反作为其基础的生存原则。但是，无论这种论证形式具有什么可取之处，我们都可以把这条原则修改为"每当生存的痛苦或苦难极大地损害生命的质量，以至于使得相对于充满苦难的生存来说不生存更为可取的时候，就要允许这个人自杀"。这（或者某种与其接近的内容）为什么不可以被普遍化呢？它会涵盖一些罕见的事例，比如像绝症晚期的病人、遭受酷刑的受难者或重度抑郁症患者这些看不到丝毫希望的人，但不会涵盖我们大多数人在正常的生命历程中都经历过的苦难和沮丧。康德在禁止自杀这个问题上似乎过于绝对主义了。

忽视自己的天分：康德关于定言命令自然法则原则应用的另外两个例子也是成问题的。在他的第三个例子中，他声称我们不可能将“避免发展我们的天分”这条准则普遍化。但是，同样，难道我们不能证明这条准则是合理的并且规定在特定境况下不发展我们的天分是可允许的吗？康德在这一点上或许是正确的：如果每个人都自私地不去发展自己的天分，社会不久就会退化为无政府状态。但是，一个人不也可以把下面的准则 M3 普遍化吗？

> M3. 每当我不倾向于发展某种天分，而这种不发展也不会对社会秩序造成严重破坏的时候，那么我就可以不去发展。

避免帮助别人：康德对“定言命令的自然法则原则如何发挥作用”给出的最后一个例子涉及“无论何时只要我是安全和独立的，我就不会对别人施以援手”这种情境。他声称，他无法把这条准则普遍化，因为他永远不知道在未来的某个时候他是否也会需要其他人的帮助。康德在这一点上是正确的吗？如果我从来不给自己设定任何似乎需要他人合作才能实现的目标，那么我为什么不可以把这条准则普遍化呢？只要我意识到某个目标需要他人的合作，我就一定放弃这个目标。这样一来，所谓的矛盾或自我摧毁又在哪里呢？使其成为一条普遍法则或许是自私残酷的，但就这条原则自身而言似乎没有什么矛盾或自我摧毁之处。将自私普遍化所带来的问题，与我们在分析利己主义时所遇到的问题是一样的，但是康德的定言命令是否捕捉到了利己主义的错误之处这一点是可疑的。或许他还有其他手段能够确切阐明利己主义的错误（我们稍后会回到这一点）。

自然法则原则的反例

康德认为，他能够由他的定言命令中产生一种完全的道德法则。上述的可普遍性检验是康德的自然法则原则所提倡的，这种检验似乎对像信守承诺、讲真话这样的原则以及其他一些准则很有效，但它似乎不会给予我们康德想要的所有内容。有人对它表示反对，认为康德的定言命令既过于宽泛，又过于不受限制。关于它过于宽泛的指责是基于以下这种感知：它似乎可以证明一些我们可能认为是无足轻重甚或不道德的行动是合理的。

反例 1：强制执行无足轻重的行动

举一个可能会被定言命令强制执行的无足轻重的行动例子，试想下面的准则 M：

M. 我应当永远先系我右边鞋子上的鞋带，然后再系我左边鞋子上的鞋带。

这产生了接下来的原则 P：

P. 我们应当永远先系我们右边鞋子上的鞋带，然后再系我们左边鞋子上的鞋带。

我们可以将 P 普遍化并且不导致矛盾吗？看起来是可以的。正如我们把“人们开车时应当靠着街道的右边而非左边”普遍化一样，我们也可以把“每个人都应当先系右边鞋子上的鞋带，然后再系左边鞋子上的鞋带”制定成一条法律。但是，这样一条法律看起来显然是没有意义的，它是无足轻重的。但是它却被定言命令证明是合理的。

不过，人们也可能反对说，所有这种反例只是表明按照“先系右边鞋子上的鞋带，然后再系左边鞋子上的鞋带”这条原则来生活是可允许的（而不是义务性的），因为我们也同样可以把与之相反的准则（先系左边的，再系右边的）普遍化并且不会导致矛盾。这种反对意见似乎是正确的。

反例 2：支持作弊

弗雷德·费尔德曼（Fred Feldman）提供的另一个反例[7]似乎证明了定言命令会支持作弊。准则 M 规定：

M. 每当我需要为一门课程提供一篇学期论文而又不想写的时候，我都会从“匿名研究”那里购买一篇学期论文，并且把它作为我自己的作品提交上去。

现在我们把这条准则普遍化为一条普遍的原则 P：

P. 每当任何一个人需要为一门课程提供一篇学期论文而又不想写的时候，这个人都会从某个适当的来源那里购买一篇学期论文，并且把它作为他自己的作品提交上去。

这种做法似乎是自我摧毁的。它会破坏整个学术工作的秩序，因为老师们再也不会相信研究论文真的代表论文提交者的水平。学习将不再存在，分数和成绩单也会变得没有意义，整个教育制度都会坍塌；作弊的所有目的都会落空。

但是假设我们对 M 和 P 做一点调整，从而创造 M1 和 P1：

M1. 当我需要为一门课程提供一篇学期论文而又不想写的时候，如果我提交一篇现成买来的论文而且这不会使整个体系发生任何变化，那么我就会购买一篇学期论文并且把它作为我自己的作品提交上去。

P1. 每当任何一个人需要为一门课程提供一篇学期论文而又不想写的时候，如果这个人提交一篇现成买来的论文而且这不会使整个体系发生任何变化，那么这个人就会购买一篇学期论文并且把它作为这个人自己的作品提交上去。

P1 可以作为定言命令的一种合法表述过关吗？它似乎满足了条件，但是康德的学生们已经指出，对一条想要成为可普遍化的或类似于法律的原则而言，人们必须确保它是公开的。

然而，如果 P1 是公开的，而且每个人都被鼓励着按照它而生活，那么要想阻止它对体系造成侵蚀就会极其困难。老师们会对它表示警惕。作弊者一定会公开宣告自己的所作所为吗？总而言之，这种努力，即将这种有所限定的作弊形式普遍化，会破坏使得这种作弊成为可能的制度本身。因此，P1 可能是一种几乎未加遮掩的矛盾语：通过不破坏教育流程的方式来做将会破坏教育流程的事情。

反例 3：禁止可允许的行动

另一种类型的反例可以被用来表明，定言命令不让我们去做常识允许我们做的事情。假设我需要冲洗厕所，因此我用公式表述我的准则 M：

M. 在某个时刻 *t*1，我将要冲洗厕所。

我将这条准则普遍化：

P. 在某个时刻 *t*1，每个人都应该冲洗他们的厕所。

但是，如果我意识到数以百万计的厕所同时进行冲洗的压力将会摧毁这个社区的管道系统，那么我就不可能愿意这样做，因此我不能够冲洗厕所。

摆脱这个问题的方法是对最初的准则 M 加以限定，从而变成 M1：

M1. 每当我需要冲洗厕所，而且没有理由相信这会引起对社区管道系统的损害或破坏的时候，我就可以这样做。

由此我们可以通过普遍化得到 P1：

P1. 每当任何一个人需要冲洗厕所，而且没有理由相信这会引起对社区管道系统的破坏的时候，他就可以这样做。

因此，面对着针对自己理论的反对之声，康德似乎能够对其中的一些做出回应。

反例 4：强制执行种族灭绝

更严重的在于这样一个事实：定言命令似乎可以证明一些被我们判断为极其不道德的行动是合理的。假设我憎恨某个种族、宗教或族群的人。假设我憎恨的是美国人，而我自己并不是一个美国人。我的准则是这样的：

M. 我要杀死任何一个身为美国人的人。

将 M 普遍化，我们就得到 P：

P. 永远杀死美国人。

在这条指令里存在什么矛盾之处吗？我们能够使它成为一条普遍法则吗？有何不可呢？美国人可能不喜欢它，但是在这样一条原则中并不包含逻辑上的矛盾。如果当这条命令生效的时候，我恰好是一个美国人，那么我将不会活下来写这本书，但是我的丧生不会给这个世界带来什么不便，这个世界将继续存在。如果我突然发现我是一个美国人，那么我不得不自杀。但是，只要我愿意保持前后一致，我的原则看起来就没有什么错误之处，只要考虑到它是以定言命令为基础的。

正如系鞋带的例子一样，相反的指令，即任何一个人都不应当杀害无辜之人，也有可能被普遍化。不过，我们当然不会认为采取“永远杀死美国人”这种原则是被允许的。

因此，我们断定，即使定言命令的第一种说法是评价道德原则的一个重要标准，它也仍然需要某种补充。就其自身而言，它是纯粹形式化的，完全不涉及任何对于道德的内容或实质性方面的理解。对于那些想要成为一条有效道德原则的准则而言，定言命令及其可普遍性检验构成了一项必要的条件，但是它并未为我们提供一个充分的标准。换言之，如果一条原则被视为理性的或道德的，那么它就必须是可普遍化的；它必须适用于各方面都与其相似的每一个人、每一种情况。如果我相信其他人在考试中作弊是错误的，那么除非我能找到一个理由使我相信我与其他人在各方面都不同，否则我在考试中作弊也是错误的。如果禁止女人进行婚前异性性行为，那么也必须禁止男人这样做。（如若不然，男人将要与谁发生性关系呢？其他男人的妻子吗？）然而，这种形式上的前后一致并没有告诉我们作弊自身是对是错，或婚前性行为自身是对是错。关于这些问题的判断与道德的实质性内容有关，我们必须运用其他的考虑来帮助我们对其做出判断。

定言命令的其他公式化表述

我们已经讨论了康德关于定言命令的第一种公式化表述；现在我们将要考虑另外两种：目的原则和自律原则。

目的原则

目的原则是这样的："要如此行事，即在每一种情况下都把无论你自己身上的还是其他人身上的人性看作一种目的，决不能把它仅仅看作一种手段。"作为一个有理性的存在者，每个人都拥有尊严和深远的价值，这就要求他永远不能被剥削、被操纵或仅仅被用作达到我们关于何为一般意义的善这种想法（或其他任何目的）的一种手段。

康德为"有理性的存在者拥有终极价值"这种观点提供了什么论证呢？这个论证是这样的：在对任何一种事物进行评价的过程中，我赋予了它某种价值；除了人们对其评价之外，它不可能具有任何价值。作为一种被评价的对象，它具有条件性的价值，这种价值来源于我的评价。另外，对某个对象进行评价的人是这一对象（价值）的最终来源，这个人本身属于一种不同的存在领域。我们作为评价者，必须设想我们自己具有无条件的价值。我们不能把我们的人格看作一个微不足道的东西，因为那样一来我们就不得不判定：除了其他人的评估所给予我们人格的价值之外，它自己没有任何价值。在那种情况下，进行评估的那个人将会成为价值的来源，但是没有理由认为一个人应当具有无条件的价值，而另一个与之各方面都相似的人却不应当如此。因此，我们不是微不足道的对象。我们具有无条件的价值，因而必须把所有这些价值给予者都看作他们自身就是有价值的，都看作目的，而不仅仅看作手段。我请你们来评价这个论证的有效性，但是我们大多数人确实都认为人类的生活存在着某种极其有价值的东西。

康德认为，这一公式化表述，即目的原则，实质上与定言命令的第一种公式化表述完全相同。但是，大多数学者不同意他的观点。把这条原则看作对第一条原则的一种补充似乎更好，它为纯粹形式化的定言命令的自然法则原则增添了内容。通过这种方式，康德对能够被普遍化的各种准则做出了限制。利己主义和“杀死美国人”这样的原则将会在一开始就被排除掉，因为它们包含着对有理性的人的尊严的一种侵犯。这个过程如下所示：

1. 将准则（M）公式化。
2. 运用目的检验。（这条准则包含对有理性的存在者尊严的侵犯吗？）
3. 运用自然法则原则的可普遍性检验。（这条准则能够被普遍化吗？）
4. 成功的道德原则会通过这两种检验。

无论如何，我们可能会问，定言命令的目的原则是否比定言命令的自然法则原则更胜一筹。于是三个问题会随之浮现出来。第一个涉及康德给理性设置了如此高的一种价值。为什么理性以及只有理性具有内在的价值？谁给予了有理性的存在者这种价值，以及我们如何知道他们具有这种价值？如果我们相信理性仅仅具有工具性价值又会怎样？

对于相信人类是按照上帝的形象制造出来的那些人，以及认为我们的理性能力必然是按照上帝形象而创造出来的人这种存在者的本质所在的那些人而言，康德关于理性具有高度内在价值的观念似乎是合理的：我们具有价值，是因为上帝创造了具有价值即具有理性的我们。不过，即使非有神论者也可能相信，康德将理性视为天生就是善的是正确的。它正是有理性的存在者最为重视的东西之一，对它的重视实质超过其他任何东西，无论我们把什么样的生活判定为一种好的生活或一种理想的生活（一种真正幸福的生活），它都是一个必要的条件。

康德对理性的评价似乎是正确的。它确实使我们能够从事审慎的推理和道德的推理，并且将我们提升到低等动物之上。他可能出错的地方在于忽视了其他可能具有道德意义的价值或存在状态。例如，他相信我们对动物没有任何义务，因为它们不是有理性的。但是，当效用主义者坚持主张“动物能够感受苦难”这一事实应当使我们对待它们的行为受到约束时，他们无疑是正确的——我们不应造成不必要的伤害。或许康德主义者可以补充他们的体系从而容纳这种反对意见。

这给我们带来了康德的公式化表述所具有的第二个问题。如果我们同意理性是一种内在的价值，那么不就由此得出结论说“拥有更多这种品质的人应当比拥有较少这种品质的人更加受到尊敬和敬重吗”？

1. 理性是一种内在的善。
2. 我们对一种内在的善事物的拥有越多越好。
3. 因此，那些拥有更多理性的人内在地比其他人更好。

因此，按照康德主义的逻辑，人们受到的对待应当与他们在理性方面的能力成严格的比例，所以天才和知识分子在社会中应当被给予特权地位（正如柏拉图和亚里士多德可能论证的那样）。康德可以否认第二个前提，并且论证理性是一种入门性的品质，但是反对者可以反驳并且论证在运用理性的能力方面确实存在着等级，从大猩猩和黑猩猩一直到人类天才的最高极限不等。我们是否应当将大猩猩和黑猩猩视为其自身就是目的，同时依旧剥削小孩子和老年糊涂的人，因为前者还不能理性地行事而后者已经丧失了他们曾经拥有的能力？如果我们接受康德主义的目的原则，那么我们在堕胎、杀婴和安乐死这些问题上应当持什么样的观点呢？

康德的目的原则认为所有人都由于他们的理性而具有尊严，因此他们被允许去剥削动物（它们是有智力的但却不是有理性的）。但是假设访问我们星球的卡拉狄加人是超级理性的，他们比我们优越，就像我们比其他动物优越一样。那么，我们会成为次等公民，而卡拉狄加人可以理直气壮地为了他们的目的来剥削我们吗？假设他们认为我们非常可口且富有营养，道德会允许他们吃掉我们吗？康德主义者也许会强调最低限度的理性也会赋予一种地位，但是，那样一来，一些能够思虑的动物（黑猩猩、矮黑猩猩、大猩猩和海豚）不就会获得像人一样的地位了吗？而且羊、狗、猫、猪和牛不也展现出最低限度的理性行为吗？我们应当吃掉它们吗？

康德在有理性存在者的尊严方面的观点还存在着第三个问题。即使我们应当尊敬他们并把他们视为目的，但这也没有为我们提供什么指导。它可能告诉我们不要奴役他们或者不要在缺乏一种充分理由的情况下残忍地对待他们，但它并没有告诉我们在两种或更多的道德义务发生冲突的情境下要怎么办。

例如，当一个患有不治之症的女人想要我们帮助她死去的时候，它会告诉我们要怎么做呢？当我们在一场战争中用枪指着一个敌方士兵的时候，它会告诉我们要怎么做呢？将这样一个有理性的存在者视为一种目的意味着什么呢？当遇到一个无辜的潜在受害者和刚刚向我们询问这个受害者行踪的歹徒时，它会告诉我们要怎么做呢？我们是否应当从药房偷药从而获得一些我们无力购买的药物来治愈一个心爱的人，在这件事情上，它又会告诉我们要怎么做呢？在这些情境里，很难看到目的观念能够为我们提供什么帮助。然而，为了公平地对待康德，我们必须说事实上每一种道德体系都在这些困境上遇到了麻烦，我们也许能够对康德主义加以补充从而解决其中的一些困境。

自律原则

定言命令的最后一个公式化表述是自律原则："要如此行事，即你的意志通过准则同时可以将自身看作是在制定普遍的法则。"换言之，我们并不需要一个外部的权威来决定道德法则的本性，无论这个权威是上帝、国家、我们的文化还是其他人。我们自己可以独立发现这一点。康德主义的信念宣称：从理想的角度来说，每一个有理性的人都将通过立法制定出完全相同的普遍道德原则。

自律的对立面是他律：他律之人的行动动机出自其他的权威，无论它是宗教、国家、他的父母或一个同龄群体。接下来的例证可以充当一个例子来表明这两种存在状态之间的差异。

20 世纪 60 年代早期，耶鲁大学的斯坦利·米尔格拉姆（Stanley Milgram）进行了一系列的社会心理学实验，旨在确定普通的公民在何种程度上顺从于权威。来自各行各业的志愿者被招募过来参与"一项关于记忆和学习的研究"。每一次都会有两个人被带入实验室。实验者解释说，一个人将要扮演"教师"的角色，而另一个人则扮演"学习者”的角色。教师被安排在一个单独的房间里，在那里他能够通过一扇窗户看到学习者。教师接到命令，要求学习者为一个给定的词语选择正确的搭配，而学习者要从一组选项里进行选择。如果学习者找到了正确的词语，他们就继续进行下一个词语。但是，如果学习者选择了错误的词语，他就会受到一次电击的惩罚。教师先被施予四十五伏特的电击作为参考，以体验学习者的游戏感觉。之后每次学习者犯下一个错误，电击就会增加十五伏特（从十五伏特开始，一直增加到四百五十伏特为止）。仪表上标注了文字的标识：轻微电击、温和电击、强度电击、强烈电击、剧烈电击、猛烈电击、致危电击和XXX。随着实验的进行，在七十五伏特的电击时一般会听到学习者发出嘟哝声，在一百二十伏特时会听到学习者的叫喊，在一百五十伏特时会听到学习者乞求离开，在二百七十伏特时会听到学习者惨痛的尖叫。在大约三百伏特时，通常只有死亡般的静寂。

不过，教师不知道的是，学习者事实上没有遭受任何电击；这些学习者实际是训练有素的演员，他们是在模仿那种痛楚。实验的结果是令人震惊的。米尔格拉姆和同事们本来预期只有很小一部分公民会遵守实验者的命令，结果百分之六十的公民都完全顺从并且将这个实验进行到底。只有少数人在发现了实验所包含的内容之后，立即完全拒绝参与这个实验。百分之三十五在不同的阶段离开。米尔格拉姆的实验后来在德国慕尼黑被复制，结果发现有百分之八十五的对象完全“顺从于权威”。

这个例子以两种方式阐明了自律和他律的问题。首先，这个实验似乎表明普通公民的行事并不像我们预期的那么自律；人们基本上是他律的、群体性的追随者。其次，还存在一个问题：米尔格拉姆是否应当使人们屈从于这些实验。他侵犯了他们的自主性吗，并且在以上述方式欺骗他们的过程中把他们视为手段（而非目的）了吗？与一个康德主义者相比，一个效用主义者或许能够更加轻易地证明这些实验是合理的。

无论如何，对于康德而言，“在将我们的行动准则普遍化的过程中运用理性是属于我们的能力”这一点将有理性的存在者与无理性的存在者区分开来了。因此，有理性的存在者属于一个目的王国。康德认为我们每个人，作为一个充分有理性的、自律的立法者，都将能够推理出一组完全相同的道德原则，即理想的道德法则。

无例外规则的问题

给康德定言命令的所有公式化表述带来麻烦的问题之一是它产生了无条件的绝对性。定言命令所产生的规则是普遍的和无例外的。他用讲真话的例子来阐明这一点：假设一个无辜的人 Y 先生来到你的门前，乞求庇护，因为一伙歹徒正在追捕他并且要杀害他。你把这个人带进家里并且把他藏在三楼的阁楼里。片刻之后，歹徒到了，向你询问这个无辜之人的下落："Y 先生是在你家里吗？"你应当怎么办？康德的建议是把真话告诉他们："是的，他正在我的家里。"[8]康德在这里是如何推理的？只不过基于道德法则是无例外的罢了。

遵守道德法则的命令是你的义务，不要去推算可能的后果。你已经履行了你的义务：把一个无辜的人藏起来，当有人向你提出一个坦率的问题时告诉他们真话。至于这个无辜之人可能遭受到的伤害，你无须承担任何责任。这个世界上存在歹徒并不是你的过错。

对于我们很多人来说，这种绝对主义似乎是违反直觉的。在这里我们可以通过一种方式来对康德进行修正，即为普遍原则写入限定条件，将一刀切的一般性法则"不要说谎"改为更为适度的"不要说谎，除非为了拯救一个无辜之人的生命"。这种解决方案的麻烦在于，这些条件尽管需要附属于最初的一般性法则，但却似乎是没有限制的。例如，"不要说谎，除非为了拯救一个无辜之人的生命（除非拯救这个人生命的努力会破坏整个社会的结构）"，或者"不要说谎，除非为了拯救一个无辜之人的生命（除非这将破坏社会的结构）"，或者"不要说谎，除非为了使人免受巨大的苦恼（比如告诉一个癌症患者她的病情真相）"，如此等等。这个过程看起来是无限的、极耗时间的，因而也是不切实际的。

然而，还有一种策略是向康德敞开的，就是遵从 20 世纪道德哲学家威廉 · D. 罗斯提出的显见义务进路。我们先来看一下罗斯理论的主要特性，然后再将其应用到康德的理论上。

罗斯与显见义务

今天，罗斯或许是康德之后最重要的道义论理论家，而且与普芬道夫一样，罗斯也是一个规则直觉主义者。罗斯的理论有三个部分。其中第一部分是他关于"道德直觉"的观念，这是指既能发现正确的道德原则又能正确地应用这些原则的内在感知。虽然它们无法得到证明，但是任何一个正常人一经反思就会发现这些道德原则是不言而喻的。罗斯写道：

> 这样一种行动，比如履行一个承诺，或者实现一种对善的公正分配……是显见正当的这一点是不言而喻的；所谓不言而喻，并不是在"一旦我们开始注意到这个命题……它就是显而易见的"这个意义上说的，而是在"当我们的心智充分成熟，当我们对这个命题给予充分关注的时候，它就是显而易见的，并不需要任何证据或其自身之外的依据"这个意义上说的。它就像一条数学公理或者一种推论形式的有效性一样显而易见……我们对于这些命题是真的所抱有的信心，与我们的理性对数学所抱有的信心是完全一样的……在这两种情况下，我们所面对的都是虽然无法被证明但却不需要任何证据就可以确定的命题。[9]

正如一些人相对于其他人来说是更好的感知者一样，在对我们的道德判断进行评价的时候，更具反思性的人的道德直觉具有更大的重要性。“有思想的、受过良好教育的人的道德信念是伦理学的数据资料，正如感官—感知是自然科学的数据资料一样。”[10]

他的理论的第二部分是我们的各种直觉性义务构成了一种多元的设定，从而无法被统一在一条单一的、包罗万象的原则之下（比如康德的定言命令或效用主义的最高原则“最大多数人的最大善”）。就这一点来说，罗斯类似于普芬道夫的直觉主义，他列出了一个包含几种义务的清单，具体而言是以下七种：

- 信守承诺
- 忠诚
- 感恩
- 仁善
- 正义
- 自我完善
- 不伤害

罗斯理论的第三部分是我们的直觉性义务并非绝对的，每一种原则都可能在一个特定的情境下被另外一种原则所推翻。他用显见义务和实际义务之间的区分来阐明这一点。显见这个术语是拉丁语对“乍看之下”的表述，罗斯的要点在于：以上所列的七种道德义务都在暂时性地约束着我们，直到一种义务与另一种义务发生冲突为止。当发生冲突的时候，较弱的义务消失，较强的义务则凸显为我们的实际义务。因此，尽管显见义务并非实际义务，但是它们依赖于环境也可以变成实际义务。例如，当我们许下一个承诺的时候，我们就把自己放置在了一种情境之中。在这种情境里，信守承诺的义务就是一种道德考量。它具有假定性的力量，而且如果没有相关的显见义务与之冲突，那么信守承诺的义务就自动变成一种实际义务。

对于罗斯而言，当两种义务冲突的时候会怎么样呢？对于一个绝对主义者来说，一种充分的道德体系永远不可能产生道德冲突，一条基本的道德原则也永远不可能被另一条道德原则所推翻。但罗斯不是绝对主义者，他容许原则具有可推翻性。例如，假设你向你的朋友承诺，下午三点的时候你会帮她做作业。但是，在你去见她的路上，你碰到了一个由于迷路而哭泣的小男孩。因为周围没有其他人可以帮助这个小男孩，所以你帮助他找到了回到他家的路。但是，在这样做的时候，你错过了你约定的时间。你所做的事情在道德上是正当的吗？你违背了你的承诺吗？

我们可以对这一情境进行分析，将其构造为两种道德原则之间的一种冲突：

1. 我们应当永远信守承诺。
2. 我们应当永远帮助需要帮助的人，当这样做不会带来过多的不便时。

在帮助这个小男孩回家的过程中，你已经决定让第二条原则推翻第一条原则。这并不意味着第一条不是一个有效的原则，只是它的“应当”不是一个绝对的“应当”而已。这条原则具有客观的有效性，但它并非永远都是决定性的，这要取决于还有哪些其他的原则可能适用于这一情境。尽管一些义务比另一些更有分量，例如不伤害“被视为一种更具紧要性的义务……相对于仁善而言”，但是直觉必须根据每一种情境的是非曲直来做出决定。

康德与显见方案

许多道德哲学家，比如利己主义者、效用主义者和道义论者，都采纳了罗斯理论中显见义务的部分，将其作为化解道德困境的一种便利途径。在这样做的时候，他们通常不会采纳罗斯关于道德直觉的阐释或者他那特定的七种义务（即罗斯理论的前两个部分）。更确切地说，他们只是吸收了罗斯关于显见义务和实际义务的概念，将其作为一种机制来解释一种义务如何可以推翻另一种义务。

这种进路对康德会有怎样的作用呢？再次想一下康德的无辜者的例子。首先，我们拥有原则 L：“不要说谎”。其次，我们要问在这种情境下是否还有其他与之相关的原则，并且发现了原则 P：“永远保护无辜的生命”。但是我们无法同时遵守 L 和 P（我们设定此时此刻沉默将会是对真相的泄露）。我们拥有两种一般性的原则：它们中的每一个都不被视为绝对的或不可推翻的，而只是被看作显见的义务。我们必须决定在这两个原则之中由哪一个把另一个推翻掉，哪一个具有更大的道德力量。这留给我们深思熟虑的判断力（或反思性的道德共同体所具有的深思熟虑的判断力）来做决定。我们大概会选择 P 而放弃 L，这就意味着“向歹徒说谎”变成了我们的实际义务。

这种策略会拯救康德主义的体系吗？它以某种康德可能不太喜欢的方式改变了它，但它似乎比较合理：它把康德的绝对主义转变成了一种适度的客观主义体系（正如第 3 章所论述的）。但是现在，我们需要拥有一项单独的标准去化解两种相互抵触的显见原则之间的冲突。

对于罗斯来说，道德直觉履行这一功能。但是由于康德更多是一个理性的直觉主义者，所以履行这一功能将是理性的工作。或许他定言命令的第二条公式化表述的目的原则可以在这里发挥作用。例如，在歹徒问话的例子中，行为者被夹在两条强制性的显见义务之间："不要说谎"和"永远保护无辜生命"。当确定他的实际义务时，行为者可能会反思这两种义务中的哪一种能够最好地促进把人看作目的，即看作具有内在价值的存在者。现在这就变成了应该听到真相并将要成为歹徒的那个人的尊严和应该活下去并将要成为受害者的那个人的尊严之间的争辩。在这种情况下，将要成为受害者的那个人的尊严是更有强制性的价值的，行为者的实际义务将是永远保护无辜者的生命。因此，行为者应该说谎从而保护将要成为受害者的那个人的生命。

结论：一份和解方案

效用主义和像康德这样的道义论体系是两种完全不同的道德理论。一些人可能被其中的一种吸引，而另一些人则被另一种所吸引，但是很多人发现他们对这两种立场都不满意。尽管他们在每一种理论中都发现了某些正确的内容，但同时每一种里面也有一些存在严重问题的地方。效用主义似乎抓住了道德目的的精神，比如人类的繁荣和苦难的减少，但它对正义地位的削弱却是违反直觉的。道义论体系在重视规则和正义原则的重要性方面似乎是正确的，但却容易变得刻板或者丧失对道德核心目的的关注。

哲学家威廉·弗兰克纳（William Frankena）已经尝试通过以一种有趣的方式来调解这两种类型的理论从而缓解这种紧张关系。他把他的立场称为“混合道义论伦理学”，因为它基本上是以规则为中心的，但却以某种方式纳入了效用主义的目的论维度。[11] 效用主义者在道德目的方面是对的：所有道德行动都包含行善祛恶。然而，效用主义者认为他们能够测量这些数量或者他们永远有带来“善相对于恶的最大余额”的义务，正如效用原则所明确表达的那样，却是错的。

弗兰克纳提出了一条相对接近的仁善原则来代替效用原则，这条原则号召我们努力行善，但并不要求我们拥有对善恶加以测算或权衡的能力。在他的仁善原则之下，他又列出了四条以等级排序的附属原则：

原则一，任何人都不应当使人遭受不幸或伤害。

原则二，任何人都应当阻止不幸或伤害。

原则三，任何人都应当消除不幸。

原则四，任何人都应当行善或促进善。

从某种意义上来说，在其他条件都相同的情况下，附属原则一优先于原则二，原则二优先于原则三，原则三优先于原则四。

正义原则是弗兰克纳体系中的第二条原则。它包含以同等的尊重对待每一个人，因为这是每个人应得的。用约翰·罗尔斯的话来说，就是“每个人都拥有一种建立于正义之上的不可侵犯性，即使是社会整体的福利也不能将其推翻……由正义确保的这些权利不会受制于政治的交易或社会利益的计算。”[12] 永远存在着平等待人这样一种假定，除非找到一个强有力的理由将这条原则推翻。因此，即使仁善原则和正义原则都是显见的原则，正义原则也仍然享有一定的优先性。其他所有义务都能够从这两种基础性的原则中引申出来。

当然，这种双原则体系的问题在于，当遇到道德冲突的情形时，我们没有清晰的方法来在它们之间进行抉择。在这样的情形下，弗兰克纳选择了一条与罗斯类似的直觉主义进路：每当两种规则发生冲突以致让我们在“仁善是否应当推翻正义”这个问题上悬而未决的时候，我们就需要运用我们的直觉。或许我们无法确定地解决每一个道德问题，但是我们能够成功地解决我们的大多数问题，并且在改善我们的附属原则方面取得进展，这样就能使我们逐步缩减这些悬而未决的领域。至少，我们概略地描述了一种体系，它在对复杂的道德问题做决断时会把我们的直觉考虑在内，这样就使严格的道义论伦理学得到了改进。

进一步的反思

1. 为什么康德相信善良意志是唯一无条件为善的事物？你同意他的观点吗？

2. 你认为康德主义者把自然法则原则与目的原则结合起来的论证是成功的吗？

3. 康德的批评者指责说，康德的绝对主义以及他拒绝将幸福作为道德的一种动机是过于刻板的。批评者暗示，很多人利用道德义务的观念来阻止他们自己以及其他人享受生活和显示仁慈。你认为这种批评有根据吗？

4. 小奥利弗·温德尔·霍姆斯（Oliver Wendell Holmes，Jr.）反对康德的目的原则，其根据在于它与我们对待敌方士兵的方式相矛盾："我们甚至不把敌人看作一种手段，而是将其看作一个要被消除的障碍，如果可能的话。无论逾越哪一步，我都没有感受到良心的折磨，我自然也就很难认可一种与我所赞成的实践似乎相矛盾的理论。"[*Collected Legal Papers*（Harcourt，Brace & Jovanovich，1920），p. 340]。请评价霍姆斯的论证。

5. 请考察卡拉狄加人这个超级理性的反例。如果超级理性的存在者像我们对待动物一样对待我们，甚至吃掉我们，他们的做法会被证明是合理的吗？

6. 一个康德主义者会谴责米尔格拉姆的实验把个体仅仅当作手段而非其自身就是目的吗？你认为从这个实验中获得的信息可以证明这个实验是合理的吗？

7. 请评价弗兰克纳的调解方案。他把道德归纳为两种基础性直觉的尝试在多大程度上是可信的？在你进行仔细考虑的时候，你能够在不诉诸直觉的情况下进行道德推理吗？请阐释一下你的回答。

第 9 章

德性论

约翰听闻在埃塞俄比亚有十万人正在挨饿。他为此感到悲痛，并把他辛辛苦苦挣来的一百美元寄给了那个国家的一个饥荒赈灾项目。琼也听到了同样的消息，却没有任何感受。但是，出于一种义务感，她也把她辛辛苦苦挣来的一百美元寄给了同一个饥荒赈灾项目。再想想另一个例子：杰克和吉尔每个人都有机会从他们工作的银行里盗用一百万美元。吉尔从来没考虑过盗用，这种可行性不在她的选项之内。杰克与这种诱惑进行了英勇的斗争，差一点屈服于它，但是通过艰巨的努力他最终成功地抵抗住了这种诱惑。

在这两种情形下，谁是更有道德的人呢？我们很可能会说约翰和吉尔更有道德，原因很简单，因为他们已经把他们的道德信念内化，在这些情形下不用反思和挣扎就能自发地做出正当的事情。简而言之，约翰和吉尔具有我们称其为德性的特殊道德品质，即诸种被养成的行为性情，这些性情会产生具有道德善的习惯性行动。相反的精神品质是一种恶的品质，这种品质也是诸种被养成的行为性情，但是它们会产生具有道德错误的习惯性行动。一种被称为德性论或德性伦理学的伦理学体系整个就是建立在这个观念的基础之上的，它的中心主题就是道德需要产生卓越的人，这些人完全出于自发的善来行事并且作为范例激励着其他人。例如，约翰和吉尔由于具有好的品质，所以是道德上的好人，他们的品质使得他们能够自发地做出正当的事情。在德性伦理学中存在一种目的论（即“目的导向”）的维度，但是它不同于在效用主义中通常看到的那种目的论维度，即询问哪一种行动将会使幸福或效用最大化。相反，这种以德性为基础的目的论概念关注的是生活的目标：生活得好与实现卓越。

据德性论者来看，理想的有道德的人应当积累一系列的德性；希腊哲学家柏拉图提供了一份被称为基本德性（其含义简单来说就是“主要的德性”）的简表，它们是智慧、节制、勇敢和正义。保罗在《圣经·新约》中提供了另外一份简表：信、望、爱，这些一直被称为神学德性。几个世纪以来，把基本德性和神学德性结合在一起的德目表在西方文明的道德理论中占据着一种重要的地位。我们在东方的道德传统中也发现了对德性的强烈重视。印度教提倡非暴力、真实、纯洁和自制的德性。孔子认为完美的德性包含恭、宽、信、敏、惠这五种品质。尽管这些德目表在风格上可能略有不同，但是它们都强调确定的行为习惯，这些行为习惯约束着人的欲求并向他人表达出善意。

我们在这一章考察德性伦理学，先从对这一理论自身的一般性说明入手，然后我们再审视最近在德性伦理学与它的理论对手之间浮现出来的竞争。

德性伦理学的本性

德性伦理学认为，重要的不仅是做出正当的事情，而且是在成为好人和做正当事情的时候拥有适当的性情、动机和情感。在正常的情况下，我们不会受到偷盗、说谎或作弊的诱惑，而且在正常情况下，我们会从做好事中获得乐趣，因为我们是好人——这些都是很重要的。德性伦理学不仅与行动有关，而且与情感、品质和道德习惯有关。它呼吁我们立志成为一个理想的人。

德性是品质的卓越，是诸种被养成的行为性情，这些性情会产生一定的习惯性行动。传统上，它们一直被分为两种类型：道德德性与非道德德性。

道德德性：诚实、仁善、不伤害、公平、善良、责任心、感恩

非道德德性：勇敢、乐观、理性、自制、忍耐、坚韧、勤勉、音乐天赋、洁净、机智

关于不同德性的准确分类是有争议的。勇敢有时也归入道德德性的范畴，而像善良（这里的善良与公正的仁善相对）这样的德性可能适合归入其中的任何一个范畴。道德德性与人们所认为的道德生活的本质联系得更为紧密，并且与不道德的生活互不相容。原因之一在于，非道德德性可以轻易地被用于非道德的目的，例如，勇敢的罪犯比怯懦的罪犯更加危险。但即便如此，许多道德德性也可以被用于坏的目的，例如，喜欢帮倒忙的好心人。

尽管大多数德性体系都认识到存在着充当行动指导（至少经验性规则）的行动原则，但是这些存在都不是道德的本质。同样，即使有

的时候对做什么事情进行推理是合宜的，这些推理或思虑也应当对同情或忠诚这样的感情给予显著的关注。伦理学基本的关注点不是抽象的理性，而是好人的类型。因此，发现并模仿合适的道德范例取代了一丝不苟的推理成为道德生活最重要的方面。这种通过模仿理想榜样而获得德性的学徒式训练，最终会造就一个有德性的人，他会自发地去做好的事情。对这一点的阐明有两种不同的方式：或者通过对理想类型之人的一种考察，或者通过对某个属于一种理想类型的人的密切关注。我们依次考察一下这两种方式。

理想的类型：亚里士多德的《尼各马可伦理学》

在亚里士多德论述德性的经典之作《尼各马可伦理学》中，他主张我们生活的目的是要实现一种幸福的状态或者好的生活。但我们的幸福是与在共同体中生活得好交织在一起的，为此，适当的社会制度是必不可少的。因此，有道德的人实际上无法脱离一种繁荣的政治设置而生存，这种设置使他能够培养出好生活所要求的各种德性。出于这个原因，伦理学被看作政治学的一个分支。国家在好生活的问题上不是中立的，而应当积极鼓励公民们传授德性，这种传授反过来又是对一种繁荣的政治秩序的最好保障。

对于亚里士多德来说，人类具有一种本质或功能。正如一个医生的功能是治愈病人并使其恢复健康，一个统治者的功能是把社会统治好，一把刀的功能是切割得好一样，人类的功能是运用理性追求好的生活（幸福）。德性象征着人们为了获得幸福所必需的那种道德—政治特征。

在把伦理学设定为政治学的一部分之后，亚里士多德解释说道德德性不同于理智德性。理智德性能够被直接教授，而道德德性必须通过生活来学习。我们通过生活得好而获得正确的习惯，这些习惯事实上就是德性。这些德性被当作幸福生活的最佳保障来追求。但是，幸福还要求我们要足够幸运地生活在一个繁荣的国家里。根据“中道”学说，道德上有德性的生活在于以节制的方式来生活。亚里士多德所说的中道，是指德性处于过度和不及之间的一个中间地带。例如，勇敢是怯懦和蛮勇之间的中道，慷慨是吝啬和挥霍之间的中道。他写道：①

> 我们对恐惧、信心、欲求、怒气和怜悯以及一般来说任何一种快乐与痛苦的体验都有可能过度，也有可能不及，但这两种情形都不适宜。只有在适当的时间、对于适当的人、出于适当的原因、以适当的方式体验所有这些东西，才是中道和最好的方向，这种方向就是德性的标志。[1]

亚里士多德秉持一种精英主义的观点，认为人们在做有德性的人方面的能力是不平等的：一些人自然地被赋予强大的能力，另一些却完全缺乏这种能力而且甚至可能是天生的奴隶。外部的环境甚至能够阻止那些有能力培养道德性情的人达到幸福的目标。对于幸福而言，道德德性是一个必要的条件，但却并非一个充分的条件。除了成为有德性的人之外，一个人还必须是健康的、富有的、明智的并且拥有好的运气。

非常值得当代伦理学家注意的似乎是，亚里士多德几乎没有提及道德的规则或原则。这并不是说他认为它们不必要，而是这些规则或原则已经暗含在他的论述之中了。例如，他对通奸的谴责可以被理解为一

---

① 译文参考了《尼各马可伦理学》中译本（［古希腊］亚里士多德：《尼各马可伦理学》，廖申白译注，1106b17-23，北京：商务印书馆，2003），并有改动。——译者注

条原则（“不要通奸”）。亚里士多德似乎认为，这样的活动天生且明显就是坏的，以致再专门提出一条反对通奸或反对杀害无辜之人的规则就太啰唆了。他强调的不是原则，而是好的教养、好的习惯、自制、勇敢和品质的重要性，如果没有这些，伦理生活就是不可能的。一个道德卓越的人会自然而然地做好的事情，就像季节的变换或行星的运转一样顺理成章。

理想的个体

1941 年，马克西米利安·科尔贝（Maximilian Kolbe）神父，一个来自华沙的波兰天主教会修士，由于出版反纳粹的小册子而被捕并被发配到了奥斯维辛集中营。在那里，他被人殴打，被光亮的皮靴猛踢，被他的监狱看守鞭挞。当一个囚犯成功逃脱了之后，规定的惩罚是要挑选另外十个囚犯把他们饿死。当十个囚犯一个接一个地被拉出队列的时候，科尔贝神父突然从队列里大声叫喊，恳求指挥官允许由他取代其中的一个囚犯，这个囚犯是一个波兰工人，他的妻子和孩子们还要依靠他。“先生，我是一个毫无价值的老人。我的生命毫无用处。”这个四十五岁的神父恳求道。于是他被带走了，与其他九个囚犯一起被抛下楼梯，抛进一个潮湿黑暗的地下室里，他们被留在那里慢慢饿死。通常，受到这种惩罚的囚犯们会用他们最后的时光号哭、相互攻击并且在一种绝望的疯狂中用手挖墙。

但是这一次，从这个死亡的房间里听闻了一件仿佛奇迹般的事情：“那些外边的人听到了虚弱的歌唱声。因为这一次这些囚犯有一个牧羊人温柔地带领他们穿越死亡之谷的阴影，把他们指向那伟大的牧羊人。”纳粹的看守们极其震惊地看到这些将被饿死的人处于平静之中，在他们死前还安静地唱着赞美诗。在恐怖与驱向死亡之中，使人们的心灵和头脑保持爱与勇气，不让自己变得堕落，而是用爱作为对恨的回答，这是一个道德英雄主义的奇迹。几个星期之后，几个纳粹党卫军卫兵与一个医生和一个囚犯（这个囚犯最后活了下来并报道了这一事件）一起进入地下室搬运尸体。借助手电筒的亮光，他们看到了科尔贝神父，一个骨瘦如柴的活人，倚靠着墙壁。他的头略微向左倾斜，他的唇边还有一丝微笑。他双眼圆睁，怔怔地盯着，仿佛在看着一些纳粹党卫军卫兵看不到的东西。医生把一支充满毒药的针剂注入科尔贝神父的手臂，片刻之后他便死了。他是被纳粹害死的，但是于此之前，他在其他囚犯面对他们各自的死亡时向他们提供了救助。[2]

我们大多数人通过对他人的观察和模仿来学习，这是德性伦理学的一个特征。规则以碎片化和非自然的方式割裂了道德现实，但是生活却以一种整体的样式展现出合宜的态度与性情。苏格拉底、甘地、特蕾莎修女和科尔贝神父的生活提供了道德卓越可能性的范例，激励我们变成理想的类型。用诗意的方式来说，他们这些人就像自身熠熠生辉的宝石一样，照亮了我们的道德场景。阿尔伯特·史怀哲（Albert Schweitzer）拥有四个博士学位，并且在欧洲拥有一份很有前途的医学和音乐事业，但他抛弃了名声、财富，在法属西非的兰巴雷内自费开办了一家医疗诊所，并且详尽阐述了敬畏生命的概念。

在西方文化里，耶稣这个形象或许能够充当最大多数人的范例。保罗·利维（Paul Levy）讲述了一个例子，这个例子表明了耶稣的形象如何有助于个体形成道德上的良心：

> 问一下自己：“耶稣会怎么做？”这种对一个人的良心进行考察的习惯有助于形成某种心灵的构造，要使得一个人能够问自

> 己“怎么做才是正当的（或善的）事情？”就要求有这种构造。而且从询问自己“耶稣会怎么做”，到意识到这并不是在问一个“耶稣事实上怎么做”的历史问题，而是在问“耶稣在这样的环境下将会怎么做”的问题，这之间只是短短的一步。最终……他是在诉诸耶稣的想法，并把耶稣看作一个为他提供伦理标准的具有完美道德的人类存在者。[3]

圣徒和道德英雄是使这个世界得以保藏的盐。

哲学家苏珊·沃尔夫（Susan Wolf）在一篇很有影响的文章《道德圣徒》（*Moral Saints*）中论证，道德圣徒是没有吸引力的，因为他们缺少“享受生活乐趣的能力”，并且是如此的“非常非常正派”以致他们必定是“愚蠢的、古板的或者乏味的”，他们的生活是“不可思议的贫瘠”的。[4] 但是，这是真的吗？上面所列的这些人的生活是“愚蠢的、古板的或者乏味的”吗？人们可能会对此表示质疑。耶稣对爱的精神的体现、对前所未有的高度利他主义的实践、对社会中被遗弃者的接纳、对他们固有尊严的展现，在这些事情之中不存在什么“不可思议的贫瘠”的东西。甘地也是如此，他以正义之名无畏地直面大英帝国，他用“平和而坚定的声音”告诉印度人民“不要害怕”，并且给予他们勇气。再想一下小马丁·路德·金，当他的敌人们将要解开警犬的皮带来对付他以及他的追随者时，他依旧安静地站在那里并且勇敢地为他的敌人们祈祷。然后，还有那些令人难以置信的、常常没有名字的奥斯维辛囚犯，他们与人分享他们的食物和珍贵的财产，在纳粹的残暴之下拒绝让自己丧失人性。特蕾莎修女也是这样，面对加尔各答臭气熏天的贫民窟里那些疾病缠身的流浪者，她用她的一生去救治他们的伤病，挽救他们的生命。这是一些已经达到生命的更深层次的人，他们是善的具体体现，这种体现远远超过我们对于道德的日常表达，就像太阳的光辉使得一支摇曳的蜡烛黯然失色一样。

沃尔夫说，与好莱坞最时尚的明星这样“有趣”且“有吸引力”的人相比，圣徒是令人厌烦的。但是，什么样的东西令我们感到有趣或厌烦这个问题，或许更多是我们道德教育和道德培养或鉴赏的一个功能，而不能归之于任何一个圣徒或道德英雄。如果我们看不到他们内在的美，那么或许这并不是他们的过错。作为20世纪最圣洁的英雄之一，阿尔伯特·史怀哲似乎拥有沃尔夫觉得道德圣徒所缺乏的那些美学品质。可是，即使这些圣徒和道德英雄平均来说都缺乏美学的天分，他们所做的也不仅仅是激起我们的仰慕之情而已。在他们身上，我们亲自证实了一种更高层次的生活方式对我们每一个人来说都是可获得的。他们使我们因为满足于我们自己的道德平庸而感到羞愧。他们鞭策我们立志于道德的高峰。榜样的教益在于“如果这些人能够克服诱惑并且过一种极其道德的生活，那么我也可以”。

之所以肯定道德圣徒的价值还有更进一步的理由。如果我们把道德圣徒的行动与1964年皇后区那三十九[①]名看到基蒂·吉诺维斯被残忍杀害的目击者的行为（参见第1章）相比，我们就能够看到为什么社会拥有一定比例数量的高度道德的人来提高生活质量是一件好事。一个社会要想战胜邪恶并且创造高度的繁荣，超出道德最低限度的道德行为者就是必不可少的。我们所有人难道不应当比现在的我们更加利他吗？

---

① 在本书第1章的叙述中，该数字为38。——译者注

对基于行动的伦理学的批评

从历史上讲，德性论两千年来在道德哲学中都占据着支配性的地位，那些追随着亚里士多德的哲学家使德性成为他们体系的核心部分。不过，即使是非亚里士多德主义的哲学家也赋予了德性一种显著的地位，一个很好的例子是托马斯·霍布斯。对于霍布斯来说，道德是通过我们相互达成的一系列社会协定而浮现出来的，因为我们试图离开战争状态，进入和平状态。我们同意保持我们的契约，并向彼此表达感恩，友善相待，避免发出憎恨他人的信号，在我们的差异方面表示妥协，以及遵守其他几条为和平提供保障的规则。但是霍布斯论证，道德哲学的主要工作是要传授给人们德性，比如正义、感恩和友善这些德性将会使得我们能够自发地遵循那些具体的规则。我们还应当避免恶，比如不正义、自负和傲慢这些恶将会阻止我们按照那些规则行事。在霍布斯看来，德性对于保持和平而言是不可或缺的。

但是，伴随着效用主义和康德主义的出现，18世纪对德性论的态度开始有所改变。效用主义哲学家，尤其是杰里米·边沁和约翰·斯图尔特·穆勒论证，道德中的关键问题是我们的行动所带来的令人快乐或令人痛苦的后果；在进行这种评价的过程中德性毫无作用。穆勒在下文阐释了这一点：

> 没有任何已知的伦理标准会根据一个行动是由一个好人做的还是由一个坏人做的来决定这个行动是好还是坏，更不用说是由一个友好的、勇敢的或仁善的人做的还是由相反的人做的。这些

考量并非与对行动的评价相关，而是与人相关。[5]

对康德来说，道德的核心在于个人有义务遵循道德法则，因为我们已经通过定言命令理性地发现了这种法则。康德论证，仅仅由于你具有一种德性，并不意味着你就会遵循道德法则。例如，一个成功的恶棍具有冷静的德性，尽管他显然不是在履行他的道德义务。

由于效用主义和康德的道义论成为19世纪和20世纪早期主导性的伦理学理论，所以很多理论家完全忽略了德性论，认为它与新型的伦理科学不相干。然而，在最近的几十年里，德性伦理学重新成为一种主要的伦理学理论，这很大程度上是因为人们对效用主义和康德主义的道德理论都不满意。

从本质上而言，道德理论存在着两种一般性的进路：一种是效用主义和道义论哲学家所主张的基于行动的进路，一种是德性论者所捍卫的基于德性的进路。在它们最极端的形式下，它们存在如下一些原则性的差异。

基于德性的理论：我们应当获得好的品质特点，而不是仅仅根据道德规则来行事；道德包含做一个有德性的人。

基于行动的理论：我们应当遵循道德规则适当地行事；我们根据人们如何行事来评判他们，而不是根据他们是否是有德性的人来评判他们。

基于德性的伦理学集中关注行为者的内心，关注他的品质，并且重视“是”，而非仅仅重视“做”。对于这种进路而言，关键的道德问题是：“我应当变成什么样的人？”基于德性的体系有时被称作卓越伦理学（aretaic ethics，来自希腊语 arete，我们将其译为“卓越”或“德性”）。相比之下，基于行动的理论重视的是我们需要根据道德规则来行事，比如效用原则或定言命令，对于这种进路来说的核心道德问题是：“我应当怎么做？”这些理论有时被称为规则支配型，因为它们重视根据规则行事，或者义务型（这个术语同时包含效用主义和道义论对行动指导型规则的依赖）。

我们接下来的任务是考察最近的德性论者的观点，以及他们认为在效用主义和康德主义这些基于行动的道德理论中缺少了什么。

基于行动的伦理学缺少一种动机性的成分

当代的德性论者主张，基于行动的伦理学是没有生气的，甚至是令人厌烦的，而且在很大程度上是消极性的。它们未能激发或鼓舞人们去行动。伦理学变成了一种精神上的探究、道德上的遁词、一套吹毛求疵的区分，在某种程度上完全失去了对道德目的的追溯。但是，如若没有那些拥有某种品质的人来驱使这些规则变成行动，这些规则又有什么用处呢？

道义论体系可能是无生气的，这一点通过它们很大程度上所具有的消极本性表现出来。在这样的体系里，绝大多数的命令和规则都是天生消极性的：“你不应当——！”正如穆勒对维多利亚时代所谓基督教道德的抱怨：

> （所谓的）基督教道德拥有一种保守思想所具有的全部品质；在很大程度上，它是一种对异教的抗议。它的理想是消极而非积极的，是被动而非主动的，是无罪而非高贵的，是戒除邪恶而非对善的有力追求；在它的训诫中“你不应当”过度地主宰着“你应当”。

> 任何宽宏大量、意志崇高、个人尊严甚至荣誉感的存在都来自纯粹的人类，而不是来自我们教育中的宗教部分，而且这些甚至永远不可能从一种公开承认顺从是唯一价值的伦理学标准中生长出来。[6]

这样一种道德过于偏向“你不应当”的界定，强调的是无罪而非一种“对善的有力追求”，因此确实存在某种不令人满意的地方。道义论的体系关注的是一种利己主义的、最低限度的道德，这种道德的基本原则似乎更多是预防性的，而非积极性的。唯一确定的原则是一种不要伤害他人的互惠性义务。这种理论赋予道德一种非常低的价值，从根本上将其判定为一种必要的恶。德性论者拒绝这样一种判断，并将道德视为一种内在地具有真正价值的活动。

基于行动的伦理学是基于一种陈旧的神学—法律模型

1958年，剑桥大学哲学家伊丽莎白·安斯科姆发表了一篇具有转折意义的文章《现代道德哲学》（*Modern Moral Philosophy*）。在这篇文章里她论证：目前研究道德哲学对我们没有益处，除非我们拥有一种充分的哲学心理学；而且，我们关于道德责任和道德义务的概念都来自一种陈旧的神学—法律传统，而这种传统已不再是一种占据支配地位的世界观。[7] 我们来详细阐释一下安斯科姆的论证。

在传统的体系里，道德语言通常具有一种与法律类似的结构。对错的观念一般出现在法律文本的结构里，在那里存在着一个清晰的权威。传统的自然法伦理学完整地运用了这一模型，因为它发现道德原则类似于法律，而上帝类似于君主统治者。然而，现在伦理学已经脱离了它的神学之锚。它变成了一种自主的活动，与法律模型之间不再有类似之处，因此那种类比现在只是一种支离破碎的比喻。德性伦理学家拒绝这个模型。伦理学应当帮助我们培养出令人敬佩的品质，这些品质将会产生为生活的要求所需要的种种直觉，而不应当把时间花费在对道德的吹毛求疵和疑难解决上。

在这个方面，现代道德理论中的法律进路起到了破坏道德精神的效应："道德是为了人而制造的，人不是为了道德而制造的。"规则常常妨碍善良和自发的慷慨。对此的一个例证是下文马克·吐温《哈克贝利·费恩历险记》（*Huckleberry Finn*）中的这一段，当时哈克发现他的义务是要遵守法律并出卖他的黑人朋友，即逃跑的奴隶吉姆时，哈克的原则告诉他应向当局告发吉姆：

> 良心对我说："可怜的沃森小姐对你做了什么，让你眼睁睁地看着她的黑奴在你的眼皮底下溜掉却不发一言？那个可怜的老女人对你做了什么，以致让你如此卑鄙地对她？"我感到如此的卑鄙和难受，我多么希望我已死掉……我的良心比以往任何时候都更让我搅扰不安，直到最后我对它说："宽容我吧，尚且为时未晚，我将在破晓时分划上岸去告发他。"（第 16 章）

哈克打算告发吉姆，很快他就有了这个机会，因为有两个追捕奴隶的人来问他：他筏子上的这个人是不是黑人。但是哈克品质中的某些东西阻止了他对吉姆的告发。德性伦理学家指出，哈克之所以做出正当的事情，是由于他的品质，而非由于他的原则，而且至少在有些时候，我们的道德原则实际上会与由品质中引出的更深层的道德行动相冲突。

基于行动的伦理学忽视了伦理学的自发性维度

德性伦理学家还指责说，基于行动的伦理学把所有的道德评价都简化为对行动的判断。这样一来，基于行动的伦理学就忽视了道德行为的自发性方面，后者是从个人一些根深蒂固的品质中浮现出来的，比如感恩、自尊、同情、使个人的情感保持适当的秩序、立志于变成特定类型的人，等等。

想想本章开头提到的杰克和吉尔的例子。两个人都有机会盗用公款。对杰克来说，由于意志的卓绝努力才使得他能够抵制盗用公款的诱惑；而对吉尔来说，这种诱惑甚至没有出现过。她自动拒绝了这种转瞬即逝的念头，因为它不在她的品质范围之中。现在，人们可能说杰克具有强大的意志力量这种重要德性，却缺乏吉尔所拥有的那种深厚的正直德性。然而，严格的基于行动的伦理学（比如康德的伦理学，它把重点放在责任心上，或者放在为义务而义务上）会说，杰克是这两个人中唯一一个有道德的人；德性伦理学则会说吉尔是更优秀的道德存在者，她在品质方面具有杰克所缺乏的某些好的东西。

再想一下同样是在本章开头提到过的约翰和琼的例子。两个人都把钱寄给了慈善机构，但是约翰在做这件事的时候具有一种对遭受饥荒的灾民的悲痛之情，而琼做这件事仅仅是出于一种义务感。德性伦理学家会主张，约翰具有正确的道德感情，而琼仅仅是一台冷酷的、工于计算的道德机器，她对饥荒的判断缺乏合宜的温度。

德性伦理学家常常引用康德的理论，将其作为反德性伦理学的一个范例。他们指出，对康德这样一种以行为为基础的极端进路的考察会凸显出人们需要德性作为一种替代方案。对康德而言，本性的善良在道德上是无意义的。你真的想要帮助某些人（因为你喜欢他们或者只是喜欢做好事）这个事实是没有道德意义的。实际上，由于把重点放在善良意志（为义务而义务）上，所以康德的逻辑似乎会迫使我们得出结论说：你在多大程度上是道德的，事实上与你在履行义务过程中不得不抵制的诱惑数量成比例。如果只有微小的诱惑，那你就应得到微小的道德信誉；如果你经受巨大的诱惑，那你就会由于将其克服而得到巨大的道德信誉。

对德性伦理学家来说，这是荒谬可笑的。按照这种逻辑的结论，每次都是仅仅勉强抵制住不断涌现的杀人诱惑的杀人狂事实上是最光荣的圣徒，他超过了由于一种好的品质而做好事的“自然圣徒”。真正的善是要自发地、高兴地、愉悦地做好的事情。正如亚里士多德所说：

> 我们甚至可能会说，不喜爱做高尚行动的人根本不是一个好人。没有人会把一个不喜爱公正行事的人称为公正的，也不会把一个不喜欢慷慨行动的人称为慷慨的，如此等等。[8]

道德上的优胜者，不是受到烦扰的神经过敏者，他们在每一瞬间的诱惑之前勉强控制住自己，因而是自然的圣徒，他们出于习惯以及良好品质的内在根源而做好事。

基于行动的伦理学是最低限度的要求并且忽视了品质的培养

大卫·L. 诺顿（David L. Norton）论证，在传统的基于行动的伦理学与古典的德性伦理学之间存在一种根本性的差异。[9] 传统的基于行动的伦理学倾向于最低限度的要求，号召我们为了社会的运转而坚守作为核心的必要规则（例如，不要偷盗、不要伤害、不要杀人或不要说谎）。它重点放在社会控制方面：道德在很大程度上是预防性的，保卫着权利和道德的空间，使人们可以在不受他人干扰妨碍的情况下执行他们自己的规划。丹尼尔·卡拉翰（Daniel Callahan）以如下方式来描述这样一种道德底线主义伦理学的特点：

> 它是这样的一种伦理学：强调个体相对于共同体的超越之处，强调需要容纳所有的道德立场，强调作为人类最高善的自我的自主性，强调作为人类关系模型的知情同意的契约。按照对一种最低限度伦理学的最宽宏的解释，我们必须要做的仅仅是兑现我们自愿承受的家庭义务，信守我们的承诺，尊重我们与其他自愿表示同意的成年人一起自愿签署的契约。在这些最低限度的标准之外，我们可以自由地做我们喜欢的事情，为我们提供指引的只有我们关于善恶的私人标准，别无其他。[10]

然而，据诺顿来看，古典德性伦理学，可以追溯到苏格拉底、柏拉图和亚里士多德，预设了两个远远超出最低限度伦理学范围的命题。首先，不存在单独的道德自由区域，审慎不能与道德分离，至少不能像底线主义那样将其分离。善是对你而言的善。其次，德性伦理学设定了一种道德培养或道德成长的义务，因此尽管不是每个人都被号召去做一个圣徒或英雄，但是如果我们以适当的方式进行培养，我们所有人也都能够以各种方式培养出与圣徒和英雄相接近的道德感知和道德能力。英雄就是会完成一些普通人由于害怕、恐惧或自我利益的驱使而被阻止去做的好的行为的人。圣徒就是在偏好、欲求或自我利益阻碍大多数人行善的时候去行善的人。

以德性为基础的伦理学中的关键因素在于成长为一个有道德的人的义务，这样才能使人承担起更大的道德责任。随着不断增长的责任一起到来的还有在做道德选择时不断增长的能力和在攀登道德高峰时不断增长的兴奋感。诺顿识别出当代道德理论中的一个关键问题：让人们坚守一种最低限度的道德是不够的。我们必须认识到，我们不仅有义务遵守核心的道德规则，而且还有责任培养我们的道德感知和道德能力，从而使我们能够在一种更高的道德层面上来生活，既享受着对有挑战性的高峰的攀登，又承担起在道德攀升过程中不为新手所知的种种负担。

如果这个论证是正确的，那么道德学习就永远不会停止，从童年开始的道德教育也是我们所能做的最重要的事情之一，这既是为了社会（因为拥有高度道德的公民符合我们的利益），也是为了我们自己（因为成为高度有道德的人也符合我们的利益）。

基于行动的伦理学过分强调自主性而忽视共同体

在《追寻美德》（*After Virtue*）一书中，阿拉斯代尔·麦金泰尔论证，规则支配型的伦理学是启蒙的一种病症，启蒙夸大了自律原则，即每个人仅仅通过理性就能得出一种道德准则的能力。麦金泰尔主张，所有的道德准则都根植于实践之中，而实践本身又根植于生活形式的传统之中。我们并不像真空中的理性原子一样做道德决定，对这种扭曲的感知表示承认完全是思想意识上的盲目无知。不过，麦金泰尔不想拥抱相对主义。他提出，我们可以发现更好的生活方式，而它们可能建立在一种对“好生活是什么”以及“一个好的共同体是什么”的解释之上。

正是在共同体中，忠诚、亲情、自发的同情、共有的关怀这样的德性才得以出现并维系着群体。各种适当的性情正是出自这种基本的

（对家人、朋友和共同体的）忠诚，并且由此流溢到其他的人类。因此，道德心理学比传统伦理学更重要这一点通常已经得到人们的承认。观察人们事实上是如何学习做有道德的人的以及他们是如何被激发去有道德地行事的，这对于道德理论自身来说是至关重要的，而且似乎与德性息息相关。

总而言之，以行动为基础的体系是没有生气、无法给人动力、消极、过度地墨守成规、忽视精神的维度、过分地理性主义、原子论式的。在对传统道德理论存在不满的背景下，德性伦理学重申其自身能够提供某些内容，这些内容可以捕捉到道德观点的本质。

基于德性的伦理学与基于行动的伦理学之间的联系

迄今为止，我们已经看到在基于德性的伦理学与基于行动的伦理学之间存在着的紧张关系。哪一种进路是正确的，如果其中的确有一种是正确的话？这两种伦理学能够相互和解吗？在德性与道德规则之间可能存在三种基本的关系，所有这些关系都作为某种立场为今天不同的哲学家所秉持。在这一部分以及接下来的部分里，我们会对这些立场进行考察。简而言之，这三种关系如下所示：

1. 纯粹的基于德性的伦理学：德性是支配性的并且具有内在的价值。道德规则或义务来源于德性。例如，如果我们主张我们有一种做公正或仁善之人的义务，那么我们就必须在好人身上发现公平和仁善的德性。
2. 标准的基于行动的观点：为行动提供指导的原则是道德的本质。德性来源于原则，并且在履行正当行动的过程中德性是工具性的。对于每一种德性来说，都存在一条相应的原则，这是这种关系的一个重要方面。
3. 互补性（多元主义）伦理学：基于行动和以基于德性的模型对于一种充分或完整的体系来说都是必不可少的。无论德性还是规则都不是基本的；它们相互补充，二者都可能具有内在的价值。

让我们更加仔细地审视一下这三种关系。

纯粹的基于德性的伦理学

纯粹的基于德性的观点给德性分配了最大的道德权重：我们所拥有的道德规则都是从德性中引申而来，并且是对德性的反映。但是这种进路面临着严重的挑战。即使纯粹基于德性的伦理学方案有时能够准确地描述一个道德行动是如何产生的（即我们有时会出于一种好心而自发地行事），但是它似乎很难涵盖所有的伦理行动。有时我们确实运用规则和道德推理来决定做什么事情，问题在于这些规则是否真的与对“道德是什么”的理解无关。截至目前，还没有人提供一套完整的纯粹基于德性的阐释，因此很难知道它是否可行。不过，它似乎会遭遇两个主要的问题：知识论问题和实践问题。

知识论问题涉及我们如何知道哪些习惯和情感构成真正的德性。谁是有德性的人？假设你问我：“怎么做才是正确的事情？”我回答说：“做有德性的人会做的事情！”但是你反驳道：“谁是有德性的人呢？”对此我回复说：“做正确事情的那个人。”这个推理是循环的。因此，没有原则，德性就缺少向导；我们需要某些东西充当对它们进行判定的标准。

与知识论问题联系在一起的是德性相对主义的问题：把什么视为一种德性是因时因地而异的。亚里士多德把骄傲看作一种确切的德性，然而基督教却将其视为一种主要的恶。一个持着一支矛面对一群乳齿象的史前穴居人，如果抛弃他的部落伙伴逃之夭夭，就会被他的群落认为拥有“过多的”恐惧，然而当代社会却不会做出这样的判断。资本主义者将占有欲看作一种德性，然而马克思主义者却将其视为一种恶。

纯粹基于德性的伦理学的实践问题在于，它没有为如何化解一个伦理困境提供任何指导。在亚里士多德的《尼各马可伦理学》里，关于我们应该做什么的论述凤毛麟角。人们会认为伦理学至少在一定程度上应当是为行动提供指导的。亚里士多德的回答似乎是“做一个好人会做的事情”。但是问题随之而来：“谁是好人？我们如何认出他？”更进一步来说，即使我们能够在不参考非德性导向的伦理学家所提出的种种行动或原则的情况下回答这些问题，理想的人在我们的情境里将会怎么做这一点也并非总是很清楚。有时亚里士多德的论述仿佛是说正确的行动就是两种极端之间的中项或中道。例如，勇敢的德性就是处于鲁莽和怯懦这两种恶之间的中道。然而，常常很难确定如何对其进行应用，如果对它的应用是可能的话。正如约翰·L. 麦凯所说：

> 作为对于“什么是好生活”的指导，一个人准确来说应当做什么，甚或一个人应当努力通过什么标准来决定一个人应当做什么，这些构成了循环，因此没有什么用处。而且尽管亚里士多德的阐释充满了对德性（道德德性和理智德性）很多方面的详细描述，但是含糊不定的气息依然存在。我们学到了成对的相反的恶的名字，它们与每一种德性形成对比，但是几乎没有学到在哪里或者如何去划定分界线，在哪里或者如何去确定中道的位置。正如西季威克所说的，他“仅仅指明了德性的行踪”。[11]

总而言之，德性伦理学具有一个应用的问题：它没有告诉我们在我们最需要指导的特定情境下要怎么做。

标准的基于行动的伦理学：对应性论点

标准的基于行动的观点承认道德德性，但却给予它们一种次要的地位。这种观点有三个论点。[12]

以行动为本性的规则论点：道德规则要求人们去做或不去做特定的行动，这些行动既可以由缺乏各种德性的人来做，也可以由拥有各种德性的人来做。（例如，仁善的人和缺乏仁善的人都能够做出仁善的行动，比如慈善捐赠。）

还原论论点：道德德性是诸种遵守道德规则，即去做或不去做特定行动的性情。（例如，仁善的德性就是一种履行"去做仁善之举"义务的性情。）根据德性论的对应性理论，每一种德性都与一条合宜的道德原则相对应。

工具性价值论点：道德德性没有内在的价值，只有工具性的和派生性的价值。有德性的行为者更有可能去做正当的行动（即遵守规则）。德性之所以是重要的，仅仅是因为它们可激起正当的行动。

依据这种标准的观点，重要的是要做出两种互不相同却又有所关联的道德范围内的评价：我们需要对行为者和行动进行不同的评价。二者对于一种充分的伦理评价来说都是必不可少的，但是行动在这一关系中处于逻辑上的优先位置。何以如此呢？

因为它与道德的本性有关。如果我们一致认为道德的一般要旨是促进人类的繁荣和减少苦难，那么我们就可能判定那些最终具有最大重要性的行动就是善的或正当的行动。但是如果我们一致认为在人类事务中由于对自我利益的自然倾向而存在着一种削弱社会关系的一般性趋势，那么我们就可以看到必须调动特殊的力量去抵消本性上的自私。这些力量中的其中一种就是法律和社会压力所产生的外部制裁。但是，一种更深入且更持久的力量将产生出一种性情，这种性情会使人们去做道德上值得称赞的事情。正如杰弗里·沃诺克（Geoffrey

Warnock）所说：

> 人们应当获得并且应当寻求确保其他人也获得所谓的好的性情，这是至关重要的。好的性情就是很乐意偶尔地自愿去做一些至少并非所有人都自愿做的、值得欲求的事情，并且同样也很乐意不去做有破坏性的事情。[13]

沃诺克识别出四种这样的德性，它们对于社会的福祉而言是至关重要的。因为在对善事物的争夺中，我们拥有一种使他人（尤其是那些处于我们同情对象的圈子之外的人）遭受伤害的自然倾向，所以就需要不伤害的德性。但是，如果我们不仅倾向于不相互干扰，而且每当社会合作值得欲求的时候我们还倾向于积极地相互帮助，那么我们就会做得更好。因此，我们应当培养仁善的德性。还存在一种为了我们所爱的人和事或我们自己的利益而不公平地对待他人的自然倾向，因此我们必须训练我们自己成为公正、公平的评判者，给每个人以他的应得：所以我们必须获得公平的德性。最后，还存在着一种为了我们自己的利益而欺骗他人的自然诱惑，当对我们有利的时候我们会说谎、作弊以及制造假象。然而，这种欺骗易于伤害整个社会，滋生猜疑，这反过来又会破坏信任并且导致社会合作的瓦解。因此，我们必须培养诚实或真诚的性情，而且我们必须珍视和赞扬那些拥有正确性情并且保护我们免受缺少这些德性之人的侵害的人。

那些坚持标准解释的以义务为基础的伦理学家虽然认识到了品质的重要性，但是他们主张德性的本性只能来源于正当的行动或好的后果。用威廉·弗兰克纳的话来说，“没有原则，品质就是盲目的”[14]。每当存在一种德性，也就必定存在与这种德性相对应的可能行动，而且这种德性之所以成为美德正是来源于这种可能的行动。例如，真诚这种品质特点之所以是一种德性，是因为讲真话在一般意义上是一种道德义务。同样，责任心之所以是一种德性，是因为我们拥有一种道德感知的一般性义务。在原则与德性之间存在某种对应性，后者来源于前者，正如下表所表明的：

德性（来源于）	**原则**（显见）
不伤害	不要伤害的义务
真诚	讲真话的义务
责任心	感知个人义务的义务
仁善	秉持仁善的义务
忠实	秉持忠诚或忠实的义务
公平	秉持公正的义务
爱	做促进他人之善的事情的义务

尽管德性来源于正当的行动，但是德性对于道德生活来说仍然是非常重要的：它们提供使正当行动得以产生的性情。在某种意义上，它们从动机的角度来看是不可或缺的。将之前引用的弗兰克纳的语句延长一下便是："没有原则，品质就是盲目的；但是，没有品质，原则就是无力的。"弗兰克纳对这种立场进行了修正，区分了两种德性：标准的道德德性，它们与具体的道德原则相对应；非道德德性，比如天性善良或感恩、勤勉、勇敢、智力或理性，它们是"为德性提供支持的"。它们有时被称为"使德性成为可能的德性"，因为它们使我们对自身道德义务的履行成为可能。这种关系有点像这样的：

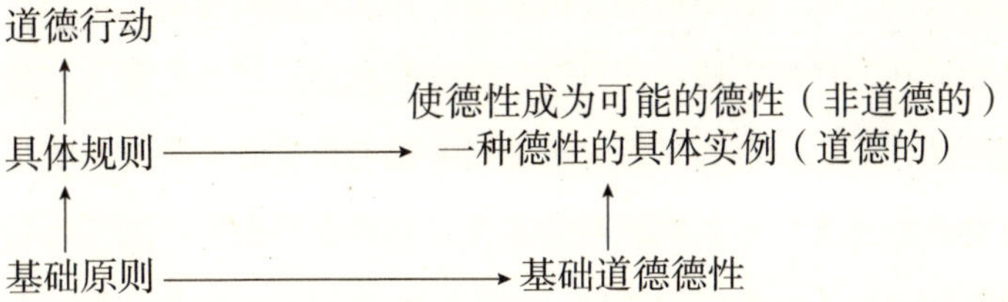

例如，试想一种情境：你有救一个落水儿童的义务，尽管这可能会对你自己的生命造成某种风险。“永远要救助落水的人”这条具体规则立基于一条普遍仁善的基础原则之上，这又反过来产生了仁善这种基础德性。在这种情况下，它引出了一种努力救助落水儿童的趋向。然而，你是否真的跳进了湖里可能要取决于勇敢这种使德性成为可能的（非道德）德性。勇敢自身不是一种像仁善和正义那样的道德德性，因为它是一种既能提高和增长德性又能提高和增长恶的德性（例如，想想勇敢的凶手）。

标准的基于行动的伦理学家对基于德性的伦理学家的批评的回应

这种对应性理论能够回答本章之前对基于行动的观点提出的反对意见吗？我们来考虑几种可以为其所用的初始回应。

第一，针对它缺少一种充分的动机性成分的指责，像沃诺克这样的哲学家会坚持说，我们能够教育儿童珍视正确的原则并将这些原则具体体现在他们的生活之中。道德心理学将会帮助我们以某种方式培养出必要的德性从而促进人类的繁荣。

一种基于行动的进路可以承认德性并且明智地运用它们，同时不歪曲它们在生活中所具有的地位。更为复杂的基于行动的理论甚至可以坚持认为，我们有获得德性的义务，因为德性是使我们在履行义务时达到成功的最好手段，而且我们有向我们自己以及其他人传授责任心这种德性（要尽个人义务这种性情）的特殊义务，而这种责任心将会帮助我们完成我们其他所有的义务。这种思路表明，对基于行动的伦理学来说，（之前讨论过的）哈克·费恩良心的故事实际上不是一个很好的反例。虽然有些时候我们的品质先于我们的原则，但是这和德性与规则之间的本质关系没有什么联系。

第二，针对安斯科姆所提出的基于行动的伦理学是建立在一种不适当的神学—法律模型基础上的指责，基于行动的伦理学家回应称：我们可以把理性的决策程序与神学的决策程序区分开来，与此同时又不违背这些程序。针对这仍然给我们遗留下一种扭曲的吹毛求疵的流程的指责，他们会回答说：尽可能贴切地制定出一种前后一贯的体系是很重要的，因为我们想要拥有针对我们各种可能行动的所有指导。适当的谦逊将会告诉我们在这方面的限度，但是至少我们拥有规则作为指导，不像极端的基于德性的理论家，他们仅仅只有性情而已。

第三，针对基于行动的伦理学忽视道德的自发性维度的指责，基于行动的伦理学家回应称：我们可以承认德性，但却不会将道德完全局限于德性。拥有一种德性（比如仁善）要比没有这种德性更好，因为拥有德性给我们提供了正当行事的最好机会。然而，在德性中不存在内在的价值。真正重要的是做正当的行动。这并非否认拥有正确的态度或德性除了它们在道德上的工具性价值之外还可能存在着美学价值，但是我们不应混淆伦理价值和美学价值。在我们这一章开头的例子中，约翰为遭受饥荒的埃塞俄比亚人感到悲痛，这种感情存在某种令人满足的地方，但这是一种美学的满足。要注意我们在描述具有强烈利他精神之人时所用的话语：他们是“自身就能熠熠生辉的宝石”（改写一下康德的话）。这一比喻应该象征着一个事实：除了他们（所做的行动中具有）的道德价值之外，在他们有德性的生活里，我们还发现了一些在美学上很有吸引力的东西。

第四，关于诺顿提出的基于行动的伦理学是最低限度要求的并且忽视品质培养的批评，基于行动的伦理学家指出：道德底线主义的优势在于，它诉诸最低限度的常识，因而能够轻而易举地被普遍化；它的指令适用于一切有理性的行为者。它的主张极其谦逊，因为它允许生活的绝大部分内容继续下去，无须经受道德的详细审查。正如穆勒所说：“我们所有行动中的百分之九十九都是出于其他动机（而非出于道德动机）而做的，如果义务的规则没有谴责它们，那么这样做就是正当的。”[15] 生活的主要部分并不属于道德义务的领域，而是属于可允许的领域。我们被给予了大量不受道德干预的空间，在这些空间里我们发展我们的个性和天分，如果我们认为适合的话，只要我们没有突破道德约束的大致界限就可以。道德上的自由地带有时是与审慎或我们的自我利益相一致的。

第五，针对麦金泰尔提出的道德出现于共同体和文化之中的批评，基于行动的伦理学家回应称：如果这被视为故事的全部，那么它就暗示着伦理相对主义，无论在哪种情况下德性都不具有客观的地位。另外，如果麦金泰尔承认我们能够在亚里士多德自然主义的语境下发现对人而言的善，那么我们所得到的除了正确的德性之外还有一套核心的原则。

多元主义（互补性）伦理学

基于德性的伦理学不会满意标准的基于行动的观点及其对应性理论，因为它仍然是还原论式的，它将德性视为次等公民，如同主要规则的仆人一样。即使德性论者同意基于德性的伦理学独木难支，他们也不会认可这种还原论。必定存在真正的互补性，必定存在一种既承认规则的重要性又承认德性的重要性，而且不会架空其中任何一个的方式。一些例子表明规则可以在不伴随任何一种德性的情况下得到执行，而一些德性也会由于它们自身而被珍视，即使它们与道德义务没有任何对应之处。这就是多元主义伦理学的观点，“多元主义”来源于“复数”（plural），意思是“多于一个的”。

为了澄清问题，我们来回忆一下标准的基于行动的观点所提出的三个论点：以行动为本性的规则论点，还原论的论点，以及工具性价值论点。多元主义伦理学家像德性伦理学家一样，必然拒绝这三点，因为只有这样才能提升德性，使其摆脱次等的地位，从而将德性放在与道德规则同等的层面上来对待。

以行动为本性的规则论点：道德规则要求人去做或不去做特定的行动，这些行动既可以由缺乏各种德性的人来做，也可以由拥有各种德性的人来做。

多元主义伦理学家认为这个论点有两个问题。首先，它忽视了德性与行动之间紧密的因果联系。在缺乏必备性情的情况下做事正当，这就像一个人以前从未打过棒球，却在面对一个主力的大联盟投手时打出了全垒打一样。他这次可能拥有运气，但是他不应指望着它。同样，没有德性我们就不应预期正当的行为，尽管我们偶尔会为无德性之人的正当行动和有德性之人的错误行动而感到惊讶。因为有这种紧密的因果联系，所以从统计学的角度来说，好人做错误的事而坏人或庸人却做正当的事是不大可能的。

其次，这个论点未能指出我们有成为特定类型的人，即拥有某些自身就值得拥有的性情和态度的道德义务。它只详细说明了对行动构成要求的规则，但是还存在着其他类型的道德规则，即对德性构成要求的规则。

还原论的论点：道德德性是诸种遵守道德规则，即去做或不去做特定行动的性情。根据德性论的对应性理论，每一种德性都与一条合宜的道德原则相对应。

这里的争议之处在于，德性是否不仅仅是行事的性情，它们是否包含着可能不涉及任何行动的态度。康德指出，（激情或情感意义上的）爱不可能是一种道德义务，因为它不能受到控制，我们不能直接控制我们的情感。尽管道德法则可能要求我把收入的一部分捐赠出去救济穷人，但是我并不一定喜欢他们，我捐出我的钱仅仅因为这样做是正当的。

多元主义伦理学家拒绝这种思路。尽管我们不能直接控制我们的情感，但是我们的确可以间接地控制它们。我们不能像打开或关闭水龙头一样来对待我们的性情，但是我们可以采取措施逐渐灌输正确的性情和态度。如果我们认识到特定情感在特定情境中的合宜性，我们就能够运用沉思、富于同情心的想象和治疗（以及祈祷，如果一个人是宗教信徒的话）以正确的方式获得这些态度。我们要为我们的品质负责。我们不仅必须是善的，而且必须爱这种善。正如亚里士多德所说："首先必须有一种朝向卓越的性情，一种喜爱美好事物和厌憎卑劣事物的性情。"

试想有两个人，乔和简，他们的行动是同等的正当。然而，在他们的态度上存在一点儿差异。乔倾向于为他人的成功感到欢欣，为他人的灾难感到悲痛。但是，简却倾向于为他人的灾难感到欢乐，为他人的成功感到嫉妒。只要他们对外的行动（以及他们做正当之事的意志）是相似的，基于行动的伦理学家就会将他们看作同等有道德的人。但是德性伦理学家则不然：乔拥有必备的道德态度，简则没有，而且简有改变自己态度的道德义务。

托马斯·希尔（Thomas Hill）讲过一个女人的故事，她总是做道德上正当或可允许的事情，但她这样做是出于一种由于自尊心太弱而带来的动机。[16] 她不尊重她自己，却以一种自我谴责的态度听从她的丈夫和孩子们。自尊看起来很难被分割成单独的行动类型，但是似乎有理由相信它是一种德性，一种我们有义务去逐渐灌输的德性（这种德性就是假定我们作为有理性的存在者是有内在价值的）。如果这是正确的，那么尊重自身的义务就是针对第二个论点的另一个反例。

存在一些反应性的态度或情感，比如悲痛、感恩、尊重和敏感，在很多情境中，无论是否能够按照这些情感或态度来行事，但它们由于自身的原因都是合宜的。标准的以行动为基础的观点忽视了道德的这种特性，它把道德还原成了行动。

工具性价值论点：道德德性没有内在的价值，只有工具性的和派生性的价值。德性之所以是重要的，仅仅是因为它们可激起正当的行动。

同样，多元主义伦理学家拒绝这种关于德性的工具性观点：德性具有内在的价值，而非仅仅是派生性的，它是那些构成好生活的事物中的一部分。善不仅是对他人而言的善，而且还是对你而言的善。德性是那些使生活值得过的事物中不可逃避的一部分，拥有正确的性情和态度，并且以适当的方式和适当的程度来表达。乔由于为苦难而悲伤、为成功而欢欣，所以是一个更好的人。他有一种合宜的态度，而简却没有，这反映出他们幸福的性质。仅仅做正当的事情，甚至出于正确的原因而做正当的事情是不够的；以正确的态度来做事，并且即使在一切行动都不可能的时候也要持有正确的态度和性情，这一点同样是很重要的。

标准的基于行动的观点与多元主义观点之间的差异是这样的：二者都承认促进人类繁荣是道德的一个本质目标，但是行动伦理学家认为道德仅仅与那些使得这一事态得以产生的行动有关，而多元主义伦理学家却相信德性是人类繁荣的构成要素，因而在一定程度上定义了我们应当努力通过我们的行动所产生的事态。对于德性伦理学家来说，非德性的（德性平庸的或堕落的）生活是不值得过的。

结论

基于德性的伦理学向标准的基于行动的伦理学提出了一项重要的挑战。标准的基于行动的伦理学家是否会满意本章提出的多元主义的德性论点，这一点还不太确定，但是我们必须在这里搁置这个问题，这也正是当代的争论所聚焦的问题。对应性论点或多元主义论点是否是正确的论点可能不是最重要的问题，重要的在于，我们要认识到没有品质的原则是无力的，德性使原则拥有生气，并且使一般意义上的道德生活成为可能。一方面，德性伦理学家至少已经成功地使人们开始关注德性的重要性。在道德哲学中存在着一种共识：德性一直被人们忽视了，使其进入人们的道德视野之中是很重要的。另一方面，一种纯粹的德性伦理学在缺少一种强有力的以行动为基础的成分的情况下是独木难支的。行动的原则非常重要，很大程度上正如道义论和效用主义的解释所论述的那样。不过，问题不在于这些解释所论述的内容是否是错误的，而在于它们对完善的道德生活来说是否充分。

进一步的反思

1. 请比较科尔贝神父的行动与第 1 章开头所描述的旁观基蒂·吉诺维斯被殴打和杀害的三十八个目击者的行动。通过这样一种比较，对于品质或德性的重要性你会得出什么结论?

2. 请考察本章刚开始不久讨论过的对基于行动的伦理学的五种批评。它们有多大程度的有效性?

3. 一些德性伦理学家主张，习惯性地做正当的行动尚不足以被看作一个有德性的人；一个人还必须要有适当的情感。不仅做好事而且要从做好事中获得快乐，享受做好事，这在道德上是重要的吗? 而且，反过来说，在正确的时刻缺少正确数量的适当情感是品质薄弱的一种迹象吗? 请阐释一下你的回答。

4. 请描述纯粹的基于德性的伦理学与标准的基于行动的伦理学之间的差异，阐释一下你认为二者之中的哪一种更好。

5. 请考察标准的基于行动的伦理学家对基于德性的伦理学家的批评的五种回应。它们有多大程度的有效性?

6. 德性的对应性理论和互补性伦理学都同时拥抱德性和规则。这两种观点中的哪一种最好，如果有的话? 请阐释一下你的回答。

第 10 章

生物学与伦理学

一只猴子在印度一个火车站穿越电线时触了电。当它跌落到轨道上失去知觉时，一只同伴的猴子坚持不懈地摇晃它、啃咬它、撞击它，然后将它浸入水中，用了二十分钟的时间想要使它苏醒。最终这个受伤的猴子恢复了知觉，它们两个一起离开了。这整个片段都被录像捕捉了下来，这只提供救助的猴子展现出的同情心不仅令人感动，而且被辨识为人类向彼此表露出的那类道德行为。实际上，如果有一段一个人用了二十分钟时间拼命救醒一个触电之人的类似录像，我们将会把它描述为一种值得最高程度道德赞扬的英勇努力，而且我们将会期待这两个人受到电视访谈节目的采访。

这只做出道德壮举的猴子的故事不只令人感兴趣，它还引出了诸多问题，这些问题关系到人类道德是否具有一种被我们与其他群居动物至少在某种程度上共同享有的生物学和脑化学层面的基础的问题。而这又引出了人类道德如何能够在我们的进化史和生物史上超越其他群居动物的诸多进一步的问题。这些之所以成为被传统道德哲学家忽视的问题，要么是因为动物进化科学还无法为他们所用，要么是因为这种科学与他们的道德观念毫不相关。在大多数传统哲学家看来，道德涉及的是在遵循某组普遍适用于所有人的理性的道德标准上的一种选择。即使最机灵的动物也不具有这种心智能力，包括我们在进化过程中的许多祖先在内。因此，我们可以无视科学家们对于动物道德和人类进化的看法，而且就此而言，我们可以无视在道德方面生物科学试图告诉我们的其他内容中的绝大部分。

这幅关于生物学与伦理学的传统图景是正确的吗？在这一章里，我们将着眼这一领域的一些研究，看看关于道德的哲学理论是否需要更新以便纳入科学的洞见。

动物中的道德行为

虽然这只猴子救醒他同伴的这个例子令人印象深刻，但绝非罕见。一只被命名为瓦苏（Washoe）的黑猩猩拯救过另一只黑猩猩，使其不致溺死在一条环绕着它们所在动物园围栏的壕沟里。一只被命名为宾提·朱瓦（Binti Jua）的大猩猩保护过一个跌落到它所在围栏的三岁男孩，它向其他靠近这名男孩的大猩猩们低声咆哮，直到动物园管理员前来干预。一只流浪狗曾经把一只受伤的狗拖过一条车水马龙的公路，使其到达安全地带。这些还只是被摄像机拍到并且变成新闻故事的完全偶然的事件。但在过去的数十年里，出现了一场动物道德研究的热潮，包含诸多精心设计的实验。这些研究面临的其中一部分挑战是对实验本身的设置和实施，另一部分挑战是对这些实验在道德方面给动物和人类二者所带来的意义的阐释。我们逐一来看一下这些挑战。

关于动物道德行为的实验

当哲学家思考道德时，他们聚焦于思想过程，比如我们拥有的道德直觉、我们应当遵守的道德原则或者我们经历的道德推理程序。可是，对一名科学家来说，这些即使在以人类为测试对象时也难以研究，因为它们极其依赖于我们潜在的思想，而在动物方面将更加艰难，因为在人类科学家与动物之间存在着一个无法跨越的语言障碍。因此，关于道德的科学研究着眼于动物的行为，后者可以公开地观察和测试。实验可以这样来设计：将动物置于与道德相关的情境之中，然后观察它们如何反应。尽管没有对于所观察到的被视为与道德相关的行为的总清单，但是动物研究者通常聚焦涉及合作、分享、公平与移情的行为。

让我们从1937年一项经典的合作与分享实验开始。[1]请试想一下：在一只笼子里面有两只黑猩猩，外面有用两根绳子系着的一托盘食物，黑猩猩们可以拉动绳子使食物更加靠近自己。不过，这个托盘很重，一只黑猩猩独自拉不动，所以需要它们俩一起来完成这个任务。它们是怎么做的呢？黑猩猩们不仅一起合作拉动绳子，而且它们还学会了在同一时间拉绳，这就加速了任务的完成。在将这个实验略有变化之后，一只黑猩猩预先得到了喂食，没有了取回托盘上食物的欲望。尽管如此，它仍然帮助那只未得到喂食的黑猩猩，只是有些不情不愿。那只未得到喂食的黑猩猩不断轻轻拍打它的肩膀，并且冲着食物做手势，让它参与。因此，那只饥饿的黑猩猩明白自己需要帮助，而那只得到喂食的黑猩猩也愿意提供帮助，即使它不想要那份食物。在近来对这个实验的一次复制里，当两只黑猩猩已经处于一种曾分享过食物的社会关系之中时，它们的合作得到了提升。

在另一项合作与分享的研究里，[2]1号黑猩猩被锁在一个只能从外面打开笼门的笼子里。与1号黑猩猩从未谋面的2号黑猩猩在笼子外面自由地跑来跑去。然后，食物被放在只有2号黑猩猩能够获取的笼子外面。它会全部独自享用吗？不：它打开了笼门，使得1号黑猩猩也能够享用一些。这意味着，2号黑猩猩明白自己需要帮助1号黑猩猩获取食物，而且它这样做了，即使这对它不利。在大鼠方面实施过一项类似的研究。[3]1号大鼠身陷于一个只能从外面打开管盖的有机玻璃管中。2号大鼠在自由地跑来跑去，没有人教它如何打开管盖。2号大鼠摸清了如何打开管盖，走进去，把1号大鼠拖了出来。在将这个实验略有变化之后，2号大鼠被给予了一个选择：是让1号大鼠得到自由，还是从另一只管子里获取巧克力碎屑美餐。出人意料的是，2 号大鼠首先让 1 号大鼠得到了自由，并从另一只管子里为自己取到了一些美餐，但然后又留了一些给 1 号大鼠吃。

还有 2011 年来自最重要的动物道德研究者之一的弗兰斯·德瓦尔（Frans de Waal）一项更具分享性的研究。1 号黑猩猩被给予了在两种不同颜色的代币之间的一个选择：一种代表自私的代币会使他独自得到一份食物奖励，而一份代表亲社会的代币会使 1 号黑猩猩和 2 号黑猩猩都得到一份奖励。当 2 号黑猩猩不在场的时候，1 号黑猩猩在大约 45% 的时间里选择了代表自私的代币。但当 2 号黑猩猩在场的时候，1 号黑猩猩在大约 60% 的时间里选择了代表亲社会的代币，而当 2 号黑猩猩在场并且关注着他的时候，对代表亲社会的代币的选择在时间上的比例上升到了大约 66%。

再来看一个同样由德瓦尔实施的很有影响的公平实验。两只猴子分别处于两个单独的笼子里。如果一只猴子递给研究人员一块小石头，这只猴子就会收到一片作为奖励的黄瓜。两只猴子都为了它们各自的奖励而兴高采烈地完成这一任务。但是，现在，1 号猴子收到了一颗葡萄，这是一种更具吸引力的奖励，而 2 号猴子仍然收到的是黄瓜。2 号猴子立即摇晃他的笼子进行抗议，并把黄瓜掷还给了研究人员。在对这一实验的某些重现里，1 号猴子将会拒绝葡萄，直到 2 号猴子也收到一颗作为奖励的葡萄为止。这两只猴子不仅认识到了这种不同奖励的不公平，而且还进行了抗议，直到情形实现平等为止。德瓦尔最初研究的这些成果已经在狗、鬣狗、大象甚至鸟类身上得到重现。在关于狗的研究中，1 号狗按照要求向研究人员伸出它的爪子，却没收到任何奖励。2 号狗被引入进来，在伸出它的爪子之后却收到了一份美餐。1 号狗在仍然收不到任何奖励的情况下，开始呜咽起来，并且停止了配合。

接下来转向 1963 年在动物移情方面实施的一项研究，[5] 在这项研究里的 1 号猴子只有凭借一个会使 2 号猴子遭受电击的装置才能获取食物。结果是，1 号猴子常常会避免获取食物，有一次持续了十二天。在将这个实验略有变化之后，当猴子们自己经历过电击时，它们更加倾向于忍着不进食。由于动物测试标准的提升，这个实验在今天无法实施了，但它表明这只猴子理解了另一只猴子正在经历的痛苦，并且避免造成这种痛苦。德瓦尔也在动物中间开展了关于移情的研究，他讲述过一只被命名为佩妮（Penny）的老年雌性黑猩猩的故事。它患有关节炎，几乎无法行走。年轻的黑猩猩们会把水吐到它的口中，使它不用再步行走到一处遥远的水源，它们还会帮助把它推上一个攀登架，没有任何回报。德瓦尔进一步提出，传染性的打哈欠是移情的证据：它激活了大脑中的相同区域，在看到他者打哈欠之后就打哈欠的人或动物，与那些未被打哈欠传染的人和动物相比，更加具有移情能力。

关于合作、分享、公平和移情的研究是与动物道德有关的主要研究，但动物社交的其他领域也与这里的讨论相关。比如安慰：一只在打架中输掉的雄性黑猩猩得到了一只更年轻黑猩猩的拥抱，后者使他平静下来，抚慰着他。比如和解：早上相互打架的倭黑猩猩，不久之后就会相互拥抱亲吻，作为对冲突所造成的伤害进行修补的一种方式。比如社会调解：一些黑猩猩变成了自我任命的调解者，它们制止了其他黑猩猩之间的打斗，这就提高了这一群体的社会稳定性。比如“象悼”：当一头大象去世的时候，其他大象会用树叶和青草遮盖它的遗体，并在遗体旁守护一周。

动物研究的意义

毫无疑问，这些关于动物的社会行为的研究是有趣的甚至惊人的。一个普通人只会有限地接触到处于自然情境下的动物，特别是像黑猩猩这样脑容量大的哺乳动物，而这些研究增进了我们对于动物所能做出的行为类型的了解。不过，有许多方式来阐释这些研究以及将其与人类道德行为进行比较，我们需要针对它们在道德方面究竟告诉了我们什么提出几个问题。

第一个问题是，这些动物行为中的一些是否真的是被作为人类的我们称之为道德、公平或移情的实例。诚然，这中间存在着显著的相似，但我们同时具有一种将我们自己的特点赋予其他事物的倾向，即将其拟人化。古希腊哲学家色诺芬尼（Xenophanes）提醒我们，每个地方的人们都赋予诸神以人的属性，他们的情感、行为甚至外表。笛卡儿在我们如何看待动物方面给了我们一个相似的提醒：是的，它们实施狡猾的诡计，而且甚至拥有与我们相似的身体。但在它们的所作所为背后不存在思想。他说，它们仅仅是有生命的机器。

动物科学家们自己已经落入了这种拟人论陷阱。在 20 世纪 60 年代和 70 年代，曾经实施过几项研究，旨在表明大型猿类能够学习手语并且用它来构造原创性的语句。问题并不在于猿类或其他动物能否以它们自身的方式来彼此交流。相反，问题在于它们能否以语法来学习和运用人类的语言。一开始，这些猿类表现得进步神速，学会了大约两百个它们能够将其与事物联系在一起的词语。然后，它们似乎能够将这些词语连成有意义的语句。但是，一对这些猿类的录像进行仔细审视，其中一位研究科学家就断定，这些猿类只不过是在模仿它们那些用手语表达完整语句时的训练者。它们的能力从未超出二百个的词语，这是一只狗或鹦鹉所能辨识并且正确回应的人类词语的极限。因此，乍看起来是对一种复杂的人类能力的展示，结果只是一种表面上的相似。

或许在动物道德方面正在上演某种与此类似的事情。我们已经看过诸多关于动物救援的例子，它们看起来以非常令人信服的方式表明了它们与人类行为的相似性。但是，现在来看一个蚁群内部的救援实验，它从表面上来看也很令人信服。[6]一只蚂蚁被用尼龙线系在一张纸上，并被半埋在地里。这只蚂蚁需要帮助，来自这个蚁群的其他蚂蚁纷纷而至。它们试图把这只蚂蚁拉出时，发现了那根尼龙线，然后它们在这只蚂蚁周边向下挖掘，并且咬断了那根线，最终解救了这只蚂蚁。如果我们目睹了一个被半埋的人得到他的朋友们援救的类似情境，我们会说这展现了复杂的交流、理性的决策、情感的转移以及一种对道德责任的理解。但在这项研究里，这些是蚂蚁，不是人类，甚至不是黑猩猩。目前甚至尚不清楚蚂蚁及类似昆虫是否是有意识的，更不用说是否具有在道德思考的基本要素方面的能力了。它可能只是由正确类型的刺激所触发的本能程序。我们可以设想设计出一个救援机器人，它能够对一系列假定（if–then）的情况做出反应。如果你听到这类声音（比如一声求助的呼喊），就沿那个方向移动。如果你在一个人的身上看到这种动作（比如奋力获取自由），那就执行这个系列的行动。或许这就是在参与救援的蚂蚁们那里发生的全部。

这种将动物行为拟人化的问题是一个严重的问题。因而，我们对这个蚂蚁实验所能给予的最谨慎解释或许是这样的：在蚂蚁等群居昆虫中，社会行为是在一种无意识的情况下被机械地程序化了的。

在这些动物研究里的第二个问题，涉及我们从蚂蚁这样的简单动物到人这样的复杂动物身上看到的不同层级的社会行为。在最底层是无意识的、被机械地程序化的本能行为（比如蚂蚁救援行为），在最顶层则是不仅从本能，而且从情感、推理、遵守规则和传统之中自觉产生的行为。在这两个层级之间的某处是小鼠、狗和黑猩猩的社会行为。例如，拿移情这种社会行为来说，以下是被研究人员归之于动物的不同类型和层级的移情。

亲社会行为：采取行动来减轻一个对象的痛苦。

认知性移情：主体由于对对象所处情境或困境的准确感知而呈现出对象的状态，同时不必有超出呈现层面的状态相匹配。

情感的感染：由于感知到对象的情感，直接导致类似的情感在主体身上被唤醒。

同情：主体由于感知到对象的痛苦，而为对象感到“难过”。

移情：主体由于对一个对象所处情境或困境的准确感知，而对这个对象具有一种相似的情感状态。[7]

在最低层的是亲社会行为，这是唯一一类我们可以自信地将其归之于参与救援的蚂蚁们的移情：它们事实上采取了行动来减轻一个对象的痛苦。如果蚂蚁们还具有在心智上呈现这个世界的意识能力，那么这些救援者也正在展现出认知性的同情——这就提升了一个层级。换而言之，它们在情感上未受其影响的情况下，认识到了那只被埋的蚂蚁所处的困境。

更高的一个层级是情感的感染，例如一只激动的狗将会引发周围狗群里的一片激动，愤怒和恐惧也是如此。还要更高的是同情，比如参与救援的动物们在热诚地努力帮助它们同伴时展现出痛苦的迹象。最高的层级是移情，即一只动物具有一种与它在另一只动物身上观察到的情感状态相类似的情感状态。一项重要的研究[8]表明，具有做出面部表情能力的小鼠，当看到另一只小鼠处于痛苦之中时，展现出了一种面部的怪相。正如人类一样，面部表情是一种公开展示个体内在情感的机制。在一只小鼠身上产生的这种怪相反应，很可能是对那只受害者所受痛苦的移情体验的一种标志，而非仅仅是一种对悲痛的同情体验。这仍然遗留下了关于动物移情与人类移情的密切程度的问题。这只动物将会通过它自身的动物经验来理解那个对象所处的不幸情境。如果我是那个对象，而且我拖着一条断腿躺在地上，那么这只动物或许会对我有丰富的移情，但若我的金融投资组合变得一文不值，那它对我将不会有丝毫的移情。不过，这也正是移情在人类身上的运行方式，我无法指望每个人在我面临的每一次危机中都对我产生移情。最重要的是，较高级动物的移情可能非常类似于人类的移情。

移情仅仅是道德的一个组成部分，而对动物科学家们已经调查过的其他社会行为中的每一种（分享、合作、公平）来说，都需要进行同样类型的分析。也就是说，我们应当先来看一下它在一种无意识的、纯粹本能性的较低层级（比如蚂蚁）上是如何表现的，然后再比较一下它在像狗或猿这样更高级的动物里是如何表现的，最后是人。

动物道德研究的部分价值在于，我们对动物自身有了更多的了解。我们从这些研究中发现，动物的社会行为比我们之前所知的更复杂、更似人类，这反过来又成为支持对动物给予更人道待遇的一个论据。这并不是说，动物对道德具有与人完全相同的理解和能力，这是它们不具有的。黑猩猩们通过相互撕咬来解决冲突，而20世纪70年代的研究人员在实验中付出惨痛代价之后才明白这一点，他们曾在这些实验里把黑猩猩们当作人类一样放在人类家庭里进行抚养。同样，焦躁的猪妈妈们有时会吃掉它们的幼崽，这从人类道德的立场来看是不可理解的。不过，上述与人类道德行为的诸种相似是显著的，已经足以让我们考虑去重新评估我们常常归之于动物的那种较低的道德地位了。

动物道德研究的另一部分价值在于它对人类道德的意义。动物关于分享、合作、公平与移情的感觉，并不是通过阅读哲学家著作、去教堂或者相关推理获得的：它从它们的生命机理内部涌现而出。为什么在人类方面就应当与之不同呢？人类基因的百分之九十九是与黑猩猩基因相同的，而且从进化的角度来说我们在六百多万年前与黑猩猩有着一个共同的祖先。尽管我们的道德更加复杂，但依然会有一种进化论的解释来说明它何以如此。用德瓦尔的话来说就是："从进化的角度看，古人就是道德的积木。"接下来我们就转向这一主题。

道德与人类进化

自从六百多万年前黑猩猩与人类的共同祖先所处的那个时代以来，存在过许多与人类有相似但现已灭绝的不同物种。其中有些是我们的祖先，有些不是。如果我们能够在最理想的环境下研究人类道德的进化，那么我们就需要观察这些早期原始人种中每一个部落，考察他们的成员在自然环境下如何彼此互动，并在他们身上实施实验，就像研究人员在猴子和猿类身上所做的那样。其中的一些原始人类，他们或许与现代人类足够相似，以致我们可以邀请他们待在我们的客房里；另一些，可能只能待在后院里。不过，显而易见的是，我们与这些生命物中的任何一个都不可能有直接的邂逅，我们仅有的用来了解他们的手段要曲折得多、不准确得多。它需要我们去推测社会品质和道德品质可能是如何通过自然选择的进化过程在早期人类身上出现的。

进化的作用方式

我们先从进化过程中的诸种基本要素入手。一项对化石记录本身的考察表明，物种会随着时间的流逝而变成其他物种，但对科学来说问题在于那种变化是如何发生的。一个现已备受质疑的解释是软遗传，即父母据说会把其在一生中获得的特征传递下去。例如，假设一只小鼠在锋利的岩石上东奔西跑时把它的长尾割断了；根据软遗传理论，它的后代就可以拥有更短的尾巴。但是，一项著名的实验表明，在切断九百只小鼠尾巴的五代之后，新出生小鼠尾巴的长度依然未变。关于软遗传理论就说到这里。

已经得到科学认可的进化机制是达尔文关于自然选择的观点，这是他在《物种起源》（*On the Origin of Species*）中首次提出的。用其最简单的形式来说，自然选择包含三个步骤。首先，生物有机体经受会被传递给后代的随机突变；用现代术语来说，一个有机体生来拥有一种基因的突变，而且如果它存活下去并且繁殖后代，它的后代也能够具有那种突变的基因。其次，自然世界里的环境条件是严酷的，不允许所产生的每一个有机体都存活下去。一些将会饿死，一些将会被吃掉，还有一些将会被自然灾害杀死。再次，拥有在其自然环境里最有利突变的有机体将会存活下去，并把那种属性传递给它们的后代。如果一只小鼠生来拥有一种使其成为褐色的突变，而它的兄弟姐妹全都是白色的，这只褐色小鼠可能就比那些白色小鼠更能够逃脱一只饥肠辘辘的猫头鹰的视线，从而得以存活并把这种褐色毛皮的特征传递下去。

基于对一个有机体不同的环境压力，存在着不同类型的自然选择，生物学家为方便起见给其中的一些进行了命名。比如性选择，即一个动物由于比它的竞争者更善于争取到配偶而产生的繁殖功效。与较弱小的雄鸟相比，较强壮的雄鸟可能有更多的机会获得繁殖地。雌鸟可能更喜欢与拥有较华美羽毛的雄鸟交配。在这两种情况下，都存在着强加于雄性动物繁殖功效之上的环境压力。比如亲缘选择，即由于一个动物在基因上的亲缘动物的存活而产生的繁殖功效。一个母亲可能会为保护她的后代奋战到死，而非独自逃生。因此，这个母亲寻求通过她的孩子们，而不是通过她自己的持续存活，来保存其基因。

道德进化论 vs. 道德饰面论

接下来我们转向关于人类道德如何能够在进化的自然进程中出现的诸种解释。关于进化与道德之间的关系，存在两种一般性的看法。一种是道德进化论，得到达尔文的拥护，主张人类道德产生于自然选择的过程。另一种是道德饰面论，受到托马斯·赫胥黎（Thomas Huxley）的支持，认为道德并非通过自然选择形成，而是一种社会的创造，人类将其添加到了他们的进化发展过程之上。我们分别来看一下这两种理论。

自从达尔文提出他的进化论解释之后，人类道德通过自然选择而形成这个观点就一直受到争议。虽然达尔文自己把这一观点的发表拖延了十年，但它最终出现在了《人类的由来》（*The Descent of Man*）一书中。他的立场很清晰：人类道德是自然选择的进化过程的产物，因为社会性本能在生存竞争中有助于我们的祖先。达尔文用了一个关于同一地区两个相互竞争的原始人类部落的例子来阐明这一点：

> 当生活在同一区域的两个原始人部落开始竞争的时候，如果（在其他条件都相同的情况下）其中一个部落拥有大批勇敢、富于同情心且忠诚的成员，他们总是随时准备相互发出危险的警告，彼此帮助、彼此保护，这个部落就会取得更多成功并且征服对方……一个富于以上品质的部落将会扩张开来，战胜其他部落；不过，根据以往历史来判断，终有一天，将会轮到它自己被其他某个还要更加天赋异禀的部落所征服。因此，这些社会品质和道德品质将会一点一滴地走向进步，并被传播到全世界。[9]

在这两个部落之间，那个具有社会性本能的部落将会胜过那个缺乏这些本能的部落。在达尔文看来，早期人类所获得的社会性本能与其他群居动物相同，包含着亲子情感以及在同伴的陪伴、同情和给予帮助的过程中感到快乐。不过，一旦人类获得高度发达的智识，这些社会性本能就自然而然地一起形成了道德感和良心：前者告诉我们应当做什么，后者激励我们去做正当的事情。凭借我们高级的智识，我们的社会性本能自然而然地引出了金规则，即要像你希望别人对待你那样对待别人，“这一点存在于道德的根基之中”。达尔文提出，虽然人类与其他动物之间的智力相差悬殊，不过这种差异是一种量的差异，不是一种质的差异。因此，任何一种群居动物，若能适时达到我们的理智层级，也会发展出一种像我们一样的道德感和良心。然而，就目前来看，只有人类可以被认为是有道德的存在者，因为我们是唯一“能够对其过去和未来的行动或动机进行比较，并且能够对它们表示赞成或不赞成”的生命物。

虽然在 19 世纪期间赫胥黎是自然选择理论的一个主要捍卫者，但他坚持认为进化无法像达尔文所相信的那样成为人类道德的来源。赫胥黎论证说，进化赋予了我们各种各样的行为倾向，其中有些是社会性的，比如父母与后代之间相互的情感。可是，进化也赋予了我们其他非社会性的行为，比如在生存竞争中以他者为代价持续伸张我们自己的一种本能。因此，进化可能会解释人类如何一并获得了社会性倾向和非社会性倾向，但它无法给我们提供一个理由来说明为何我们应当更喜欢那些社会性的倾向，而不是那些非社会性的倾向。事实上，他主张，道德是与生存竞争相对立的：

> 它要求，用自我克制代替无情的自我伸张；它规定，不要对所有的竞争者置之不理或横加蹂躏，个体不仅应当尊重，而且应当帮助他的同伴们；它的作用更多指向的不是适者生存，而是适合最大多数生存。它拒绝了生存的角斗理论。[10]

因此，道德进步旨在与进化做斗争：“每一个生到世上的孩子都将依然带有这种无限自我伸张的本能”，但“必将学习自我克制与忘我这一课”。他认为，文明自身的历史就是“在宇宙内部构造一个人为世界”的一步步努力。在这个人为的世界里，道德感知“所指向的目的是约束宇宙（进化）的进程，以及使个体想起他对共同体的义务”。人类道德的完美状态尚未出现过，实际上可能永远不会到来。因为，我们在这颗行星上的生存“是几百万年严酷训练的结果，若是想象几个世纪就将足以使它的支配力顺从于纯粹的伦理目的，那将是很愚蠢的”。简言之，赫胥黎的观点是：道德是人类社会独自创造的东西，以此作为控制进化所赋予我们的那些非社会性本能的一种方式。

近年来，赫胥黎的观点也被称为“饰面理论”，因为他暗示着道德是处于一种不同层级的价值，社会已将其放置于我们进化本性的顶端。他的立场的核心可以被我们称之为赫胥黎问题：我们有着诸种相互抵触的自然倾向，在一些情境里是社会性的，在其他情境里却是非社会性的，而且自然选择并未青睐其中的任何一种。他在下文生动地阐明了这一点：

> 小偷和谋杀犯完全像慈善家一样遵循着本性。宇宙的进化可能会教导我们，人的这些善的倾向与恶的倾向可能是如何产生的；但是，就其自身而言，它没有能力提供任何比我们之前所拥有的

更好的理由来解释，为什么我们称之为善的东西要好过我们称之为恶的东西。

如果进化只不过是灌输给我们一组互不相容的冲动，那么早期的人类实际上被放任不管于一种悲惨的冲突状态之中。但是，在某个时刻，早期的人类做出了一个选择："第一批用彼此之间的和平状态替代彼此之间的战争状态的人创造了社会，无论驱使他们采取这一步的动机是什么。"[11]

我们应当如何看待赫胥黎问题？达尔文自己未曾把它看作一个问题。相反，达尔文觉得，自然选择将会偏爱拥有最强大社会性本能的人类群体，这只会随着时间的流逝而增长，并且自然而然地产生出道德感和良心。要想确定达尔文和赫胥黎孰者正确，很大程度上取决于我们进化的社会性本能有多么强大，以及它们在制服我们那些更加自私与暴力的冲动方面有多么成功。在对人类进化的当代讨论里，这就是我们接下来要谈到的利他主义问题。

关于利他主义的进化论解释

正如我们在第 6 章中看到的，利他主义涉及的是把其他人的利益放在我们自己利益之前的行动。我很饿，我想吃一个苹果，但一看到你也很饿，我就反过来把这个苹果给了你。这是一个温和的关于利他行动的例子，因为我的生命或财产并未由于放弃一个单独的苹果而蒙受风险。即使一个素来自私的人偶尔也可能会做出这样的事情。但当我们考虑到习惯性的利他行为对人类生存进化的影响时，问题就变得更加关键了。我可能会为了其他人而付出导致自己丧命的牺牲，比如为我的部落抵抗入侵者，这就会终结我的繁殖能力。在关于人类进化的讨论中，这被称为生物的利他性，即以自身为代价来提高他者的繁殖适应度。[①] 事实是，人类的确会为了以下三种人群中的人做出有生命危险的牺牲：为了我们的近亲属，这被称为亲缘利他主义；为了我们目前的共同体，这被称为部落利他主义；为了其他既不是亲属也不是目前所在共同体成员的人，这被称为无差别利他主义。如果这正是现在我们实际上的所作所为，那么我们就在进化史上的某个时刻获得了这些能力。对于进化论来说，挑战在于要解释这三种类型的利他行为分别是如何得以通过自然选择而产生的。在最极端的情况下，利他从进化的角度来看是适得其反的，因为如果我出于对他者的利他性善意而牺牲我自己，那我就无法把这种利他的品质传递给我的孩子们，从而导致这种利他的品质趋于消亡。

亲缘利他主义是三者之中最容易与自然选择挂钩的。我们已经注意到，一种特殊类型的自然选择（被称为亲缘选择）主张，繁殖功效产生于一个动物在基因上的亲缘动物的存活。自然选择的旧有框架认为，一切都与有机个体的存活有关，尽可能长久地生存，尽可能多地繁殖。然而，亲缘选择的概念将繁殖功效从动物个体自身转换到了动物的基因。实质上，我的繁殖策略在我有了孩子的时候就已实现，他们将会传递我的基因，为了使他们也继续繁殖而去保护他们是符合我的利益的。在这么多动物之中都存在的母性本能和父性本能的力量是支持亲缘选择的有力证据。

---

① 适应度（fitness）是一个进化生物学术语，意为在一个给定的环境中，某物种生存或繁殖的可能性。——译者注

然而，部落利他主义较难与自然选择联系起来。我可以理解为什么我会宁愿选择我的孩子们存活而非我自己存活，因为他们携带着我的基因。但是，为什么我应当为了街边那个并未分有我基因的家伙而牺牲我自己呢？亲缘选择不会提供一个很好的回答。达尔文提出了两种将部落利他主义与自然选择相联系的可能方式。首先，我们可能是出于自私的动机去帮助其他人，想着他们未来将会帮助我，即你帮我，我就帮你。达尔文写道："每个人很快就会明白，如果他帮助了他的同胞，他反过来也会经常受到帮助。从这种不太崇高的动机出发，他可能就会养成帮助其同胞的习惯。"[12] 这种解释在今天被称为互惠利他主义。他的第二种解释是说，我们拥有同情这样一种自然本能，它是通过自然选择而获得的。在达尔文看来，同情包含着我对受到他者赞扬的渴望和对受到谴责的反感。即使狗，也能够"领会鼓励、赞扬和谴责"。狗和人类这样的群居动物拥有一种生存优势，因为他们会对来自群体中他者的赞扬或谴责做出回应。在这两种解释之中，互惠利他主义被进化理论学家认定为对部落利他主义的最佳说明。

无差别利他主义甚至更难与自然选择联系起来。为什么我应当为了一个既不分有我的遗传特征甚至也不是我所在共同体成员的素昧平生者而冒生命危险呢？这么做我将一无所获。理查德·道金斯（Richard Dawkins）提供了一种可能的解释：这可能是某种在过去曾经促进人类存活，但后来变得无关紧要的本能的一种失误。道金斯举出了受到海豚援救的游泳者的例子：

> 这可以被视为"拯救群体中的溺水成员"这条规则的一种失误。这条规则对于群体中一个溺水成员的"定义"可能类似于这样："一

个长长的在水面附近扑腾和呛住的东西。”[13]

与之类似，如果我冒着生命危险拯救一个溺水的陌生人，那我可能是在遵循一条规则，它告诉我要拯救我所在部落共同体的成员，而对我所在部落共同体的定义可能就是“在我附近的其他人”。在部落人口数量有限的环境下，这条规则将会运行良好，而且只不过是对互惠利他主义的一种表达。但是，在城镇、都市以及世界文明这些更广泛的环境里，无数陌生人环绕在我附近，利益互惠消失了，利他的道德冲动却保留了下来。

互惠利他主义相对于纯粹利他主义的优势

在目前关于道德与进化的讨论中，亲缘选择和互惠利他主义似乎是对生物的利他性如何产生的最合理解释。但可能还留下一个问题，那就是为什么互惠利他主义是一种比纯粹的无条件的利他主义更好的策略。想象一下，你和我生活在同一个部落里，你本能上是一个互惠利他主义者，只会帮助那些回过头帮助你的人。在另一边，我本能上是一个纯粹利他主义者，将会帮助任何一个人。经过连续几代之后，这两种本能里的哪一种将会在这个部落的未来成员之中占据支配地位，哪一种将会消亡？我们可能认为，我的纯粹利他主义特性将会幸存下来，因为如果所有部落成员都更加友善、更加互帮互助，这个部落就会更加强大。

然而，道金斯主张，纯粹利他主义这种本能将不会幸存下来，而且他用一个来自动物世界的例子支持他的观点。[14] 鸟儿们受到一些危及它们生命的寄生虫的折磨。因为它们没有手脚，所以无法把这些寄生虫从它们头上赶走，它们像动物界的很多情形一样，依赖于彼此为对方梳理的惯例。后来，自然在这一点上逐渐演化出两种基本类型的鸟：那些愿意为任何鸟进行梳理的鸟和那些拒绝为任何鸟梳理却又等待着被其他鸟梳理的鸟。道金斯把前一种类型的鸟称为“傻子”，把后一种称为“骗子”。

在一个包含着有害寄生虫的地域，如果只有“傻子”或者只有“骗子”，那么“傻子”将会过得很好，而“骗子”将会由于它们缺乏合作而无法存活下去。但是，如果在一个“傻子”的群体中偶然产生了一个单独的突变性的“骗子”，那么“骗子”将会蓬勃发展，这种类型的“骗子”基因也将会繁殖下去。由于“傻子”受到了剥削，它们将会逐渐走向灭绝。但是，如果“傻子”的数量变得过少以至于无法为“骗子”进行梳理，那么“骗子”也会开始相继死去，直至最后绝种。

那么，为什么鸟儿没有一个接一个地全部死去呢？自然以某种方式提供了第三种类型的鸟，姑且将其称为“恩怨分明者”。“恩怨分明者”仅仅为那些也以梳理来回报自己的鸟进行梳理。它们互相梳理，也为“傻子”梳理，但是不为“骗子”梳理。实际上，一个“骗子”只要被捉住，就会被永远标上“骗子”的标记，毫无宽恕。因此，结果就是除非周围有很多“傻子”，否则“骗子”的生活会很艰难，甚至比“傻子”还要艰难。但是，“恩怨分明者”得到了蓬勃发展。与“傻子”不同，它们不把时间浪费在与不知感恩的“骗子”的厮混上，所以它们没被剥削，并且有足够的精力去收集食物以及为它们的爱侣建立更好的窝巢。

我们从这个鸟儿的例子中发现，（像“恩怨分明者”一样）以互惠利他主义对待他人是一种有利于存活下去的良好策略，而（“傻子”体现出的）纯粹利他主义是一种失败。埃利奥特·索伯（Elliott Sober）和大卫·斯隆·威尔逊（David Sloan Wilson）在互惠利他主义所带来的益处方面阐明了一个类似的论点，他们借助的是部落猎手的例子。猎手花费大量的时间、冒着巨大的风险去打猎，却把食物分配给整个群体的人——无论是不是猎手都一样。这种看似利他、改善群体的行为最后受到了群体的奖赏：

> 后来女人们认为好的猎手是性感的，与他们生了更多的孩子，无论是在婚内还是婚外。好的猎手还在男人们当中享有一种很高的地位，这也给他们带来了额外的好处。最后，个体之间没有采取罗杰斯先生、巴尼和恐龙那样的方式，即出于他们内心的善意来分肉。拒绝分享是对礼仪的一种严重违犯，会招致惩罚。分享与收获以这种方式结合在了一起。这些新发现让你感觉更好，因为分肉这种明显利他的行为本来很难解释，现在却似乎轻松地纳入了个体选择理论的框架。[15]

因此，尽管打猎乍看之下似乎是纯粹利他主义的一个例子，但是互惠的规则发挥了作用，使得猎手凭借他对群体做出的牺牲和贡献而得到了奖赏。

在一个像我们这样的世界里，互惠这一古老的观念似乎是必不可少的。善行应得善报，同样，恶行应得恶报。互惠是应得的基础，善行应当受到奖赏，恶行应当受到惩罚。我们由于受到别人的恩惠而心存感激，因此也有一种想要对这种恩惠进行回报的冲动；我们对伤害我们的行为心存怨恨，并力图以其人之道还治其人之身（“以眼还眼，以牙还牙”）。

留给传统道德的是什么?

鉴于所有这些关于动物道德和道德进化的研究，我们需要思考一下，这对传统的伦理学理论来说意味着什么。哲学家应当为他们不久将会丢掉伦理学的工作而感到备受威胁吗？之前在那些曾经属于哲学领域的学科方面发生过几次这样的事情，比如经济学、社会学和心理学。在几个世纪之前，甚至科学自身都处在哲学家的掌握之中，被冠以“自然哲学”的称号。自古希腊时代以来，哲学一直是一个深沉思辨的竞技场，但一旦有一门学科获得一种可靠的经验根基，它就从哲学里毕业并逐渐成为一门自然科学或社会科学。对伦理学来说，也已到脱离养育它的哲学之家并将自己移交给科学家的时候了吗？我们来看一下在这个问题上的三种立场。

哲学独大：不接受科学的加入

关于生物科学与伦理学之间的关系，第一种立场是认为它们之间毫无关系。科学的一切都是针对事实，而道德则是针对我们应当如何行为，正如杰瑞·福多（Jerry Fodor）所说：

> 为什么我们要成为好人是如此之难？为什么我们要成为幸福之人是如此之难？至少，有一点达成了相当广泛的共识：我们无法期望从科学那里得到多少帮助。科学针对的是事实，而非规范；它可能会告诉我们，我们是怎么样的，但它无法告诉我们，我们的这个“怎么样”有什么问题。不可能存在一种关于人的境况的

科学。[16]

在这一观点看来，虽然科学能够积攒起在人类的生物特征与行为方面它所想要的一切事实，但它永远不会发现一桩要求“我们应当做这做那”的事实。进一步来说，它永远无法说：“这些是生物学层面的事实，基于此，你应当如此行为。”这是被哲学家称之为事实—价值问题的一个例子，它质疑的是：价值是否在本质上不同于事实，以及道德评价能否由事实产生。

我们发现这个事实—价值问题会对动物道德和人类道德进化二者都产生影响。在动物方面，我们可能会承认一项动物学事实，即动物以能够使其所在社会群体运行得更顺利的方式来行为。但是，即使这些动物拥有生物性的社会本能，它们是否还能感受到它们应当以社会性的方式来行为呢？据我们目前所知，它们仅仅是在基于冲动而行动，这种冲动不具有真正的道德感或道德自省。虽然的确存在这些行为上的事实，但似乎缺少了价值的成分。再进一步想想，作为人类旁观者，我们是如何看待像分享、合作、移情这些动物的社会行为的。虽然我们承认一个事实：这些社会行为有助于群体的生存，但我们无权说一只狗或者一只黑猩猩负有分享食物、与他者合作或者援救同伴的道德义务。事实上，即使说动物负有这样的道德义务，听起来也是很古怪的。

再来看人类的进化与道德方面，在经验事实与道德价值之间存在着另一种裂缝，我们在赫胥黎问题中已经发现了这一点。自然选择在我们身上植入了诸种相互抵触的倾向，在一些情境里是社会性的，在其他情境里是非社会性的，然而自然选择并未告诉我们应当遵循那些社会性的倾向以及制服那些非社会性的倾向。达尔文，正如我们看到的，规避了这个问题，因为他主张自然选择强化了社会性本能，使其居于我们的非社会性本能之上。但这仅仅解释了为什么人类的社会行为像现在这样普遍，而未告诉我们为什么我们这些占支配性的社会性本能被视为“道德的”，而非单纯“有社会效益的”或者仅仅是人类行为中另一种基本的社会学事实，就像制造工具或者使用语言一样。

因此，道德是一个超越于单纯的科学事实之外的独特事物。哲学家们明白这一点，并且几个世纪以来一直在发展理论以解释伦理判断的实质及其根基。科学家们之所以会在一个根植于价值而非事实的主题上受到挫败是可以理解的，但也正是伦理学所具有的这种非事实性的本性将会使其牢牢地留在哲学的领域之中。

科学独大：不接受哲学的加入

关于生物科学与伦理学之间的关系，一种截然相反的观点认为，这应当是一个属于生物学家而非哲学家的主题。生物学家 E.O. 威尔逊对哲学在伦理学上的垄断发起了著名的挑战，他提出：“科学家与人文主义者应当一起探讨这样一种可能性：对于伦理学来说，已经到了将其从哲学家手中暂时取走并使其生物学化的时候。”[17] 他认为，道德判断有其遗传学上的根基，后者反过来又是通过生物进化塑造而成的。德瓦尔也有相似的主张：“我们似乎到了科学能够将道德从哲学家手中夺走的时刻……在这个新兴的领域里，这一共享的信念，即进化需要成为对道德的任何一种令人满意的解释的组成部分，远远超过了诸种偶尔的分歧。”[18]

在道德方面存在已久的哲学假定认为，道德根植于一种超验的或更高的普遍真理领域之中。而且，这一更高的领域只能通过理性的直觉、宗教的启示、某种道德感或者其他某种不受科学探究影响的认知手段来进入。从很多方面来看，这都类似于对宗教的传统假定：存在一种更高的宗教意义上的现实，我们只能通过某种宗教体验来进入，这种体验同样是不受科学探究影响的。传统伦理学理论中的事实—价值裂缝产生于科学探究的可感性界限（事实）与更高的道德领域（价值）之间的这一裂痕。但是，如果这种更高的道德领域仅仅是一则童话，那怎么办呢？如果这些关于普遍道德真理的崇高哲学主张只不过是狂热的抽象思考的产物，那怎么办呢？那样一来，事实—价值问题将会一败涂地，而且与它一道的还有被误导两千五百年的哲学的伦理学历史。生物学家从他们在动物和进化伦理学方面的研究出发，在道德来源于何处这个问题上为我们提供了看起来最可信的替代性解释。它根植于经过自然选择的基因之中，后者产生了诸种社会性本能，并且在人类身上产生了一种像人类智力本身一样复杂的道德感。

若要对科学家们在道德方面所能提供的每一个看法做出一份全面的描述，那将错综复杂，但在生物学家和社会科学家的共同努力下，一幅较为全面的图景或许已有所显露。以下是这样一项协作式项目中将会涉及的科学学科中的其中一部分，以及它们将会寻求解答的核心问题。

遗传学家：产生社会行为的基因有哪些？

神经系统学家：在我们大脑里负责社会行为的准确神经连接是什么？

动物学家：群居动物所具有的本能性的社会行为有哪些？

进化生物学家：使早期原始人类产生社会性本能的环境条件有哪些？

人类学家：在当代土著部落里可能有哪些与早期人类相似的社会行为？

发展心理学家：人类的社会行为在幼儿期和童年期是如何出现的？

变态心理学家：社会行为何以出错？

社会学家：人们在不同的文化及亚文化里持有什么样的价值观念？

政治学家：各种与道德相关的法律所具有的利弊有哪些？

经济学家：我们怎样才能通过博弈论中的假设场景来测试人们的道德选择？

认知科学家：在道德决策的过程中有哪些潜在的认知缺陷？

在这一章里，我们恰好关注了以上名单中的两种科学所做出的贡献，即动物学家和进化生物学家的贡献。不过，这份名单中的另外两种科学也值得略作探讨。首先，有一些由经济学家所实施的博弈论实验表明了社会群体中的人们对合作、公平与利他的感知方式。有一项关于利他主义的重要研究是在巴布亚新几内亚的当地人那里开展的，以此作为了解早前人类进化中的部落利他主义的一种方式。玩家 A 收到一百美元，并得知他可以将其中任意金额的钱分享给（身无分文的）玩家 B。收到五十美元的玩家 C 在盯着看 A 给 B 多少钱。如果 C 对 A 无私赠予的金额感到不满意，那么 C 可以花掉十美元、二十美元或者三十美元，这将给 A 带来惩罚，即从 A 那里取走同样金额的钱。对 A 的分享行为的正常期望是一种对半的平分——在由狩猎采集者组成的部落里，这种平分确保了如果一个群体成员从一场狩猎中一无所获地归来，那么其他猎手将会给予他平等的一份以补足这种差距。这项研究表明，如果 B 和 C 来自相同的部落，那么与 B 和 C 来自不同的部落相比，C 将会由于 A 的分享低于正常值而更加严厉地惩罚 A（在这两种情况下，A 都是来自一个不同于 B 或 C 的部落）。换言之，“与外群体（outgroup）里（由于对一条规范的违背而受到影响）的受害者相比，惩罚者对内群体（ingroup）里受害者的保护要强烈得多，无论违背这条规范的人从属于哪个群体”。[19] 这里的要点在于，相比于面向其他群体里的受害者，部落居民在面向他们自己群体里的受害者时拥有一种更高的公平标准。

其次，还有认知科学方面的研究，它们考察我们道德决策的过程。一项研究表明，我们通常是在已经做出一个道德判断之后从事道德推理，而非像我们通常假定的那样是在此之前。其他研究表明，道德判断有时取决于与道德无关的因素，比如一组道德选择的表述方式，或者一个道德困境是否将我或其他某个人牵涉在内。人们还会在饥肠辘辘——而非刚用完餐——的时候做出更加严厉的道德判断。认知科学中许多像这样关于道德的研究，都暴露出了我们在进行道德判断的方式方面存在的无规律现象甚至缺陷，这暗示我们的道德直觉并不像我们可能认为的那样可靠。

回过头再来看上述的学科列表，这项协作式项目的目标将是：就我们在道德方面可能提出的任何一个问题而言，都会有某个科学领域能够提供一种清晰明确、令人满意的回答。道德起源于何处？我应当持有什么样的价值观念？为什么我有时会做出不道德的选择？这一项目的更大好处将是把伦理学从哲学的幻境中移出，就像几个世纪之前将星辰研究由占星学迁往天文学、将化学物研究由炼金术迁往化学以及将精神病研究由鬼神学迁往生物学时的情景一样。

哲学与科学的结合

迄今为止，我们在谁最有资格理解道德的本性这个问题上已经看到了两种极端的观点：要么只能是哲学家，要么只能是科学家。这场争论很大程度上取决于我们将会在后面一章里进行更详细考察的事实—价值问题。不过，为了讨论的方便，让我们假定，事实—价值问题就像威尔逊和其他一些科学家所指责的那样只是一则童话。让我们假定，如果我们知道了一切与道德有联系的事实，那就将在本质上穷尽这一学科的所有内容，将不存在任何剩余的有待探讨的神秘价值。这是否就意味着哲学应当退位让贤，由科学进行接管呢？未必。首先，上文概述的那种“科学独大”立场更像是科学家们希望在伦理学研究中实现的一份愿望清单。如果仔细检视上述科学学科的名单，并且评估一下它们迄今在道德方面的实际贡献，我们就会发现它们仅仅处于一个预备阶段。例如，遗传学家尚未辨识出与道德相关的所有基因。神经系统学家尚未拥有任何关于大脑神经连接的完整图谱，更不用说掌握哪一种连接是与道德有关的了。进化生物学家开展了大量关于原始人类社会行为的构想，但这些构想常常看起来更像哲学的而非科学的。尽管人类进化的事实无可置疑，但是关于进化的诸多琐屑细节都已不幸遗失在时光的长河里了。

我们在以上每一门学科中都将发现类似的局限，而且，在科学获得对于道德的更完备分析之前，哲学有权继续进行它在这一主题上的研究。不过，由于在科学中关于道德的新兴研究不断涌现，所以对哲学家来说，明智的做法是将这些科学方面的信息纳入考虑之中，而非仅仅率由旧章。因此，一种中间的立场将是对道德开展一种不断受到新兴科学启发的哲学研究。这一进路的一个重要益处在于，我们能够更加清晰、切实地阐明我们的道德期望。例如，正如在巴布亚新几内亚的研究所表明的，与一个全然陌生的人相比，当受害者是我们内群体的一个成员时，我们对公平对待有着更高的天然期望。或许这就意味着，我们必须更加努力地将我们的公平观念普遍化，如此我们才能克服这样一种未进化完全的天然趋向。这可能类似于我们努力克服对高脂肪食物的天然趋向，后者在食物匮乏、生命短促的人类进化早期很好地满足了我们的需要，但现在成了一种对我们的健康与寿命有害的趋向。就道德方面每一种新兴的科学研究来说，都可能有着哲学家应当警觉的、值得留意的类似信息。

有一位对进化这一要旨进行了认真对待的道德哲学家是约翰·杜威（John Dewey），他在很多方面都充当了在科学与哲学的吸引力之间进行调停的榜样。在杜威看来，由于道德产生于人类对其所在环境的适应，所以我们需要把道德理解为进化的一种衍生物。在人类进化的早期，我们的祖先面对环境压力做出了生物性层面上的适应，完全没意识到自然选择正在进行。道德的进化到今天仍在持续，但现在我们意识到了它。杜威提出，我们当下的社会环境正在以一种极快的节奏发生着变化，这使得现代生活极不稳定，甚至或许比进化早期的生活更不稳定。因此，我们需要有意识地使我们的道德观念和道德行为适应这些新的境况；其他过时的道德观念将会由于它们再也无法与之匹敌而完全消亡。但是，他警告说，我们既不能完全抛弃我们旧有的道德传统和道德直觉（这将导致混乱），也不能守着它们一成不变（这将导致它们的消亡）。相反，我们必须借助不同的社会观念进行试验，看看哪一些会在我们当下的环境里发挥作用，以此来对其进行更新。对我们传统道德的这些改变将会需要“再构建和再适应，而且这种改变将会伴随着痛苦。成长总是要付出代价的。它的代价就是要改造那些旧的东西，以便满足这些新的需要”[20]。这种社会性适应的全部仍然是通过自然选择而来的进化，但它是一种非常有意识、有目的的社会性层面上的进化，而不是一种无意识的生物性层面上的进化。

杜威的要旨在于，我们不能完全抛弃关于道德的传统哲学理论，即使是误入歧途的那些。在今天的社会里仍然发挥着作用的那些部分，我们应继续保留。无法适应今天社会的那些部分，我们应加以改进。杜威警告说，未能适应不断变化的社会环境之挑战的道德价值和道德直觉最终将会消亡。这个警告可能同样适用于道德哲学自身。由于固执地坚持着那些关于超验领域的道德真理的陈旧形而上学理论，哲学面临着使自身变得无足轻重的风险。在杜威看来，科学要为我们所处环境里发生的诸种快速变化负责：“科学的成长、它在工业生活方面的发明应用、交通运输和双向通信方式的倍增与加速，创造了一个特别不稳定的环境。”现在，杜威写下这些文字之后的一个多世纪过去了，技术变革的速度有增无减。科学成了这一不稳定的环境本身，它将会迫使道德哲学要么适应，要么消亡。

结论

在本章里，我们首先考察了与合作、分享、公平与移情有关的动物社会行为研究。尽管那些例子看起来令人信服，我们也注意到存在着对其进行过度解读以及把动物的道德行为能力拟人化的风险。不过，我们发现可能存在不同层级的道德能力，从像蚂蚁一样的群居生物身上体现出的无意识的最低层级，到人类身上体现出的具有反思性的最高层级。像狗和黑猩猩这样较高级的动物则处于前两种层级之间。然后，我们审视了与人类道德进化有关的理论，并在以下两种理论之间进行了区分：达尔文的理论认为人类道德产生于自然选择的过程；赫胥黎的饰面理论认为道德仅仅是一种社会的创造，人类将其添加到了他们的进化发展过程之中。这场争论的核心在于赫胥黎的论点，即自然选择本身无法告诉我们是否应当偏爱我们的社会性本能胜过我们的非社会性本能。接下来我们考察了关于利他主义的进化论解释，后者认为亲缘利他主义可能是亲缘选择这一进化过程的产物，部落利他主义则可能是互惠利他主义的产物。我们发现，无差别利他主义可能产生于互惠利他主义的一种失误。我们还发现，互惠利他主义相对于纯粹利他主义来说具有一种进化论层面的优势。

最后，我们探讨了最适合研究伦理学的究竟是哲学家还是生物学家。哲学独大的观点主张，只处理事实的科学不适合承担这一任务，因为道德关系到诸种无法被还原为单纯事实的价值判断。科学独大的观点认为，那种关于事实—价值的区分是一则神话，而凭借由充分的生物科学和社会科学研究所带来的特有贡献，一切与道德有关的重要问题都可以得到充分地解决。接着我们考察了这种结合性的观点：科学与哲学需要一起为伦理学的讨论做贡献。从目前来看，科学仅靠自身无法履行它的诸般承诺，但哲学若能对科学关于伦理学的研究加以探讨仍将会受益匪浅。我们发现，杜威关于进化伦理学的观点是对科学与哲学两者的结合。他承认进化在人类道德发展早期阶段中的作用，但认为人类社会面临的环境压力比以往更加剧烈，我们必须有意识地调整我们的价值观念以满足那些由此而来的要求。从这个意义上来说，由自然选择而来的道德进化始终是在进行之中的。

进一步的反思

1. 请思考本章开头所介绍的那些与动物社会行为有关的例子和实验。哪一个最接近于人的道德？

2. 如果有人说，一些较高级的动物（比如黑猩猩）拥有一种与人接近的道德感，那么这种说法是过度的拟人化吗？请解释。

3. 请对比达尔文和赫胥黎在进化与道德这个问题上的观点，并说一下谁看起来是正确的（如果有的话）？

4. 请讨论一下道金斯关于无差别利他主义的进化论解释，说说它是否是一种令人满意的解释。

5. 请解释一下为什么从进化论的角度来看互惠利他主义比纯粹利他主义更合适，并从你的个人经历或阅读经历中提供一个相关的案例来阐明这一点。

6. 就进化与道德之间的关系来说，在这三种进路（即哲学独大、科学独大、哲学与科学的结合）中哪一种看起来最合理？为什么？

7. 杜威提出，无意识的生物性进化和有意识的社会性进化在本质上是相同的，因为它们都包含了在环境压力之下的自然选择。杜威认为它们在根本上相同这种看法是对的吗？抑或在它们二者之间存在一些关键的差别？请阐释。

第 11 章

性别与伦理学

今天世界上很多地方的女人都认为她们拥有与男人相同的基本权利是理所当然的，但直到20世纪60年代和70年代，美国的情况还并非如此。如果一个女人是单身，她在申请信用卡时就可能会遭到拒绝；如果她是已婚，她也需要一个来自她丈夫的联合签名。一些州的女人无法避孕，无法在怀孕的情况下保住工作，无法从事律师工作，无法正式参加波士顿马拉松比赛，无法到哈佛、耶鲁或普林斯顿大学求学。如果我们回溯到20世纪初，那么女人无法投票，无法轻易到任何大学就读，无法得到任何种类的专职工作。再进一步回溯的话，女人无法拥有财产，无法申请离婚。正如以前的社会把女人置于一种较低的地位一样，在那些时期出现的许多传统道德理论也是如此。

男人不仅制造了社会的道德规则，而且他们在这方面的工作一直偏向于一种男性的视角，从而忽视了对于道德问题的女性视角。英国哲学家艾利森·贾格尔（Alsison Jaggar）简洁地描述了传统的伦理学理论在如下五个方面具有一种有害的男性偏见。[1]第一，它缺乏对女人利益的关切，以致把一系列从属性的义务委托给女人，比如顺从、静默和忠诚。第二，它忽视属于女人的议题，将她们限制在家庭这种社会领域之内，与社交隔绝，没有提升到法律—政治管理的高度。第三，它否认女人的道德行为，因为他们说女人缺乏进行道德推理的能力。第四，存在一种对男性价值而非对女性价值的偏好，前者包括“独立、自主、才智、意志、谨慎、等级、支配、文化、超越、产品、禁欲、战争和死亡”；与之相比，不受重视的女性价值包括“互相依存、共同体、联系、分享、情感、身体、信任、无等级、自然、内在性、过程、欢乐、和平和生命”。第五，为了支持男性在道德规则、对特定行动的判断、公平的道德评价和契约性共识方面的观念，对女人的道德经验存在着一种贬低。所有这些都忽视了更具女性色彩的进路，这些进路着眼于道德情境的特殊语境，努力通过移情式的感情而非通过诉诸规则来化解它们。

在这一章里，我们将着眼于传统伦理学给女人利益造成困扰的一些问题，并讨论在道德方面是否存在一种较为独特的女性进路，从而更好地表达女性的视角。性别与道德这一问题取决于两个基础性的问题：

第一，男人和女人在心理上如何相互区别（如果真的有区别的话）？

第二，基于这些心理上的区别，男人和女人在道德上如何相互区别（如果真的有区别的话）？

二者都是完全合理的问题，事实上我们也一直在问相似的问题。以儿童为例。我们对理解儿童与成人之间的心理差异有强烈的兴趣，而且我们通常得出结论说：这些差异影响到儿童在道德判断和道德责任方面的能力。尤其是较为年幼的儿童在心理上没有办法像成年人一样有效地权衡行动的长期后果，这反过来又使他们在道德责任方面的能力发生偏斜。再想一下我们如何判断心理上受损的成年人的道德能力，比如患有一种脑损伤或受到洗脑的成年人。我们不会期待他们担负同等程度的道德责任，而且我们常常发现他们完全不用为某种行为担负道德上的责任，而你或我却会由于这种行为而被投入监狱。我们可以将相似的推理应用到我们对于动物的道德评价上。虽然我们喜欢把作为我们宠物的狗或猫当作家庭成员，但是我们意识到它们即使具有智力，在心理上也与我们有很大程度的区别，因而我们不承认在它们身上具有任何承担道德责任的能力。如果有来自某个遥远行星的外星人访问我们，那么我们也会进行类似的推理。或许我们要问的第一个问题是“它们和我们在心理上有多大程度的相似”，对这个问题的回答将会告诉我们：我们是应当欢迎它们作为同等有道德的人进入我们的共同体，还是应当为了顾全我们的性命而避开它们。

每当考虑性别差异的时候，我们就会自然而然地问出以上两个问题。男人和女人在心理上至少有那么一点点区别，很可能正是这些心理上的区别塑造了男人和女人各自的道德能力。不过，正如我们自然而然地问出这两个问题一样，从整个历史上来看，我们对这两个问题如何作答也就决定了女人应被授予权力还是应被剥夺权力。

古典的观点

关于性别与道德的讨论发端于古希腊，这种讨论几乎是在哲学呈现为一门正式的学科之初就有了；但是，从一开始，关于女人道德能力的观点就是有偏见的。在这个问题上有很多古典的观点，不过我们只考虑其中的几种，首先从亚里士多德开始。

亚里士多德：女人与自然从属性

当处理上述第一个问题“男人和女人在心理上如何相互区别”时，亚里士多德的回答是：男人在心理上就是被设计来进行命令的，而女人则是进行服从的。一些人生来就是领袖，而另一些人生来就是追随者，这是自然之道，因而根据自然的设计，女人就是追随者。他论证说，她们作为追随者的地位在存在着三种等级关系的家庭结构中是最明显的：家主支配奴隶，丈夫支配妻子，父亲支配孩子。在这三种情形中，都是一方设定规则并且支配着另一方。亚里士多德并不是说女人是奴隶或孩子，而是说她们在家庭中拥有一种从属性的地位，正对应于奴隶和孩子所拥有的地位。将女人与奴隶和孩子区分开的是进行深思熟虑选择的心理能力。奴隶完全缺乏这种能力，孩子虽然拥有这种能力但还仅仅处于一种未成熟、未充分发展的状态。女人确实具有进行深思熟虑选择的能力，但是在她们的决断背后缺乏一种自然的权威。只有男人才能做出具有领导力和权威的深思熟虑选择，并且只有当他们是成年人且不是本性卑贱的奴隶时才能如此。这正是自然为我们设计的道路。

基于这些自然的心理差异，亚里士多德继续处理第二个问题：男人和女人在道德上如何相互区别。或者用他的话说，“我们可以问自然的统治者和自然的臣服者，他们拥有的是相同的德性还是不同的德性”（《政治学》，1.13）。他的回答是含混的。我们所有人都需要获得全部范围内的德性，包括勇敢、节制、慷慨、好的脾气在内。然而，这些德性中的每一种都会由于我们心理构造的限制而以不同的方式表现自身。男人的德性与他们进行命令的自然能力关联在一起，而女人的德性则与她们进行服从的自然能力关联在一起。诚然，女人应当拥有勇敢的德性，但是她们的勇敢应当是在丈夫的领导下执行富有挑战性的任务。诚然，她们应当拥有节制和克制的德性，但却是在不同于男人的领域里。作为从属性的存在者，女人不应当像男人那样健谈。诚然，她们应当具有家政管理方面的德性，但是她们的专长在于节俭以及维护丈夫所获得的东西，而不是由她自己去获得它。相应的，我们不可能期望男人和女人的德性会以相同的方式来表现它们自身：“一个男人会被认为是一个懦夫，如果他的勇气还不如一个勇敢的女人；而一个女人会被认为过分饶舌，如果她对她的谈话施加的限制没有多于一个好的男人对自己的谈话施加的限制。”（《政治学》，3.4）。因此，对亚里士多德来说，存在着一种显而易见的女性道德，这种道德基于她们独特的女性能力。在培养传统德性方面存在着特殊的女性的方式，而且存在着特殊的女性的道德义务，这种义务源于女人的自然功能。它不是一种讨人喜欢的道德，因为它来自她们被假定具有的自然从属性，不过它的确是一种独特的女性道德。

我们应当如何看待亚里士多德关于性别与伦理学的观念？今天，自然的女性从属性的观念被明确摒弃了，即使对其稍作暗示也会激起固执的喧嚷。其中一个原因在于，我们现在从一种更加得当的立场来看待女人在领袖力方面的卓越表现，当社会不再通过性别歧视来阻止她们这样做的时候。亚里士多德基于他那个时代社会实际运作的方式（所有那些都是父权式的）设计了他的社会哲学。他看到的全部都是由男人进行控制而女人则义务性地服从的社会。在那种背景下，任何人都会轻而易举地推断说女人就其本性而言就是从属于男人的，或许即使最开明的思想家也几乎不可能设想出其他的方案。要想改变这一切就需要一场巨大的社会变革，使女人得到平等的接受教育和工作机会的途径，以此揭示出她们能够成功地与男人在领袖地位上展开正面竞争。今天还有一些社会仍然在坚持亚里士多德所捍卫的父权结构，但是它们正在变得越来越少而且日益不受欢迎。

卢梭：女人作为性欲的对象

亚里士多德关于性别与伦理学的观点在接下来的几个世纪被道德哲学家们反复重申，部分原因在于亚里士多德作为最伟大的哲学家之一所拥有的权威地位，部分原因在于社会延续了那种强化性别成见的父权结构。继亚里士多德之后又过了两千年，我们在法国哲学家让－雅克·卢梭（1712 ~ 1778）的观点中发现了自然的女性从属性的观念。我们应当注意，与他那个时代的其他学者相比，卢梭并不是一个非常强烈的性别歧视者，但他却是最臭名昭著的性别歧视者之一，因为他写了一部关于教育哲学的专著，非常详细地讨论了男人与女人的差异。就上文关于两性心理差异的第一个问题而言，卢梭主张：男人是强壮的和积极进取的，而女人则是虚弱的、被动的并且几乎不具有任何反抗能力。自然把两性之中这两种相互对立的倾向完美地配成了一对，因此为了男人的欢愉而特别创造了女人。他的力量吸引着她趋向他，她的诱惑则吸引着他趋向她。

至于第二个问题“男人与女人在道德上如何区别”，卢梭主张，这些自然的心理差异直接形成了两性之间的道德差异：女人应当把她们的虚弱作为资本，并且利用性来得到她们想要从她们丈夫那里得到的东西。一个妻子应当使自己对丈夫具有肉体上的吸引力，并且不要激怒他。当她想要从他那里获得一些具体的东西时，她应当通过性的诱惑来迫使他。因此他依赖她的合作来满足他的性欲，而她反过来也愿意服从于他那优越的力量，当她得到她想要从他那里得到的东西时，她不但不为她的虚弱感到羞耻，反而实际上为其感到骄傲：“她柔软的肌肉给予不了任何反抗的力量，她自称无法举起最轻的重量；她会为变得强壮而感到羞耻。”[2] 在她的一生之中，她的虚弱与被动指导着她如何与身边的每一个人进行交往。她在怀孕的时候需要免于工作，在养育的时候需要一份舒适的生活，还需要一份对爱的热忱来团结和维系整个家庭。她必须努力维持作为一个忠实妻子的好名声，以便使她的丈夫相信他的孩子真的是他的孩子。鉴于两性之间这些关键的心理和道德差异，卢梭论证，女人需要以不同的方式来教育，从而显现出这些自然的差异，这样一来她们就能更加有效地通过她们的美和魅力来引诱男人。像教育男人一样教育女人事实上会适得其反，因为她们与男人越相像，她们对他们产生的影响就越小，“因此男人是实际上的主人”。[3]

沃斯通克拉夫特：性别无涉型道德

18 世纪英国哲学家玛丽·沃斯通克拉夫特（Mary Wollstonecraft,

1759 ~ 1797）研究了许多对于所谓的性别差异的讨论，包括卢梭的讨论在内，她表示实在受够了。因为太长时间以来女人一直在心理上和道德上被歪曲，而她打算纠正这一误解。诚然，女人出于本性在体力上比男人更虚弱，但是男人利用了这种虚弱并且把临时性欲对象的地位强加到女人身上，女人恰好落入了这个陷阱之中。至于与两性心理差异有关的第一个问题，她论证说：男人和女人从根本上来说实际是相同的。如果看起来并非如此，那只是由于强加于她们的性别角色而已。当年幼的女孩子被教导着去玩洋娃娃、精心打扮、多嘴饶舌的时候，她们并非出于本性地选择了这些活动：一个"洋娃娃从来不会激起（一个女孩的）注意力，除非限制使得她别无选择"。[4] 然而，这些品质会紧跟着她们，她们把她们的成年生活耗费在参与琐碎幼稚的活动上，比如穿时尚服装、绘画、装饰，甚至是为动物编造绰号。最重要的是，女人并非像卢梭主张的那样生来就是卖弄风情的人，而是被教导着要成为那样的人，因为她们别无选择。

至于与两性之间的道德差异有关的问题，沃斯通克拉夫特论证：从根本上来说，女人和男人在道德上就像他们在心理上一样是相同的。所有人的道德地位都受到三种能力的支配，即理性、对德性的运用和对知识的激情，它们将我们与动物区分开。女人与男人在同等程度上拥有所有的这些德性，社会应当给予女人与男人同样多的自由来培养这些德性。在她们的日常生活中，女人可能承担起特定的道德义务，比如抚养孩子，但是这些并非专属于女性的义务："我承认，女人可能有不同的义务要履行；但它们是人类的义务，而且我坚定地主张，那些应当对这些义务的履行进行管控的原则必须是相同的。"（《女权辩护》，第 3 章）换言之，任何一个履行同样一种活动，比如抚养孩子的男人，也具有完全相同的道德义务。女人对某些社会角色的承担仅仅是偶然性的，对她们的道德义务而言不构成本质性意义。事实上，尽管女人通常被认为本性上就拥有养育孩子方面的德性，但是沃斯通克拉夫特反过来论证女人并不一定擅长做这件事：“女人……很少发挥出健全的母性情感；因为她要么忽视她的孩子，要么通过不适当的放纵来溺爱他们。”（《女权辩护》，第10章）最重要的是，女人也没有任何特定的道德义务像卢梭主张的那样，去从属于她们的丈夫或在性上吸引她们的丈夫。婚姻关系应当建立在友谊以及对女人的理性能力表示尊重的基础上。从道德的角度来说，随着女人越来越得到解放，她们也将会效法男人的德性。这并不意味着女人应当擅长“狩猎、射击和赌博”的技能，或者甚至应当擅长勇敢和刚毅的德性，所有这些都与男人所拥有的肉体上更强壮的身体联系在一起。更确切地说，沃斯通克拉夫特主张，女人应当拥有培养真诚、正义和博爱这些传统上更多是与男人联系在一起的理性德性的自由。

本能 vs. 社会建构

沃斯通克拉夫特在很多方面领先了她的时代几十年。她向数个世纪以来关于自然的女性从属性以及婚姻与社会范围内的两性角色的陈腐成见提出了挑战。她坚持主张女人要获得教育和职业上的平等地位，预想了一个女人能够担任内科医生、企业家并且在其他传统中为男人所保留的领域里工作的时代。她还预想了一个女人能够参与政治体系并且直接捍卫女人利益的未来。所有这些观念连同她对性别平等和正义的全面重视一起，在今天的社会和政治思潮中产生了罕见的反响。正是依据这种平等和正义的精神，她形成了性别无涉型道德的观念：

男人和女人一样拥有完全相同的基本道德义务和德性。无论性别之间看起来存在什么样的道德差异，都只是误导性教育的结果。沃斯通克拉夫特的性别无涉型道德理论是对这个主题的一锤定音吗？或许不是。这并非因为她的社会正义观念有某种形式的缺陷，事实上，她关于平等和正义的观点是非常强有力的。这个原因更多地与她所使用的心理假定联系在一起。在回答我们的第一个问题“男人和女人在心理上如何相互区别”时，她在很大程度上是基于她自己作为一个女人的个人经历做出了她最好的推测：两性在心理能力方面本质上是相同的。她没有利用科学方法进行实验，也没有依托神经病学的研究，这些在当时都是她无法使用的工具。她的证据仅仅是逸事性的。

不幸的是，即使在今天，我们对性别差异进行科学调查的能力也仅仅比沃斯通克拉夫特的时代稍好一点点，而且我们当代的很多观点仍然受到成见和推测的驱动。一项已发表的研究断言，女人所说的话差不多是男人的三倍，女人每天说两万个单词，而男人每天说七千个单词。但是一项稍后的研究表明二者本质上是相同的，都在一万六千个单词左右。[5]还有一些研究暗示，相对于女孩来说，男孩更擅长数学，但这也被一项稍后的研究推翻。相似的问题还出现在努力表明女人更擅长进行多任务处理方面。[6]然而，也有不断增加的科学证据证明许多心理上的性别差异是真实的。最近一项关于猕猴的研究表明，在男孩和女孩偏爱什么玩具方面存在一种激素的基础：“雄猴就像人类男孩一样，对有轮的玩具表现出一种不可抗拒的偏爱；而雌猴像人类女孩一样，尽管更多地与长毛绒的（洋娃娃）玩具互动，却没有显示出对某一种玩具类型，相对于另一种玩具类型来说的显著偏爱。”[7]

尽管这一评判仍然依赖一些个例，不过可以很稳妥地说至少存在一些心理上的性别差异，这些差异在男人和女人身上分别都是根深蒂固的。但是，我们必须要问的一个关键问题是：这些心理差异究竟是本能的还是只是社会的建构。猕猴研究的确表明性别之间的玩具偏好在一定程度上是本能的，而不仅仅是通过教育或文化洗脑强加于性别的一种社会建构。但是，这项研究可能会被一项新的研究推翻，就像其他许多关于性别差异的研究一样。而且，即使它是一个科学的事实，我们也可能需要暂时将其忽略。在目前的阶段，根据我们关于性别差异的科学知识，避免在这个先天—后天问题上采取一种强烈的立场可能是最好的选择。伽利略曾经论证，当“与理论相反的命题可能随后就被我们感官的证据或被事实的证明揭示出来的时候”，我们不应顽固地坚持理论。[8] 这当然适用于目前我们关于性别差异的很多观念，因为这些观念随时可能会被科学的研究推翻。进一步来说，性别差异的问题是如此敏感，以致一些科学研究甚至由于害怕招致猛烈的批评而不进入大众媒体。[9] 沃斯通克拉夫特自己也声明，她尽可能地克制自己不去致力于心理性别差异的先天—后天问题研究。这样的谨慎行事可能只是在把这个最终必须要得到解答的本质性的先天—后天问题拖延下去。然而，无论它们是根植于本能还是根植于社会建构的，一些性别差异是如此强烈，以至于它们都应该立刻得到承认，并且被严肃地用作伦理学中性别差异的可能基础。

女性关怀伦理学

让我们承认两性之间至少存在一些主要的心理差异。下一个关键问题是要确定哪些心理差异可能导致男人和女人之间的伦理差异。一个很好的例子是在男孩偏爱的玩具与女孩偏爱的玩具之间的心理差异。对有轮玩具的偏好意味着一个孩子对事物如何运行有一种兴趣，比如力学的规则、因果联系。这可以很好地转化为一种男性的性情，即把社会和道德世界看作一台巨大的受规则支配的机器。与之相比，对洋娃娃的偏好则表明对戏剧角色之间的人际关系和情感互动有一种兴趣。于是这可以转化为一种女性的趋向，即把社会和道德世界看作一个人际关系的网络。换言之，女人在对他人进行养育和关怀的能力方面具有专长。在家里，女人在抚育孩子和关怀年长亲人方面更为擅长。在工作上，女人在教育、护理、咨询和社会工作领域处于支配地位。这种特殊的心理能力意味着女人具有关怀这种特殊的道德能力吗？许多当代道德哲学家对此的回答是一个响亮的“是”：从一种女性的视角来看，道德的重点是对他人的关怀。男人通常更多是追随道德规则并且重视抽象的道德义务，然而女人通常重视的是特殊的关系以及在这些关系的范围内对关怀的需求。

科尔伯格与吉利根：正义 vs. 关怀

在美国社会心理学家卡罗尔·吉利根（Carol Gilligan）开创性的著作《不同的声音》（*In a Different Voice*）[10] 中，她提倡一种独特的女性关怀伦理学的观念。她在回应哈佛大学心理学家劳伦斯·科尔伯格

（Lawrence Kohlberg）所提出的一套著名的道德发展理论的过程中形成了自己的观点。据科尔伯格来看，从童年直到成年，人们在道德思考方面的进步，要经过六个不同的阶段。我们从自私地关注个人的满足和对逃避惩罚的欲求开始。当我们考虑到其他人的利益时，我们所关注的也是我们如何可以受益，如同你帮我，我就帮你一样。但是，随着我们逐渐成熟并且经历了道德发展的不同阶段之后，我们的视野就超出了我们个体性的需要，更多关注的是正义观念以及得到普遍应用的抽象道德原则。科尔伯格借助一系列的研究来支持他的理论，在这些研究中他向不同年龄的人展示道德困境，然后要求他们说明正确的选择应当是怎么做。在一项研究中，他要求十一岁的男孩去解决一个困境：一个名叫海因茨的男人有一个病重的妻子，他无力负担挽救她的生命所必需的昂贵药物，但是海因茨有一个机会从一个药房里偷取这种药物。这时海因茨应当怎么做？一个叫“杰克”的男孩给出了一个典型的男性答复：海因茨应当偷取药物。杰克以如下方式进行推理：

（杰克：）首先，人的生命比金钱更有价值，而且如果药剂师仅仅损失一千美元，那么他仍然会活下去；但是如果海因茨不偷这种药，他的妻子就会死去。

为什么生命比金钱更有价值？

（杰克：）因为药剂师稍后能够从患有癌症的富人那里获得一千美元，但海因茨却不能再得到他的妻子。

为什么不能呢？

（杰克：）因为人是各不相同的，因此你无法再次得到海因茨的妻子。

如果海因茨不爱他的妻子将会怎样呢?

（杰克：）他仍然应当偷取药物来挽救他妻子的生命，因为存在“一种在憎恨与杀害之间的区别”。

杰克把道德置于法律之上，因为“法律会有错误，而且你无法为你所能想象出来的每一件事情都撰写一部法律”。[11]

吉利根反驳说，科尔伯格的研究完全是在男性身上进行的，她将这种男性导向型的理性道德思考与普通的十一岁女孩进行了对比，后者的道德推理重视的是关系。女孩子对海因茨困境的典型回答是一个名为“艾米”的女孩的回答，接下来是她对“海因茨是否应当偷药”这个问题的回答：

我不认为他应当偷药。我认为除了偷药之外可能还存在其他的方法，比如他可以借钱、贷款或想别的办法，但他真的不应当偷药，不过他的妻子也不应当死去。

当回应“为什么海因茨不应当偷药”时，艾米指出偷药可能会对这对夫妇的关系造成有害的影响。

如果他偷药，他可能会挽救他妻子的生命，但是如果他这样做了，他必定会入狱，而他的妻子可能会再次变得更加病弱，他却无法获得更多的这种药，那时情况就不太妙了。因此，他们应当真正坦率地来谈这个事情，并且寻找其他某种赚钱的方法。

吉利根提出，一般说来，女人的道德立场与男人不同。男人通常重视权利和正义原则（在海因茨的困境里，道德上的正义甚至胜过了法律），而女人通常关注特殊的关系和关怀，在这种情况下原则不是那么重要，而且她们赋予过程更大的重要性（“他们应当真正坦率地来谈这个事情，并且寻找其他某种赚钱的方法”）。在人们要经历不同的道德发展阶段方面，吉利根与科尔伯格意见一致。但是吉利根认为，就女人而言存在三种特定的层级。第一层级是一个女孩过分关注她自己的个人利益，忽视他人的需求。第二层级的情形翻转了过来：她过分关注他人的需求，却忽视了她自己的需求。第三层级是她的需求与他人的需求处于一种更加平衡的状态。

一个传统道德的捍卫者可能会审视吉利根的三阶段并得出结论说，就它们而言不存在什么独特的女性成分——事实上，女孩所做的只是将她的道德推理发展到成为一个优秀效用主义者的程度罢了。她开始时是一个利己主义者，仅仅关注她的行动给她自己造成的后果。然后她变成了一个利他主义者，仅仅关注她的行动给其他人造成的后果。最后，她既考虑到她的行动给她造成的后果，又考虑到给其他人造成的后果。不过，尽管吉利根的三阶段可能看起来接近于一种效用主义的理想，但是对吉利根而言，价值的单位依然是关怀，而非像快乐、效益或偏好这样一种传统的效用主义价值。在吉利根看来，女人的理想就是使她在为其他人投入多少关怀与为自己投入多少关怀之间实现平衡，而不用在自私地对他人漠不关心和成为一个关怀他人的奴隶之间进退维谷。

关怀与特殊主义

吉利根是将关怀视为女性伦理学的核心成分的众多当代理论家中的一个。她们具体的理论常常千差万别，有时是戏剧性的，但是围绕着关怀伦理学存在几个共同的主题。[12] 首先，女人认为她们的个人认同是与其他人深切地联结在一起的。我们的认同首先是在一个由他人构成的社会网络中形成的，而且即使身为成年人，当我们想到作为人我们是谁的时候，我们由家庭、朋友和共同体构成的社会网络就恰好处于核心的地位。相比之下，传统的男性进路是一种强调个人的自主、自由、独立和隐私领域的进路。其次，女人重视与道德情境紧密相关的具体环境。男性进路倾向于以抽象的方式看待道德情境，从这种方式来看，个体的行动只不过是应当受到某种一般性的道德规则评判的具体实例。再次，女人是在亲密人际关系和私人情感联系培养的语境下来看待道德的。相比之下，传统的进路则把公平的评判者理想化了，认为他是基于一种理性的决策程序来做出道德评价的。最后，女人把道德看作一种具有脆弱性和依赖性的功能。传统的进路将道德决策者描述为理性的、勇敢的、获得充分信息的人，但这完全不是现实，因为我们常常发现我们自己在决策时茫然不知所措。

就这四种因素中的每一种因素而言，道德的传统进路与女性进路之间的差异可能只是一个程度的问题。男人也把他们自己看作互相依存的，也考虑道德情境中的特殊环境，也培养人际关系中的情感联系，也意识到与脆弱性有关的道德问题。但是，这些并不是传统道德观念的中心，而它们对于女人来说却是中心。因此，在关怀伦理学看来，恰恰是这些特殊的关系，而不是抽象的普遍原则，产生了我们的伦理学。这被称作道德特殊主义。它规定道德所包含的总是与特殊的人有关的特殊关系，而非无生命的抽象概念。关怀伦理学家拒绝传统的普遍主义伦理学，拒绝“伦理学存在于在任何时候都适用于任何人的普遍道德原则之中”这种观念。相反，他们论证，普遍主义过于抽象，从而不能证明我们对于家庭和共同体的特殊义务的合理性。道德在具体的关系中才得以发展培养，这些关系为我们的生活提供了意义和目的；当我们把它转变成那些属于核心道德的抽象而冷酷的普遍原则时，我们就误解了这一主题。

同样，在对特殊主义的重视方面，道德的传统进路和女性进路之间的差异可能也只是一个程度的问题。传统的道德理论已经承认对于家庭、朋友和共同体的特定义务。康德会论证说，我们与我们的家人有特定的联系，因为我们对他们负有更加深重的责任。效用主义者会论证说，如果我们每个人都全心全意地帮助我们的家人、朋友以及本地社区成员等这些与我们关系密切的人，而不是试图把同等的关注给予千里之外的人或其他国家的人，那么我们就会使效用最大化。因为与对陌生人和外国人的理解相比，我们对与我们关系亲密的人有更好的理解，因此如果我们专注于他们的需求，也就更有可能使得福利最大化。当然，对于传统的道德理论家而言，我们对其他国家的人也负有义务，但是他们很难推翻我们对家庭、朋友或本地社区所负有的基本义务。因此，传统的道德理论至少可以体现出关怀伦理学的特殊主义关切中的其中一些，尽管它同时也包含着对于那些超出我们私人领域之外的人的一般性义务。

但是，关怀伦理学的捍卫者可能质疑：传统道德中的这种“特殊义务”的成分是否具有足够的特殊主义色彩。由于传统道德对抽象道德原则的强调是如此强烈，所以这些特殊的义务可能会受到轻视。传统道德会要求我们在履行这些特殊义务时要具有关怀伦理学所强调的那种层次的情感联系和敏感性吗？而且，更重要的是，传统伦理学中的这些特殊义务会使我们倾向于以一种更为特殊化的样式来应用抽象的正义概念吗？如果不是，那么传统的道德在将我们的道德义务特殊化方面迈出的步伐还不够大。

关怀与德性

正如我们所看到的，关怀伦理学的一个首要特征是它对一般性道德原则的不信任，这些道德原则据称支配着道德上的每一个行动。由于这些一般性原则的抽象性，它们阻止我们把握每一种道德情境的独特语境，从而强加了一种冷冰冰、无感情的道德判断，而没有在这种情境里促进一种更具关怀性和语境性的个人参与。出于这个原因，许多关怀伦理学的捍卫者论证，关怀应当被看作德性论的一个组成部分，在这种情况下关怀就是一种后天的品质特点，我们自身可以将其内化，正如我们对待其他德性一样。

这种观点受到美国教育哲学家内尔·诺丁斯（Nel Noddings）的支持。[13] 她论证，关怀伦理学是对新的德性的一种追求，这些新的德性基于传统上女人们的实践活动，即使这些女性的实践活动本身在现代社会中已日渐被人抛弃。亚里士多德关于女性德性的观点是基于一种等级制的社会结构的，在这种社会结构中较低阶层被锁定在他们的角色之中。因此，对亚里士多德来说，女人的德性就是从属、顺从、勤勉、静默和服务。但是，即使这些德性反映的是女人作为养育者的角色，一旦社会和政治特权的范围扩展到女人身上，这些也能够被发展成为一种非从属性的关怀伦理学。我们尤其应当观察女人的日常实践和传统的关怀性角色，比如烹饪、教学、护理和幼儿教育。即使这些任务很多可能是剥削性的，它们也需要一些为传统道德所忽略的特殊德性或品质特点。这些德性或品质特点都重视需求胜过权利，重视爱胜过义务。在诺丁斯看来，性别无涉型的道德或许是完全不可能的。男人发明了对“何者构成一种充分的道德理论”的判断标准，重视权利和义务，因此任何女性在传统的对话中所提出的意见都立刻处于一种不利的位置。要把一种女性的要素吸收到伦理学的理论中，这件事不可能留给男人自己来做，而且若非女人发起对关怀的讨论，这整个讨论可能就不会出现。因此，最容易响应关怀伦理学的正是德性论及其对品质培养的关注，而非那些权利和义务的道德体系。

但是，诺丁斯认为传统的受规则支配的道德对于关怀伦理学来说是一种不利的环境这一点是正确的吗？美国哲学家莎拉·克拉克·米勒（Sarah Clarke Miller）不同意，并且论证说：关怀与一般性的道德原则是充分相容的。关怀伦理学对原则的抵制起源于对“与道德上的义务和权利有关的一般性原则在道德理论中实际扮演什么角色”这个问题的一种错误看法。事实上，对一般性原则的运用可以接受关怀伦理学所强调的道德情境的特殊语境。对于道德决策来说，一般性原则充当一个总体的向导，但它只是更大范围内的道德判断过程中的一个要素。我们还需要去“评价原则在任何一种给定的道德情境中可能扮演的角色，为此我们要注意这一情境的相关细节，也就是说，要密切关注围绕着这一道德情境的语境及其所涉及的个体的特性”[14]。我们不会把各种具有微妙差异的道德情境都强行压入少数几条僵硬的规则里面。棘手之处在于细节之中，正是一种情境里的这些细节来告诉我们某条一般性规则是否适用或者是否可能需要一条更为特殊的指导规则。

因此，当女性的关怀价值被表述为一种关怀的义务和责任时，它在家庭里可能是正确的。事实上，相比于将关怀与德性论连接在一起，这样可能更好一些。眼前这个世界的贫困令人触目惊心：大面积的贫穷、饥饿以及清洁水源与适当医疗护理的缺乏。目前的关怀者尽管努力工作，但却远远无法满足需求。这一需求是如此巨大，从而产生了一种道德上的紧迫性，后者最好被表述为一种关于关怀的一般性义务。

因此，关怀价值是像诺丁斯建议的那样最好被表述为一种德性，还是像米勒建议的那样最好被表述为一种义务？这个选择可能是一个虚假的选择，因为有一些方式可以将这两种观念结合起来。事实上，德性论与道义论之间的战争是一种相当新鲜的战争，德性的概念通常被视为“在履行正当的行动或履行义务方面的性情”[15]，即将我们的义务实现出来的实践活动。道德开始于那些被表述为一般性规则的基本义务。然后我们通过形成有德性的习惯从而将这些规则内化，这些习惯使得我们能够自发地顺从我们的义务而行事。按照这种方式，我们可以先从一种关怀的义务入手，这种义务产生于我们在全世界所看到的各种需求。接着我们培养出关怀的德性，它使得我们能够自发且习惯性地以一种关怀的方式行事，并在本质上变成有关怀的人。就对女性的关怀价值提供支持来说，至少在这个观念发展过程中的目前这个阶段，它在传统的伦理学理论中获得了某种立足点。如果它既能被表述为一种德性，又能被表述为一种义务，那就更好了。

在性别与伦理学方面的四个选项

现在我们面前有了一种来自女性视角的复杂而精致的伦理学理论，我们必须回答的下一个问题就是：对传统道德来说，这一切意味着什么。女人应当完全割断她们与传统道德的联结吗？男人应该怎么做呢？他们应当坚持传统的规则导向型进路，还是应当使自己适应于女性的进路？对此存在四种可能的选项，我们将逐一进行考察。

“男性独大”选项

第一个选项是说：只有传统所谓“男性”的伦理学观点才是有效的，它重视一般性的抽象原则，无论男人还是女人都应当接受它。关于一种独特的女性道德的观念并不是一个新的观念。它肇始于亚里士多德，只是在最近的一段时间里，它被以某种方式重新包装从而避免了对于女性的从属与自卑的贬损性成见。但是，为什么要对女性道德的理论进行重新包装呢？为什么不直接将其作为较早时候（当道德哲学家完全被男人和女人之间的心理差异误导的时候）的残留物而加以摒弃呢？尽管它试图主张我们现在对两性差异的理解更加深入，但是即使今天的科学研究也对很多广为接受的两性区分表示质疑。因此，当我们还不清楚两性差异是什么的时候，运用这些差异去改革伦理学理论是没有意义的。另外，几个世纪以来哲学家们设计出来的这些一般性的伦理学原则已经经受住了时间的考验。尽管一些女性道德的捍卫者试图给这一传统贴上“男性导向型”的标签，但是这些道德原则之所以被明确地表述出来，是为了普遍地应用于所有人，无论男性还是女性。而且，纵观历史，传统伦理学一直包含着与关怀价值非常相似的价值，比如慈善、仁善、礼貌、好客以及对自己的孩子和父母的责任。沃斯通克拉夫特是对的：道德是与性别无涉的，问题只不过是要给女人提供进入已经得到实施的传统价值体系的途径罢了。

对第一个选项的回应：诚然，传统伦理学家明确表述了一些普遍适用于男人和女人的道德原则，这一点是真实的；但是，传统道德一直是与人类生理学联系在一起的，这一点也是真实的。存在着能够激发特定行为的情感、冲动和自然倾向，存在着怜悯和同情这样具体的感情，它们弥漫于我们的道德判断之中。即使像正义这样一种规则导向型的价值通常也与一种具体的感情，一种正义感，联系在一起。最近的生物学研究告诉我们，生理上的性别差异对于任何与健康有关的问题而言都是决定性的："性很重要。性，即成为男性或女性，是一个重要而基本的人类变量，每当对任何领域、任何层面的生物医学研究以及与健康有关的研究进行设计和分析时，都应当考虑到这一点。"[16]若是在健康领域认可这一点，在伦理学领域却不认可这一点，那就好像仅仅为了传统自身的缘故而坚守一种过时的道德理论一样。尽管在传统伦理学中也存在类似于关怀的价值，比如慈善，但它们常常是被低估的，而且它们对特殊性轻描淡写，相比之下，这正是女性关怀伦理学所重视的。虽然我们对两性心理差异细节的认识可能仍然很模糊，但无论是生物学领域还是心理学领域中的进展都表明：对女性导向型伦理学的支持是处于正确的轨道上。因此，伦理学传统上的"男性独大"进路看起来是不完整的。

“女性独大”选项

第二个选项是说：只有女性的道德进路是有效的，无论男人还是女人都应当接受它。据这种观点来看，男人已经劫持了道德哲学这门学科，迫使它进入了一种人为的体系，这种体系崇拜规则和抽象原则，忽视内心以及道德的特殊语境。长期以来，男人都是哲学领域的支配者，他们基于自己男性的心理倾向来设计道德理论。女人在这个问题上实际没有发言权，但是现在女人能够参与这场对话了，是时候指出男性导向型进路的错误并将道德的重心转移到对人类经验的培育上了，而女人则是对这种经验的最佳例证。沃斯通克拉夫特是正确的，只存在一种值得所有人追随的道德观念，但这种观念是关怀伦理学，而非僵硬的以规则为基础的体系。可能存在一些确实是男性导向型的学科，比如工程学领域，但道德不属于这些学科。伦理学就其自身的特点而言是女性的，男人和女人都应当以它的女性形式来接受它。正如女人有能力在工程学这样男性导向型的领域里工作一样，男人也有能力适应一种女性的伦理学进路。而且，当它获得普遍认可的时候，可能就不再需要将其称为一种“女性的”道德，就像我们不再需要将教育、社会工作或咨询称为“女性的”学科一样。

这种“女性独大”进路的主要问题在于，它的伦理学观念就像“男性独大”进路一样是不完整的。如果传统的男性伦理学进路对女性发言权的否决是错误的，那么女性的伦理学进路对男性发言权的否决也同样是错误的。即使我们承认传统伦理学没有像其本来应当做的那样接受女人的视角，但是主张“在过去的两千五百年缔造而成的传统道德观念里绝对不存在任何有效的内容”则完全是另外一回事。这一下子失去了关于正义、义务、权利、后果、契约、公正、公平、自由、责任的一般性原则。这些一般性原则不仅是伦理学理论的核心，而且也是我们常识性对话的核心，这些对话是与做道德上正当的事情有关的对话。传统道德哲学家从未声称他们在一个孤立的实验室里发明了这些伦理概念；相反，它们是对正常人所从事的道德推理过程的提炼。人类思想过程中的一个重要部分就是制造与我们的生活经验有关的抽象概念和一般规则。它是所有科学的基础，在我们努力使周围的世界变得有意义的过程中，它正处于中心的位置。某个人采纳一种女性的道德进路，永远不利用传统的抽象道德概念的成分，这是可能的吗？或许不可能。因此，我们应当拒绝伦理学的“女性独大”进路，正如我们应当拒绝“男性独大”进路一样。现在还余下一种以某种方式同时包含男性与女性要素的伦理学观念，接下来我们就转向这种观念。

“分离但却平等”的选项

第三个选项是说：存在两个同等有效的、根植于两性差异的伦理学领域，在这两个领域里男人应当重视男性的进路，女人应当重视女性的进路。这一选项存在某种心理学的基础。美国社会心理学家罗伊·F.鲍迈斯特（Roy F. Boumeister）描述了一项研究：对一个操场上的女孩子和男孩子进行为时一个小时的观察。最后发现，在这一小时里，女孩都在与同一个玩伴一对一地玩，而男孩要么与一群不同的玩伴一对一地玩，要么在一个更大的团体范围内玩。女孩似乎偏爱一对一的关系，而男孩偏爱更大范围的团体或关系网络。因此，尽管男人和女人都是社会性的，但是他们似乎表现为不同的样式：女人专心于亲密关系的狭窄范围，而男人则专心于更大范围的团体。他写道：“如果你列出一个活动清单，而这些活动都是在大型团体之内进行的，那么你清单中所列的事情很可能都是男人比女人做得更多并且更能从中获得享受的事情：团队运动、政治、大型企业、经济网络，诸如此类。”[17]鲍迈斯特对这种劳动分工所具有的进化优势进行了推断：亲密的关系是更重要的，因为它们对我们当下的生存来说是决定性的，但是由更浅的关系所构成的更大范围的人际网络对于发展更大的社会体系是有益的，而文化也正是从这些社会体系中发展出来的。因此，两性分别拥有这两种根深蒂固的趋向，它们都使我们这个物种整体上受益匪浅。若将鲍迈斯特的分析扩展开来，我们就可以看到道德传统的男性进路及其对一般性规则的重视如何适合于给更大范围内由非私人关系构成的社会团体带来秩序。与之相比，女性的关怀价值适合于我们与其他人所培养形成的更为亲密的关系。因为这两种道德进路与两性的心理差异（即男人和女人以不同的方式表现出他们的社会性）直接联结在一起，所以男人重视传统的伦理学进路而女人重视关怀的进路是很合理的。他们的伦理学进路是分离的，但却是平等的。

然而，这种“分离但却平等”的选项很快就土崩瓦解了。因为我们立刻发现，这些心理学研究所表明的仅仅是男人更有动机趋向团体互动，而女人更有动机趋向亲密关系。但是两性显然都具有这两种类型的社会互动能力，而且正如鲍迈斯特自己所说的，这更多是一个“什么东西吸引男人，什么东西吸引女人”的问题。即使男人更喜欢经营生意，他们也仍然拥有抚养小孩的能力，女人反之亦然。而且，从一种道德的视角来看，仅仅因为一个男人可能对团体活动比对亲密关系更有兴趣，并不意味着他就不负有对处于亲密关系中的其他人进行关怀的道德义务。与之类似，仅仅因为一个女人可能对亲密关系比对团体活动更有兴趣，并不意味着她就应当忽略传统道德的所有一般性规则。更进一步来说，如果“分离但却平等”的选项得到确立，那么它对女人来说可能具有灾难性的后果。以养育孩子和照料年老父母的需求这样的家庭杂务为例。男人能够以这些任务是女人的道德专长领域为根据将其指派给她们，同时将管理政府和大型企业的任务留给他们自己。这不仅有强化传统的性别角色的风险，而且它给那些并不愿意遵从的人增加了一个道德污点。如果一个女人未能关怀她年老的父母或者她力图经营一桩生意，那么这不仅是对礼仪的一种违背，而且在道德上是错误的。这种形式的女性道德不但远远没有授予女人权力，反而是向古代的一种倒退，如同亚里士多德的女性从属性概念一样迫使她们屈从。因此，我们必须拒绝这种关于性别与道德的“分离但却平等”选项。

“互相包含”选项

最后的选项是说：男人和女人都应当同时接受道德的男性进路和女性进路。在我们对以上三种选项的考察中，我们已经看到二者都存在合理的根据，无论是伦理学中的女性视角，还是强调维持一般性规则的传统男性进路。我们还看到，我们无法将这两种进路分隔开，无法将这个指派给女人，将另一个指派给男人。更确切地说，在男人和女人都将这两种趋向同时加以内化的情况下，就需要一种互相包含的进路。女人实际上已经把重视一般性规则的传统男性道德进路内化了。即使女人就本性而言对它不像男人那样感兴趣，她们数千年来也一直在实践着它。因此，向道德中更为独特的女性成分学习并且将其内化这一负担就要落到男人的身上。我们已经看到男人具有这种能力，问题仅仅在于要激发他们接受对一些任务的道德责任，尽管他们可能不一定对这些任务感兴趣。我们很多有代表性的道德义务都是让我们感到不舒服的，尤其是当它们与我们自私的倾向相互冲突的时候，比如即使当我们不喜欢一些人时也要尊重地对待他们，或者当其他人拥有某些我们想要的东西时我们也要尊重他们的财产权，或者当讲真话对我们不利时我们也要讲真话。但是，道德上负责任的人无论如何都会履行这些义务。在最坏的情况下，将男人的道德预期调整到把女性价值包含在内可能意味着把男人的道德义务扩展到将本来不会使他们感兴趣的东西也包含在内。不过即使如此，也会带来道德成长的益处以及使男人成为拥有更多功能的道德行为者的机会。

结论

我们已经看到，传统的伦理学理论在表现女人的道德视角方面做得不尽如人意。亚里士多德把女性的德性看作从属性，卢梭强调女人需要对男人具有性吸引力。沃斯通克拉夫特论证，道德是与性别无涉的，它所依靠的是男人和女人共同享有的人类理性。吉利根论证，女人有一种关怀他人的特殊能力，而且这转变成了一种女性的关怀价值，它的一个关键组成部分是特殊化。诺丁斯将关怀价值视为一种德性，而米勒则将其视为一种义务，但这二者是相容的。我们得出的结论是说，化解伦理学中与性别有关的种种差异之间的紧张关系的最好方式是，男人和女人都同时采纳道德的男性进路和女性进路。

然而，尽管说了这么多，关于我们应当将其内化的女性价值究竟是什么，我们依旧不是足够清楚。关怀价值目前是最好的公开选项，但这只是短短几十年来的事情，很难预料当对两性心理差异有更可靠的研究时，还有什么别的价值可能被提出来。在此期间，我们可以做一个最好的推测。如若我们拥有一个女性版本的金规则，它能迅速地捕捉到独特的女性道德视角，同时又能表明它与传统伦理学的关系，那将很有益处。它或许是类似于这样的："在不违背正义原则的情况下，把他人当作需要帮助的朋友。"通过把他人当作需要帮助的朋友，我们吸收了女性的关怀价值及其对特殊化的重视。通过不违背正义原则，我们承认传统道德规则的有效性和约束力。尽管我们对待他人的最初立场应当是一种具有亲密关怀的立场，但是背后还隐藏着一套我们从年轻时候起就一直学习的道德规则，它用来预防不正义的行为。

正义是传统道德的一个特别好的代表，因为它事实上在所有伦理学理论中都占据着一个核心的地位，无论这个理论是基于德性的、社会契约论的、康德主义的、效用主义的还是形形色色的其他进路。这种对正义的重视传递出一种清晰的信息：我们与其他人发展出来的关怀关系不能是不公平的、偏向性的。与他人发展一种特殊的关系是一回事，但是如果这种关系转变成裙带关系、厚此薄彼、偏听偏信以及其他类型的不公平，那就是完全不同的另一回事了。在亲密关系和公平无私之间需要一种平衡，否则关怀就可能沦落为部落主义或者一个老伙计的小圈子，那时我们会变得对我们所培养出来的关怀性友谊过度忠诚。

进一步的反思

1. 请解释一下贾格尔对传统的男性导向型伦理学的五种批评，并且基于本书之前讨论过的理论说一下你是否同意。

2. 从今天的标准来看，亚里士多德与卢梭关于两性之间心理和道德差异的观点是令人无法容忍的性别歧视。在他们的理论中，有没有一些内容能够以一种更加积极的方式应用到女人身上？请阐释。

3. 请描述一下沃斯通克拉夫特认为道德与性别无涉的观点，并解释一下你是否同意。

4. 关于两性心理差异的先天—后天问题仍然是一个未得到解答的问题。假设像养育和特殊化这样具有女性特点的两性差异不是天生的，而仅仅是社会的建构，这会使关怀伦理学的理论失效吗？请阐释。

5. 传统伦理学包含一些类似关怀的因素，比如对家庭、朋友和本地社区的特殊义务。同样，也存在慈善、仁爱、礼貌和好客这些传统的价值。关怀伦理学的捍卫者会说，这些还远远不够，而且在关怀伦理学中包含着某些另外的东西。这些“另外的东西”可能是什么？或者说，关怀伦理学家夸大了关怀价值的独特性？请阐释。

6. 诺丁斯论证，关怀价值最好被表述为一种德性，然而米勒主张它最好被表述为一种义务。第三种选择是说道德德性和义务是相互缠绕的（在这种情况下，德性就是在履行我们义务方面的性情），因此关怀价值既包含德性也包含义务。在这三种选项之中，哪一种是正确的，如果有的话？请阐释。

7. 假设你同意：无论对于男人还是对于女人来说，道德都应当是遵循规则和特殊化关怀的某种结合。那么规则和关怀之间的权重应当是多少：75% 和 25%、50% 和 50%、25% 和 75%？请阐释。

8. 想一下“结论”中提出的女性金规则。它是否会损害女性导向型伦理学的本性从而将其呈现为一条规则？

第12章

宗教与伦理学

英国国教一位著名的主教公开宣称，最近摧毁这个国家大部分地区的洪水是上帝由于人们的道德堕落和环境上的不负责任而对现代社会进行的审判。他认为，为同性恋提供支持的法律在某种程度上要为此次洪水负责。他宣称：

> 这是一场强有力且确定无疑的审判，因为这个世界一直在傲慢地自行其是。我们正在收割我们的道德堕落以及我们造成的环境破坏所带来的后果。我们处于严重的道德灾祸之中，因为每一种类型的生活方式现在都被认为是合法的……我们的政府在声称人们有按照他们的想法行事的自由时，扮演了上帝的角色。性取向条例（这些条例赋予同性恋者更大的权利）是自由放任这一整体背景的组成部分。[1]

他认为，最近的这场洪水是上帝要借此唤起我们的注意并敦促我们悔改。

自有文字记载的历史以来，道德一直与宗教连接在一起。道德被等同于坚守信仰，不道德被等同于罪恶，道德法则被等同于上帝的命令，因此道德生活被视为一种与天父的私人关系。不道德地行事本质上就是违背上帝。无论是把自己的堕落视作宗教业力的可怜的加尔各答平民，还是小心翼翼地努力持守犹太戒律的犹太人，或者是以基督之名进行慈善捐赠的基督徒，宗教都在道德场景中起着支配作用，以至于事实上无法将宗教与道德区分开来。尽管也存在一些例外：中国的儒学本质上就是一种世俗的体系，另外还存在着非有神论版本的佛教，希腊哲学家也在不依赖宗教的情况下对道德进行沉思。但是，纵观我们历史上的大多数时候，大多数人还是把道德等同于宗教，等同于上帝的命令。

无论这种等同是否是一种有效的等同，这个问题都依然存在：道德是否本质上就是与宗教联结在一起的，以致世俗伦理学这个术语是一种明确无疑的自相矛盾？在没有宗教的情况下道德能够存活吗？托尔斯泰（Leo Tolstoy）断言，将道德与宗教分离，就像把一朵花从它的根上切下，并把无根之花移植到泥土里一样。在陀思妥耶夫斯基的《卡拉马佐夫兄弟》（*The Brothers Karamazov*）中，有一个角色宣布：“如果上帝不存在，那么每件事都是可允许的了。”这些观点是正确的吗？

在这一章里，我们通过聚焦以下三个问题来处理宗教与道德之间的联系：道德依赖于宗教吗？宗教是与道德不相关甚或与之相对立的吗？宗教提升了道德生活吗？

道德依赖于宗教吗？

第一个问题是：道德标准自身的有效性是否依赖于上帝，或者是否存在一种独立的伦理学以致连上帝都要受制于道德秩序。这个问题首先出现于柏拉图的对话《游叙弗伦篇》（*Euthyphro*）中，在那里苏格拉底询问一个对宗教很虔诚的名叫游叙弗伦的年轻人："是因为神圣之物是神圣的所以诸神才喜爱它，还是因为诸神喜爱它所以它才是神圣的？"[2] 我们可以改变一下柏拉图的术语，但却仍然保留原意，我们想要知道的是：是否因为好的事情是好的所以上帝才命令做好的事情，还是因为上帝命令做好的事情所以好的事情才是好的。

神命论

根据一种被称作神命论（the divine command theory，简称 DCT）的观点来看，伦理原则只不过是上帝的命令。它们的有效性来自上帝对它们的命令，它们意味着"上帝所命令的事情"。没有上帝，就不会存在任何普遍有效的道德。下面是神学家卡尔·F.H. 亨利（Carl F. H. Henny）对这种观点的阐述：

> 《圣经》伦理学不相信有一种自主的道德。它为神律伦理学赋予了经典的形式，将道德法则与神圣意志等同起来。在基督教的启示里，伦理学中的各种区分都被简化为：对于造物主—上帝本身来说，什么是善的或什么是合意的，以及什么是恶的或什么是不合意的。《圣经》的观点总是主张一种对于价值的动态陈述，

> 拒绝将道德的因素与上帝的意志分割开……善就是造物主—上帝所行和所命令的事情。他是道德法则的创造者，并且定义了它的真正本性。[3]

我们可以把神命论分解为三个单独的命题：

1. 道德（即正当与错误）起源于上帝。
2. 道德上的正当仅仅意味着“上帝所意愿的”，道德上的错误意味着“违背上帝的意志”。
3. 因为道德本质上是基于神圣意志的，并非基于独立存在的行动理由，所以对行动来说不需要任何更深层次的理由。

神命论还存在各种改良的版本，它们会对这三个命题中的一个或多个进行省略或限定，但是它的最强形式会包含所有这三个主张。因而我们可以这样来描述这种立场的特点：

必然地，对于任何一个人 S 和对于所有行动 A 来说，如果对 S 来说 A 是被（要求）禁止的，那么上帝给 S 的命令就是非 A（A）。同样，如果对 S 来说 A 是被允许的，那么上帝给 S 的命令既非 A 也非非 A。

为了阐明其中的含义，我们可以列出以下四个命题：

1. 行动 A 是错误的，当且仅当它与上帝的命令相对立。
2. 行动 A 是正当的（所要求的），当且仅当它是上帝所命令的事情。
3. 行动 A 是道德上可允许的，当且仅当它得到上帝命令的允许。
4. 如果不存在上帝，那么在伦理上就没有任何一件事情是错误的、所要求的或可允许的。

我们可以这样来概括神命论：道德不仅起源于上帝，而且道德上的正当仅仅意味着“上帝所意愿的”，道德上的错误仅仅意味着“违背上帝意志的”。换言之，一个行动之所以正当是由于得到了上帝意志的允许，一个行动之所以错误是由于违背了上帝的意志。因为道德本质上是基于神圣意志的，而非基于独立存在的行动理由，所以对行动来说不需要任何更深层次的理由。因此我们可以问：“如果上帝不存在，那么每件事都是可允许的吗？”如果这样，那么也就没有任何一件事情是被禁止或被要求的了。没有上帝，我们所拥有的就是道德虚无主义：如果不存在上帝，那么在伦理上就没有任何一件事情是错误的、所要求的或可允许的。

相反的观点，姑且将其称为独立性论点，否认神命论的这些命题，它反过来坚持以下命题：

1. 道德并非起源于上帝（尽管上帝创造我们的方式可能影响到了道德的特殊本性）。
2. 正当与错误并非仅仅基于上帝的意志。
3. 本质上来说，不论怎样都存在着行动理由，它们可以在不依赖上帝意志的前提下为人所知晓。

总而言之，伦理学独立于上帝而存在，甚至上帝也必须遵守道德法则，就像他必须遵守数学法则和逻辑法则一样。正如即使上帝也无法制造出一个三边的正方形或者使自己从未存在过一样，所以即使上帝也无法使内在恶的事情变成善的，或者使善的事情变成恶的。

那些支持独立性论点的有神论者很有可能承认上帝所具有的某种知识论优势：上帝比我们更能知道什么是正当的。而且因为他是善的，所以我们总是能够受益于对他的请教。但是，就原则上而言，我们之所以有道德地行事是出于与上帝相同的原因：我们和上帝都追随着某些道德理由，它们是独立于上帝的。我们反对折磨无辜者，因为它是残酷的和不公正的；正如上帝也因为它是残酷的和不公正的而反对折磨无辜者一样。根据这种解释，即使不存在上帝，也仍然一切如故；道德会原封不动，无论是有神论者还是非有神论者都会拥有完全相同的道德义务。

神命论的吸引力在于它似乎使上帝的全能或至高无上得到了公正的对待。如果上帝不是道德的来源，那么在某种程度上，对于我们的生活来说，上帝就会被认为不是那么的至高无上或不可或缺。某种与善或义务有关的事情可能比上帝更"高"或者独立于上帝而存在，这对于许多信徒来说似乎是不可思议的，因为他是信徒生命中至高无上的主，而且信徒所谓的道德上正当就是"主命令了它，即使我没有充分地理解它"。当信徒询问上帝的意志是什么的时候，是在直接诉诸一种个人的意志，而非诉诸一种独立存在的规则。

神命论的问题

神命论存在两个问题，这是主张神命论的人需要面对的。第一个问题是：神命论似乎会使得"把'善'归属于上帝"变成多余的。当我们说"上帝是善的"时，我们认为我们是在将一种属性归之于上帝；但是，如果善仅仅意味着"上帝所命令的或所意愿的"，那么我们并不是在将某种属性归之于上帝。我们的"上帝是善的"这一陈述仅仅意味着"上帝做他愿意做的事情"或者"上帝施行他所宣教的事情"；而"上帝命令我们去做善的事情"也仅仅是一种逻辑上很空洞的陈述：

“上帝命令我们去做上帝命令我们去做的事情。”

神命论的第二个问题是：它似乎使道德变成了某种专断的东西。如果上帝的裁决是正当与错误的唯一主宰者，那么从逻辑上讲，像强奸、滥杀无辜、残忍成性这样令人发指的行动似乎也有可能变成道德上善的行动，如果上帝突然决定命令我们去做这些事情的话。神命论的这种极端性是由奥卡姆的威廉（William of Ockham）所提出的一个经典命题揭示出来的：

> 憎厌上帝、盗窃、通奸以及普通法所载的与这些行动相似的行动，都可能具有一种附加的罪恶的性质，因为它们与神圣命令所要求做的行动恰恰相反。但是如果考虑到这些行动的纯粹本质，那么它们也可以由上帝来做，同时不会附加任何邪恶的前提。而且如果它们应当归入神圣的戒律，正如现在与它们相反的行动在现实中被归入神圣的命令一样，那么一个尘世的朝圣者甚至也可以做这些行动，而且会因此受到称赞。[4]

这种推理的含义似乎意味深长。如果对“上帝可以命令什么事情”不存在任何约束，对道德行动不存在任何独立的尺度或理由，那么任何事情都能够变成一项道德义务，而我们的道德义务也可能随时改变。这样一来，还能够存在道德稳定性吗？神命论的支持者可能反驳说：上帝已经在他的话语（神圣的经文）中展现出了他的意志是什么。但是针锋相对的回应是：“你怎么知道上帝不是在说谎呢？”如果除了上帝碰巧发生的意愿之外，不存在任何关于正当与错误的独立标准，那么我们怎么知道上帝不是在意愿使说谎变成一种义务呢？在这种情况下信徒们没有理由相信《圣经》。

当我还是一个十几岁的青少年时，我在报纸上看到一个身处非洲的传教士用一把刀刺穿了他的妻子和五个孩子的心脏的报道。在他由于谋杀而被捕之后，他声称上帝命令他杀死他的家人，他只是在听从上帝。这个传教士可以进一步论证："在《创世记》第二十二章中上帝不是命令亚伯拉罕杀死他的儿子以撒吗？"因此，我们怎么知道上帝没有命令这个传教士去做这桩可怕的事情呢？他只不过是比正常情况下更早一点送他的家人去天堂罢了。精神病院里的很多人都说听到过上帝的声音，这种声音命令他们去做我们正常情况下认为不道德的事情：强奸、偷盗、贪污和杀人。如果神命论是正确的，那么我们可能是仅仅由于这些人听从上帝就把他们当作了疯子。

如果上帝仅仅通过意愿就能够使道德上看似令人发指的事情变成道德上善的事情，那么道德不就会被简化为有权者的权利（尼采"权力决定权利"的立场）吗？实际上，如果道德仅仅是一种专断的命令，那么在魔鬼和上帝之间又有什么区别呢？假设我们拥有两组命令，一组来自魔鬼，一组来自上帝。我们怎么知道哪一组是属于哪一方的呢？它们可以是完全相同的吗？什么会使它们产生区别呢？如果不存在判断对错的独立标准，那么我们很难知道哪一组是属于哪一方的；进行比较的唯一根据将会是谁能获胜。上帝只不过是这个街区里最大的恶霸而已（当然这是一个相当大的街区，它覆盖了整个宇宙）。

此外，《圣经》提到上帝是爱："亲爱的弟兄啊，我们应当彼此相爱，因为爱是从神来的。凡有爱心的，都是由神而生，并且认识神。没有爱心的，就不认识神，因为神就是爱。"（《约翰一书》4:7–8）。你能够一方面真的爱着人而另一方面又去强奸、杀害或折磨他们吗？一个充满爱的上帝有可能命令你去折磨他们吗？如果可能的话，那么我假设奥斯维辛也可以被看作上帝施予犹太人的充满爱的行动。

神命论的反对者（即独立性论点的支持者）认为，上帝的全能不包括他具有使恶的行动变成善的能力。正如上帝的权能不包括推翻逻辑法则的能力一样（例如，他不能使一个矛盾成真，不能使 2+2=5），所以上帝也同样无法使强奸、不公正、残忍以及折磨或杀害无辜变成善的行为。客观的道德法则可能内在于上帝的本性之中，这是一种即使上帝也必须遵循的法则——如果他要成为一个好的上帝的话。

一些哲学家和神学家承认上帝无法改变道德法则，正如他无法改变逻辑法则一样，但却宣称他仍然是道德法则的来源。例如，基督教哲学家威廉·莱恩·克雷格（William Lane Craig）提出了以下论证：[5]

1. 如果不存在上帝，那么就不存在道德的绝对价值。
2. 恶存在（它是一种消极的绝对价值，而且暗示着也存在作为一种绝对积极价值的善）。
3. 因此，上帝存在。

克雷格假定，除非上帝是道德最终的来源和权威，否则道德就不可能拥有绝对或客观的地位。但是，如果独立性论点是正确的，那么无论上帝存在与否，都存在着客观的道德原则。正是这些原则使得人类能够繁荣兴旺，使得人类的生活更接近于一个天堂而非一个地狱。有理性的存在者能够在不依赖上帝或启示的情形下，仅仅通过运用理性和经验发现这些原则。

康德：上帝使得道德成为可能

即使我们不接受“道德产生于上帝”这种神命论的观点，我们也仍然可以询问道德是否以其他方式依赖于上帝。德国哲学家伊曼努尔·康德论证：确是如此，而且伦理学要想有意义，其唯一的可能性就是建立在宗教的基础上。但是，康德不是神命论者，而且他坚定地主张独立性论点。他论证，在有效的宗教伦理学和有效的哲学伦理学之间不可能存在任何区别，因为上帝和人类二者都必须遵守相同的理性原则，理性足以引导我们发现这些原则：①

> （基督教）以比哲学迄今所能提供的更为确定和纯粹的概念丰富了哲学，而这些概念一旦存在，就被理性自由地赞同，并作为理性本来是完全能够而且应当自行想到和引入的概念而被采纳……就算是《圣经》上的至圣，在我们能够确认他为至圣之前，也必须与我们对道德完善性的理想进行比较。[6]

然而，康德主张，宗教通过将道德与灵魂的不朽和上帝的存在直接连接在一起从而使道德得到完善。他以如下方式来论证不朽是道德的一个必要假设：道德法则命令我们成为道德上完善的人。因为“应当”意味着“能够”，所以我们必定能够实现道德的完善。但是我们无法在此世的生活中获得完善，因为这项任务是一项没有尽头的任务。因此，必定存在一种来世的生活，在那里我们继续朝着这一理想不断前进。

---

① 作者把康德两部著作中的引文放在了一起。此处分别参考了苗力田、李秋零的译文（[德]康德《道德形而上学原理》，苗力田译，第 59 页，上海：上海人民出版社，1986；李秋零主编：《康德著作全集》（第 4 卷），李秋零译，第 415 页，北京：中国人民大学出版社，2005）和邓晓芒、李秋零的译文（[德]康德：《判断力批判》，邓晓芒译，杨祖陶校，第 331 页注④，北京：人民出版社，2002；李秋零主编：《康德著作全集》（第 5 卷），李秋零译，第 493 页注①，北京：中国人民大学出版社，2006）。——译者注

与之类似，上帝也是一个必要的假设，因为必须存在某个角色来强制执行道德法则。换言之，为了得到完整的确证，道德法则所带来的结局必定是根据德性而施以公正的福报，康德将此称为“完满的善”。从永恒的观点来看，完满的善要求幸福应当与德性成比例，以便使那些应得幸福的人接受到与他们的道德品质相称的幸福。同样，邪恶的人必须受到与他们的罪恶相称的不幸作为惩罚。因为德性与幸福这种和谐的相互关系在此世的生活中没有出现，所以它必定在下一世的生活中出现。因此，必定存在一个上帝，他充当着道德法则的法官和强制执行者，没有他，道德法则就不会得到确证。

康德并不是说我们能够证明上帝存在，或者我们应当为了幸福而成为有道德的人。相反，上帝的观念是对我们日常伦理观念的一种完善。康德在这一点上是对的吗？批评者指出，我们能够运用康德的论证来反对康德。以下是康德论证的最简形式：

1. 如果道德是有意义的，那么上帝存在。
2. 道德是有意义的。
3. 因此，上帝存在。

为了论证的缘故，我们姑且承认他前提 1 中的主要论点，即道德的确证依赖于上帝的存在。不过，假设我们没有找到支持上帝存在的有力证据。于是，以前提 1 为基础，我们可以构建如下论证来拒绝道德：

1. 如果道德是有意义的，那么上帝存在。
2. 上帝存在不是事实。
3. 因此，道德是有意义的这一点也不是事实。

在灵魂不朽方面也可以构建起相同的反驳。这一批评的要旨在于：按照康德的观点，道德与上帝兴衰与共，但把“上帝存在”这样一个富有争议的问题强加于道德可能不是一件好事。

宗教是与道德不相关甚或与之相对立的吗?

我们现在转向世俗主义者的观点，他们想要解除宗教与道德之间的关系。许多世俗主义者既反对较强的神命论主张（宗教是伦理的基础），又反对较弱的康德主义主张（宗教使得伦理成为可能）。世俗主义者常常采取两种进路：一些人论证宗教是与道德不相关的，另一些人主张宗教事实上是与真正的道德相对立的。我们先从第一种进路入手。

罗素：宗教与道德无关

英国哲学家伯特兰·罗素（Bertrand Russell，1872 ~ 1970）是20世纪对宗教最直言不讳的批评者之一。在一篇著名的文章中，他提出宗教就整体而言对文明事实上没有做出任何有用的贡献，而且在现实中还成为无数苦难的起因：

> 我自己对宗教的观点与卢克莱修（Lucretius）一样。我把它看作一种由恐惧产生的疾病，看作人类所遭受的无数苦难的一个来源。然而，我无法否认它对文明做出过一些贡献。它在早期有助于确定历法，而且它使得埃及祭司小心谨慎地记载日食，以致他们逐渐能够及时地对它们进行预测。这两种功劳我是打算承认的，但我不知道除了这些还有什么功劳。[7]

在宗教与伦理之间的关系这个主题上，他认为道德不需要上帝：一个人可以是有道德的，而且在斯多亚主义者所提倡的“顺从”这种有思想深度的主张的限度之内，一个人甚至还可能是幸福的。这个世界也许只是盲目的进化斗争的一个产物，最终变得荒谬，但这并没有消除我们要以意义和善来充实我们生活的义务。他写道：

> 无所不能却又盲目的自然，在空间的深渊里永远匆匆忙忙地变革着，最后生出了一个孩子。他虽然依旧服从她的权力，但却生来就拥有视觉，拥有关于善恶的知识，拥有对他这个无思考能力的母亲所创造的一切产品进行评判的能力。[8]

正是这种自觉进行道德评价的权力使得这个孩子优于他无所不能的母亲。他可以自由地思考，自由地评价，自由地创造，自由地为了理想而生活。因此，尽管有苦难、绝望和死亡，人类仍然是自由的。生命具有我们赋予它的意义，道德将是任何有意义的生活的组成部分。

然而，有神论者可能反驳说，罗素这样的世俗主义者只是在“自我壮胆”而已。乔治·马弗罗迪斯（George Mavrodes）批评罗素的世俗观点，称它是莫名其妙的：如果不存在上帝，那么世俗伦理学不就会遭受某种不充分性的损害吗？马弗罗迪斯论证，罗素式的世俗道德世界无法对“为什么我应当有道德”这个问题提供一个令人满意的回答。因为根据它的解释，一般被作为道德目标的那些公共善事物常常正是我们在履行道德义务时所牺牲的那些东西。为什么我们应当为了我们的道德义务而牺牲我们的福利或自我利益呢？

据马弗罗迪斯来看，世俗伦理学的第二个古怪之处在于，它是肤浅的，没有深厚的根基。它似乎缺少一种必要的形而上学基础，这种形而上学基础可以由一种柏拉图式世界观（即现实和价值从本质上来看存在于一个超验的领域之中）来提供，也可以由一种犹太教—基督教世界观来提供：

> 在这样一个（世俗的）世界中，价值和义务不可能深入人心。在一个罗素式的世界里，深入人心的必定是像物质、能量这样的东西，又或许是自然法、运气或混沌这样的东西。如果一个身处罗素式的世界里的人具有义务这一点真的是一个事实，那么将会有某种东西被放置在人的身上，它可能会使一个人付出一切，但是它只能止步于人。这种天渊之别似乎正是它与一个柏拉图式世界之间的区别造成的。[9]

当然，世俗主义者将会继续这种争论。如果道德所寻求的是善，如同我已经论证过的，那么基于一种好生活观念的世俗道德就是在进行自我激励，因为它促进人类的繁荣兴旺，而且可以被表明符合我们所有人的利益，无论上帝是否存在。对于一种理性而世俗的常识道德来说，可能未必需要一种宗教的或柏拉图式的形而上学导向。虽然在伦理准则的确切本性方面会存在区别，宗教伦理学将更有可能支持强势的利他主义，而世俗准则会重视互惠性的利他主义，但是核心道德将是相同的。

休谟和道金斯：上帝与宗教的不道德性

一些世俗主义者甚至比罗素走得更远，他们宣称不仅宗教道德与世俗道德不相同，而且宗教道德是一种劣质道德，它实际上阻碍了道德的深层发展。

怀疑主义哲学家大卫·休谟是一个很好的例子。他写作的时候，适逢公开发表反宗教主张在欧洲刚刚开始获得政治安全的时期；因此，自古希腊以来，他是最早的纯粹世俗的伦理学家之一。休谟指出，将宗教和道德联系在一起的传统观点具有几个问题。休谟论证，其中第一个问题在于宗教中通俗描绘的上帝观念是一个不道德的暴君，后者的行动体现出报复、严苛、残忍和怨恨。他写道："一切所能构想出来的堕落邪恶的想法，都被这些惊恐万状的狂热之徒（即宗教信徒）轻而易举、毫无顾忌地应用到他们的神灵身上。"[10] 即使就最复杂的上帝观念而言，这一点也是真实的："尽管人们使他们对于神的观念得到进一步提升，但是所提升的仅仅是他们关于他的权能和知识的观念，而不是关于他的善的观念。"

传统上宗教与伦理之间的联系所具有的第二个问题，休谟论证，在于宗教实践自身通常是与道德相对立的。原因在于，尽管信徒们努力取悦于上帝，但他们这样做的时候是通过履行荒谬的宗教仪式，而非通过道德的行为：

> 可以确定，在每一种宗教里，无论这种宗教对它的神的口头定义是多么的令人崇敬，许多崇拜者（即宗教信徒），或许是绝大多数，都仍然通过某种方式寻求神的欢心。但是这种方式并非借助德性和好的道德品行，只有这些才能够被一个完善的存在者接受，而是要么借助无聊的仪式、无节制的热忱、狂热的迷醉，要么借助对神秘而荒谬的意见的信仰。[11]

真正的道德，据休谟来看，是人类生活中一个非常自然且令人愉悦的部分；相比之下，怪诞的迷信活动是晦涩而令人厌烦的。因此，当努力安抚他们那爱挑剔的上帝时，信徒们紧抓不放的是一条更艰难的进路，而不是一条更自然的进路。他们的迷信越是极端，他们就越是抛弃道德。在休谟的个人生活中，他对宗教信徒的品行是如此的不信任，以至于据休谟的一个朋友描述："当他听闻一个人是宗教徒时，他就断定那人是一个流氓。"

我们应该如何看待休谟的论证？我们应该立即意识到他的观点依赖于一些非常宽泛的概括：普通人关于上帝所具有的道德性的观念以及普通人的宗教仪式。然而，许多宗教信徒他们自己也赞同休谟的概括，认为人们通常的确歪曲了关于上帝本性和宗教仪式的观点。实际上，大多数世界性宗教中的一个共同主题就是揭露反对者、异教徒或敌对宗教的观点和行动中具有的道德瑕疵。然而，信徒的假定仍然在于存在着一种真正且道德上纯洁无瑕的上帝和宗教的观念。不过休谟更进一步，他指责宗教范围内的道德瑕疵是如此普遍，以致在宗教里几乎不存在任何道德上可以挽回的东西。从休谟的视角来看，要想成为真正有道德的人，我可能并不需要成为一个无神论者，但是我需要实质性地减少我对宗教的迷信和狂热，或许直到宗教只变成我日常生活中的一种次要爱好为止。这是休谟的理论中看起来过于极端的部分。虔诚的信徒可以紧盯着他们关于上帝和宗教仪式的观念，以免陷入道德疯狂。虽然休谟对于普通人能否实际做到这一点保持怀疑，但是我们在这里不用被迫接受休谟那种程度的怀疑主义。

本着与休谟一样的批判精神，英国进化生物学家理查德·道金斯也认为宗教促进了不道德。道金斯描述了在以色列小学生中完成的一项研究。首先，向他们介绍《圣经》中关于耶利哥战役的记载：在这场战役里，约书亚和他的军队执行上帝的命令，杀死了这个城市的所有居民，将他们赶尽杀绝并且取走了他们的财富。结果有百分之六十六的儿童表示完全赞成约书亚的行为，百分之二十六表示完全不赞成，百分之八表示部分赞成。然后，向另一组儿童介绍这同一个故事，仅仅是把约书亚的名字换成“林将军”，并把“以色列”这个词换成“三千年前的中国”。这次的结果是只有百分之七的儿童表示赞成林将军的行为，而百分之七十五表示不赞成。道金斯总结道：

> 如果将他们对犹太教的忠诚从他们的考虑中移除，那么这些儿童中的大部分都会同意绝大多数现代人共同享有的道德判断：约书亚的行动是一种野蛮的种族灭绝行为。但是从一种宗教的视角来看，它就完全是另外一回事了。这种区别开始于人生的初期。正是宗教造就了谴责种族屠杀的儿童与原谅种族屠杀的儿童之间的区别。[12]

道金斯提出，宗教为很多类型的行为进行了辩护，但在更文明的时代里我们意识到这些行为是不道德的。宗教赋予人们一种对于他们自己团体内部成员的误导性忠诚，并且助长了对外人的怀疑和敌意。他写道：“我并非必然地主张无神论促进道德，尽管人道主义（常常与无神论伴随在一起的伦理学体系）或许确实如此。”[13]

的确，我们能够轻易地在世界上所有的宗教中挑选出道德上过时的观点。那些宗教经典即使没有数千年之久，也有数百年之久，而且它们从人类历史早期就开始记录各种价值体系。问题并不在于那些宗教经典对于道德问题有何论述，而在于各种宗教传统是如何阐释它们的，以及这些阐释是否跟得上不断演进的社会正义标准。虽然一些宗教传统没有与时俱进，但是其他宗教在这方面要好得多。而且，在很多情境下，不道德之所以一直在延续，与其说需要谴责的是宗教，不如说是更大范围内的社会和政治环境，宗教只是其中的一部分。上述关于以色列儿童的研究就是一个很好的例子。这项研究的其他方面与目前阿拉伯人—以色列人的政治冲突直接联结在一起，因而这项研究可能更多是以色列儿童对他们阿拉伯邻居态度的反映，而不是他们对上帝赞同种族屠杀这个事情态度的反映。宗教是一个复杂且多层面的社会现象，这就使得我们很难像道金斯那样把责任都归咎于它。

诺埃尔－史密斯和雷切尔斯：宗教与道德的自主性相冲突

像休谟一样，许多当代世俗哲学家也论证说宗教会产生一种低劣的道德。两个著名的例子是P. H. 诺埃尔－史密斯（P. H. Nowell-Smith）和詹姆斯·雷切尔斯（James Rachels），二者都把他们的论点建立在自主性观念的基础上。诺埃尔－史密斯的论证建立在儿童心理学家让·皮亚杰（Jean Piaget）的儿童发展研究的基础上：非常幼小的儿童必须受到价值规则的教导。当他们受到教导之后，他们倾向于固执地坚守这些规则，即使在游戏或活动看起来要求暂停这些规则的时候。例如，假设十个孩子要在一个缺少右翼外场的长方形场地上玩棒球。一些孩子可能拒绝在一边只有五个人并且没有右翼外场的情况下来玩，因为这违背了正式的规则。受规则统治的宗教道德类似于这些孩子，他们不理解游戏规则所具有的更广泛的目的，它是一种婴儿的道德。[14]

雷切尔斯的论证宣称，信徒们在崇拜中放弃了他们的自主性因而是不道德的。他借用康德的格言“向天国的事物卑躬屈膝，甚至仅仅表达出你对它们的崇敬，都是与人类尊严相对立的”，以此论证因为我们具有内在的尊严，所以没有任何事物值得我们崇拜。但是，因为上帝的观念意味着“值得崇拜的”，因此上帝不可能存在。雷切尔斯写道：

1. 如果某个存在者是上帝，那么他必定是一个合适的崇拜对象。
2. 任何存在者都不可能是一个合适的崇拜对象，因为崇拜要求放弃一个人作为一种自主的道德行为者的地位。
3. 因此，不可能存在上帝这样的存在者。[15]

诺埃尔－史密斯和雷切尔斯的论证是合理的吗？它们似乎是有问题的。想一下诺埃尔－史密斯的论点“宗教道德是婴儿的道德”：或许一些宗教人士以及一些世俗主义者都是僵化的、过分受到规则束缚的，但并非所有宗教人士都是如此。实际上，耶稣自己就违反“不在安息日工作”的规则去治病和行善，并谴责批评他的法利赛人说：“安息日是为人而设的，而非人是为安息日而设的。”《圣经·新约》的宗教道德以爱作为主旨，这一强烈的主旨不是表明规则应被视为服务于一种目的，即人类的善吗？

至于雷切尔斯的论证，他的前提 2 似乎是虚假的。在崇拜上帝的过程中，你不需要放弃你的理性和你本质上的自主性。一个有理性的信徒不也需要运用理性去辨别好和坏、神圣和非神圣吗？一个成熟的信徒不会（或不需要）在崇拜中牺牲他的理性或自主性；相反，这些品质是崇拜所要求的重要组成部分。对人来说，爱上帝的命令就是要人用他的全部心智尽心竭力地爱他。如果存在一个上帝，那么他肯定想要我们在所有的思虑中都具有理智、识别力和敏感性。做一个宗教的崇拜者绝不要求或纵容理智上的自杀。

当然，在有充分的证据证明上帝已经给出一种判断时，一个信徒可能会使他的判断听从于上帝的判断。如果这是在牺牲一个人的自主性，那么它只能表明自主性不是一种绝对的价值，而是一种重要的显见价值。如果我正在与阿尔伯特·爱因斯坦（Albert Einstein）一起在物理实验室里工作，我已经学会了信任他并将其当作一个有能力的权威，当他建议我去做一些事情而这些事情与我的业余计算所得出的结论不同时，我可能会听从他的权威。但是我并未因此放弃我的自主性。我自由且理性地做出判断：在这一特殊问题上我应当听从爱因斯坦的判断，其根据在于它更有可能是正确的。自主地活动并不等于对每一个问题都要从头决断，它也不要求决策过程中的一意孤行。自主性是对个人生活一种高阶的反思性控制。在一些特定的情形下，某个其他人的意见可能比个人自己的意见更正确。在那种情形下，遵从那个人的意见将会是对自主性的一种运用，而非对它的一种放弃。[16]与之类似，每当信徒断定上帝的权威推翻了他自己的有限判断时，他就可以听从上帝。放弃那种绝对的自主性似乎是非常理性的，如若不然反而会使自主性变成一种莽撞的迷信。

宗教提升了道德生活吗?

迄今为止我们已经看到，为“道德依赖于宗教”提供支持的主张是非常脆弱的，世俗主义者为“真正的道德与宗教不相容”这种观点提供支持的主张也同样如此。这两种主张都相当极端，因此它们对真凭实据都视若无睹也不足为奇。现在让我们提出一个更加谦逊的问题：宗教是否至少在一定程度上提升了道德生活?

支持宗教的主张

有神论者论证说，宗教至少以六种方式使道德得到了充实。

第一，如果存在一个上帝，那么善的意志将会胜过恶的意志。我们不是在孤军作战，在这场战斗中上帝站在我们的一边。我们的战斗并非徒劳无功，我们最终将会赢得胜利。正如威廉·詹姆斯（William James，1842 ~ 1910）所说：

> 如果宗教是真实的，但为其提供支持的证据依然不太充分，那么我不希望丧失我在生活中站在胜利一边的唯一机会。当然，这个机会依赖于我愿意冒着如下风险：假装我的热情需求，即以宗教的方式来看待世界，可能会是有预见性的和正确的。[17]

即使其他人觉得与正义作对的对手太过庞大以致无法对抗，上述这种邪不压正的思想也会使我们有信心在与不正义和残暴的抗争中坚持下去。尽管世俗主义者可能拥抱一种高尚的斯多亚主义，如罗素所主张的那样“顺从命运”，但是生活在信仰之中的信徒则对上帝之国在尘世的最终胜利充满信心。

第二，如果上帝存在，那么宇宙正义将会统治万方。天平是完全平衡的，因此每个人最终都会根据他们的道德品质获得他应得的那一份。诚然，大多数宗教传统中的上帝都会宽恕悔过的罪人身上的罪孽，在这种情况下，恩典超出了严格的应得。尽管一个仁慈的上帝给我们的奖赏绝不会少于我们的应得，但是如果我们拥有一个善良意志，那么上帝给我们的奖赏将会多于我们的应得。

不过，"人种的是什么，收的也是什么"（《加拉太书》6:7），这种观念在犹太教、伊斯兰教、基督教和其他大多数世界性宗教中都受到重视。在印度教中，它的施行伴随着一种严格的业力逻辑（即你现在的状态是你前生所做之事的直接结果，而且你在现世的生活中所做的事将会决定你在下一世中领受哪一种生活）。

那个困扰着世俗伦理学的问题，即"当我以不道德的方式行事且能够侥幸逃脱的时候，我为什么应当有道德？"（因为我们似乎常常能够从不道德中获利），有了一个现成的答案：我的不道德不会侥幸逃脱。上帝是完美无瑕的法官，他将对我的表现进行审判，我好的表现将会受到奖赏，我坏的表现将会受到惩罚。这种善是对我们而言的真正的善。

第三，如果有神论是真实的，那么道德理由总会推翻非道德理由。让我用一个争论来作为例证：我曾经与我的老师、牛津大学的菲利帕·富特（Philippa Foot）就高更的事情有过一场争论。保罗·高更抛弃了他的家人移居巴黎，然后去塔西提岛实现他的艺术梦想。我认为总体来看，高更抛弃家人的做法是错的。然而，令我非常惊讶的是，富特主张：尽管高更所做的事情在道德上是错的，但是总的看来，他做的事情是正当的，因为有些时候非道德理由会推翻道德理由。从一种世俗的视角来看，富特的论证似乎是有道理的。为什么道德理由总是应当推翻非道德理由呢？这就是世俗伦理学的困境：要么优先性，要么客观性，二者不可兼得。如果你相信伦理学的客观性，即“无论是否有人承认道德原则，这些原则都是普遍有效的”这样一种观念，那么世俗主义者就面临着这个问题：“当我能够违背某条给定的道德原则同时又能成功逃脱惩罚的时候，我为什么应当坚守这一原则呢？”如果你坚持优先性，即如果你相信道德理由永远是最高的动机性理由，是从各方面来看最好的理由，那么你在道德品行方面似乎有可能会采取某种行为者的相对主义。然而，从一种宗教的视角来看，这个世界是如此的秩序井然，以至于“为什么要有道德”这个问题可能很难得到严肃的对待：要有道德就是要适当地尽责，这正是上帝想要我们拥有的生活方式，而且他将会看到善良最终得到奖赏，而邪恶最终得到惩罚。上帝确保了道德的至高无上。道德理由永远可以推翻其他理由。我们既保留了优先性，又保留了客观性。

第四，如果有神论是真实的，那么就存在着一个爱护且关怀我们的上帝，他的爱鼓舞着我们。如果上帝存在，那么爱就真的在使这个世界旋转。你和我都有一个关怀着我们并且为我们的善而努力的天父。一种感恩之情弥散于信徒的生活之中，以至于他准备好为他人的善做出更大的牺牲。换言之，对于做有道德的人而言，除了一个世俗的人已经有的理由之外，甚至除了奖赏和惩罚之外，信徒还有一个额外的理由：他想要取悦于一个完满的上帝。埃及人赛义德・库特布（Sayyid Qutb）控诉西方尤其是美国已经变成一个不道德、堕落、享乐、自私的文明。没有一种对上帝之爱的强烈感受，我们就会出于自私、有害的目的而滥用我们的财富和自由。

第五，如果存在一个按照其形象来创造我们的上帝，那么所有人就都具有平等的价值。有神论者主张，上帝对我们所有人都同等珍视。如果我们所有人都是他的孩子，那么我们所有人都是兄弟姐妹；我们是一家人，应当像对待具有平等价值的家人一样仁善地对待彼此。实际上，现代世俗的道德和政治体系常常在不经确证的情况下假定个体的平等价值。但是，如果没有上帝作为父亲的身份，那么所有人都内在地具有同等积极的价值这种说法就是不合理的。究竟是什么赋予我们这些动物、这些适者生存过程中的生物以价值，又是什么赋予我们平等的价值？从一种智力和效用的视角来看，亚里士多德和尼采似乎是对的：既然存在着巨大的不平等，那么优秀之人为什么不应当利用低劣种类的人来为自己谋利呢？就这一点而言，世俗主义在拒斥不平等主义的过程中，似乎又依赖着它业已放弃的宗教资本的收益为生。

如果有神论是虚假的，那么所有人是否具有平等的价值或者是否具有价值可能就是令人产生疑问的，而且为"为什么即使在不符合我的最大利益的时候也要有道德？"这个问题提供一个明确的答复可能就会变得更加困难。如果宇宙中不存在和谐感和客观目的，那么我们很多人都会得出结论说：我们会由此而变得更加悲伤、更加可怜。

第六，如果上帝存在，那么对于后代的问题我们就有了一种令人信服的解决方案。在前面的几章中，我们已经注意到很难为"我们对未来的世代负有义务"这种直觉给出一种充分的解释。

假设距今四五十年或一百年之后，地球上的人们集体做了一次成本—效益评估，并且全体一致地决定：不值得为了生命而承受其内在的苦难和乏味。或许人们开始厌倦他们的技术玩具，并且未能找到任何使生活值得过的东西，因此他们决定集体自杀。这会是不道德的吗？如果你不喜欢自杀这种想法，那么假设他们所有人都服食一种药物：它会带来令人迷醉的幸福，但却有一种副作用——致使他们永久不育。他们知道这一点，却仍然服食它。这两种情形都会导致人类的终结。我要再次问一下：这些人做了什么不道德的事情吗？他们侵犯了哪个人的权利吗？

哲学家乔尔·范伯格在一篇开创性的文章中，以下面这种方式回应了这个问题：

> 我倾向于……断定：我们这个物种的自杀将会是遗憾的、可悲的，而且是一场令人深切动容的悲剧，但是它没有侵犯任何人的权利。实际上，如果，与事实相反，所有人类能够在这样一件事情上达成一致意见，那么这种一致意见会是一种征兆，它预示我们这个物种从生物学的角度来说已经不再具有生存适应性。[18]

要注意这个问题与正常的自杀不同。我们有时可以论证自杀是不道德的，因为打算自杀的人还负有对其他人的责任，那些人将会由于他的自杀而受到伤害。例如，决心结束自己生命的父母可能还负有一种优先的义务：关怀孩子，这些孩子将会由于父母的自杀而变成孤儿，或者会因此遭受巨大的打击。然而，在这个例子中，不存在任何将会被撇下的孩子。一旦他们成年，他们也会同意死去或者同意不再生育。而且，不需要把其他任何人的身份考虑在内，或者大概是这样。当然，未来的人不可能被征求意见，因为他们还不存在因而无法被确认身份。

宗教给我们提供了两个理由来关怀未来的世代：第一个理由是因为上帝命令我们要延续我们这个种族。但是宗教信徒还有第二个具体的理由去关怀未来的人：上帝知道谁将被生出来，并且就好像这些人已经存在一样地爱护他们。对于上帝来说，世界存在的每时每刻都是善的。在像好管家一样服侍上帝的过程中，我们有义务在地球上好好地生活，这包括把健全的地球留给未来的人——他们将要出生并且已经得到上帝的爱。不过，当然，所有这些都要假设上帝存在。

在这六个命题之外，还有一个事实：有神论完全没有剥夺我们在非有神论体系中所拥有的那种自主性。如果无论上帝是否存在，我们对善或恶都能同样自由地进行选择（假定善恶的观念在一个非有神论的宇宙里也有意义），那么似乎可以合理地断言：从某种角度来说，有神论的世界比一个不存在上帝的世界更好、更令人满足。而且，有神论者通过启示还拥有得到更深层的道德真理的机会——而这是世俗主义者无法得到的。

反对宗教的主张

这个争议的另外一方认为：宗教不但没有提升道德，反而贬损了它，宗教道德最终使得这个世界成为一个比没有宗教更糟的居所。我们将会讨论支持这一立场的五种论证。

第一，大量的罪恶都是由宗教人士以宗教之名做下的。我们只需要看看我们搜捕异端、宗教偏执和宗教战争的肮脏历史就行了，其中一些战争现在仍在继续。2001 年 9 月 11 日对世界贸易中心和五角大楼的恐怖主义袭击，其中差不多有三千名无辜人士丧生，以及后来在马德里和其他地方发生的自杀式炸弹袭击，它们都是源于宗教，这种表现令人反感。在录像带中，奥萨马・本・拉登（Osama bin Laden）因为推倒了世界贸易中心的双塔而庆幸。宗教作为一种有力武器，既可以被用作善，也可以被用作恶。在特蕾莎修女或科尔贝神父的手里，它可以把黑暗变成光明；但是在狂热分子的手里，比如受错误思想指导的自杀式炸弹袭击者或堕胎诊所破坏者，它可以把光明变成黑暗。

第二，我们不确知是否存在一个仁善的上帝。那些支持上帝存在的论证显然难以令人信服。而且，即使存在一个神圣的存在者，我们也没有令人信服的证据来证明我们对上帝意志和上帝之道的阐释是正确的。宗教在很大程度上是基于信仰的，而非基于确凿的证据，因此信徒们理应对他们的主张保持虔诚。我们大多数人更有把握的似乎是我们道德的核心内容，而非神学的核心教义。因此，要求社会为了某些基于启示的训诫而放弃一种基于理性的道德是有欠考虑的。有些时候，一个宗教权威要求发布一道命令，而这道命令却与我们最佳的理性判断相冲突，这就会引起一种可能撕裂社会的对抗。

第三，宗教道德隔绝对话。宗教道德通常不只是由一种“上帝是道德标准的后盾”的理论信念所组成，它还伴随着宗教权威对一系列问题所采取的具体道德立场，比如婚前性行为、避孕、同性恋、克隆和死刑。通常的世俗进路在争论这些议题时要考虑一系列的问题，比如“一种特殊的道德政策的益处是什么？会伤害到谁？是否侵犯权利？”不过，就宗教道德而言，凭借诉诸可以推翻其他一切考量的个人宗教传统的教义，这种对话很快就被切断了。关于这一点，今天的堕胎争论是一个清晰的例子，尤其是当信徒纯粹基于宗教来捍卫胎儿的特殊道德地位的时候。在这种情况下，不存在进行真正的争论或妥协的机会，而当探讨各种非宗教的意见时，本来是可能存在这种真正的争论或妥协的。

第四，宗教道德导致群体不宽容。组织化的宗教就其本性而言是排外的群体：把成员看作内部人，把非成员看作外部人。而且，道德就其本性而言是评判性的：我们根据人们的道德行为和不道德行为来进行赞扬和谴责。宗教道德把这两种因素混淆在了一起，因而潜在地制造了一种针对外部异议人士的群体性的道德不宽容。许多群体和组织与它们各自相应的外部人士之间都会产生意见分歧，包括像扶轮社或基督教青年会这样的群体。这里的差异在于，宗教道德包含了一种内群体针对来自外群体的异议人士的道德谴责。这在本质上准许了他们以自己的宗教之名来表达他们对这些异议人士的道德愤慨。关于一种宗教群体不宽容另一种宗教群体，历史上记录了无数的事例，包括中世纪的十字军和宗教法庭，宗教改革时期的宗教战争，以及阿亚图拉·霍梅尼（Ayatollah Khomeini）由于萨尔曼·拉什迪（Salman Rushdie）写了一部据说渎神的书《撒旦诗篇》（*Satanic Verses*）而发布的要杀死这个作者的命令。

第五，宗教道德威胁政教分离。这与上一个要点有关，教条式和不宽容的宗教深深地且真实地困扰着世俗主义者，后者把宗教看作对社会的一种威胁，坚持在教会和国家之间要有一种严格的分离。纵观世界上的大多数文明，拥有一种正式的国家宗教是一种常规，只是在最近几个世纪里一些进步的国家才打破了这个模式。尽管一种国家宗教对于虔信这一宗教的信徒来说可能是一件好事，但是对于那些处于主流之外的人来说并不是好事。当宗教组织的道德议程转变为改革社会的政治努力时，宗教道德就对政教分离构成了威胁。

我们解决这些问题的希望在于制定出一种有神论者和非有神论者同样都会赞成的适当道德。如果存在一种关于信仰的伦理学，那么我们就能够把理性的监督应用到我们的宗教信仰上，就像把它应用到我们其他所有的信仰上一样，并且致力于获得一种对于“我们的信仰体系具有何种地位”的更好理解。这是一场挑战，应当鼓舞那些最优秀的心灵来应对它，因为我们最后可能发现：不但能够拯救我们的世界，而且能够解决它长期存在的一些问题并且创造一个繁荣兴旺的国家的不是科学或技术，而是深刻、全面的伦理学理论和道德生活。

结论

我们讨论了道德是否依赖于宗教。我们考察了道德标准自身的有效性是否依赖于上帝，或者是否存在一种伦理学的独立性，以至于即使上帝也要服从道德秩序。是因为善的事物是善的所以上帝才命令它，还是因为上帝命令了善的事物所以它才是善的？我们发现独立性论点是正确的。上帝由于善的事物具有内在价值而喜爱它，如果上帝存在的话。道德具有独立的价值，因此无论上帝存在与否，道德真理都会存在。我们论证了，尽管宗教伦理学与世俗伦理学没有本质上的不同，但是宗教能够通过为道德提供动机性理由来提升道德生活。

进一步的反思

1. 请评价列夫·托尔斯泰在他的文章《宗教与道德》(*Religion and Morality*)中的一段论述:“如果有人尝试寻找一种远离宗教的道德,那就仿佛孩子们希望移植一朵他们喜欢的花,于是尝试把它从他们不喜欢并且觉得似乎多余的根茎上摘下来,然后把无根的花插到泥土里。没有宗教就不可能有真正、真诚的道德,正如没有根茎就不可能有真正的花朵一样。”

2. 请评价神命论。它的优点和缺点是什么?什么是独立性论点,以及它与神命论有怎样的联系?

3. 一个世俗主义者会如何回应为支持“宗教有能力给道德提供更多意义”而提出的六种主张?你认为宗教真的能够提升道德生活吗?请给出你的回答。

4. 卡尔·马克思(Karl Marx)说宗教是人民的鸦片(今天,这个比喻换成“可卡因”或“可卡因药丸”可能更好一些):它诱使他们觉得世界的一切都会好起来的,引导他们对邪恶和不正义保持被动的接受。在马克思的格言中是否存在某种真理?请解释你的回答。一个有神论者对此将会如何回应?

5. 请想象一下,一个高级的存在者出现在你的面前并且说:“我是上帝而且我是善的,因此,当我要你去折磨你的母亲时,你要顺从我。”一个神命论的支持者将会如何应对这个问题?

6. 一些宗教人士基于宗教的权威而相信堕胎或同性性行为在道德上是错的。一个相信这些实践活动在道德上并不是错的世俗伦理学家应当如何与这样的信徒展开辩论？他们之间可能存在一种理性的对话吗？请给出你的回答。

7. 请考察“有神论为后代问题提供了一种令人信服的解答”这种主张。你同意这一点吗？请讨论一下你的回答。

第 13 章

事实—价值问题

想一想下面这段来自网络博客的道德攻击：

> 他怎么可以主张一种这么不道德的观点?!它是不可接受的，这种想法简直让我作呕！正是这类东西把我们整个社会拖进最深的、充满恶臭的放荡泥潭！这样的邪恶只能用让人反感、骇人听闻和令人憎恶来描述，那些对它表示支持的人完全是活着的垃圾！他们是污秽的烂泥！在死后有一个特别的地方是为这个人及其支持者准备的，那就叫作地狱！！！恕我直言，这是确定无疑的。

上述引文没有提及点燃这个作者怒火的具体道德问题是什么，不过从很多方面来看这并没有关系。无论这个问题是堕胎、安乐死、性道德还是死刑，像这样的咆哮在媒体和私人谈话对于道德问题的讨论中都是无处不在的。

上述引文最有趣的地方在于这个作者似乎没有说出任何事实性的内容。我们看到大量刺耳的判断和情感，但是这个作者爆发出的全部愤怒都可以归纳为一个简单的论点，即“X是不道德的”。不过，在我们进行道德评价时，即使我们的修辞没有像这个作者一样饱含感情，我们的道德评价常常也不是真正的事实判断。当然，存在很多事实因素，它们为我们的道德评价打好了基础，这些事实因素包括：某人进行了一次堕胎的事实，某人被执行死刑的事实，某人的行为造成了伤害和苦难的事实。但是，当面对真正的道德评价本身时，在事情的事实与我们对其所做出的价值评价之间似乎存在一个巨大的鸿沟。当我们声称某件事情是一个事实的时候，我们暗示了某种对象或事态是存在的。当我们做出一个价值评价的时候，我们是在以一种不同于事实判断或逻辑判断的方式来评价或称赞某个事情的。道德哲学家今天将其称为事实—价值问题，即确定价值是否在本质上不同于事实、道德评价是否来自事实以及道德陈述是否能够像事实陈述一样有真有假的问题。

处理事实—价值问题的探究方法过去常常被称为元伦理学，元伦理学对伦理学的术语进行哲学探讨并且讨论伦理学作为一种探究对象所具有的结构。传统的哲学家主要是试图系统地描述正确的道德理论，然而许多当代哲学家关心的是伦理学术语的元伦理学功能、道德判断的地位、伦理判断与非伦理的事实判断之间的关系。在这里有这样一些核心的问题："善与正当这些术语的含义是什么，如果它们有含义的话？"以及"我们如何证明我们的道德信念是合理的，如果它们真的合理的话？"。在这一章里，我们来探讨一下事实—价值问题及其引出的元伦理学问题。

休谟和摩尔：对这个问题的经典表述

尽管事实—价值问题是当下哲学家们争论的一个中心问题，但是两位英国哲学家大卫·休谟和乔治·爱德华·摩尔在更早的时候就预见到了这个问题。让我们分别看一下他们的阐释以及他们为正在进行中的这场讨论做出了哪些贡献。

休谟：由“是”推出“应当”的谬误

故事要从大卫·休谟讲起，他在二十几岁的时候完成了他不朽的著作《人性论》（*A Treatise of Human Nature*）。在这本书的最后部分，他把视线转向他那个时代常见的伦理问题，其中很多都是我们已经探讨过的：道德客观主义、利己主义、社会契约论、自然法理论和宗教道德。在考察这些对道德的常见阐释时，他意识到它们全都犯了一个基础性的错误。具体而言，这些理论都从对一些客观世界具体事实的观察入手，然后它们都从这些陈述中得出了与我们的道德义务有关的结论。用他的话来说，它们从与情况如何有关的陈述转移到了与情况应当如何有关的陈述。这被称作由“是”推出“应当”的谬误。

他在下面这个著名的段落中描述了这一谬误：

> 在我迄今遇到的每一种道德体系里，我都总是注意到：作者有时会按照日常的推理方式进行推理，并且确立一个上帝的存在，或者对人类事务进行观察；然后我突然惊奇地发现，除了通常的“是”与“不是”的命题连接之外，我没有遇到任何与“应当”或“不

应当”有联系的命题。[1]

据休谟来看，我们在普通的和复杂的道德理论中都可以发现这种谬误。下面是一些他可能考虑到的普通道德理论中的例子：

- 上帝存在；因此，我们应当遵守上帝的道德命令。
- 上帝将会在死后惩罚和奖赏我们；因此，我们应当有道德地行为。
- 人是社会性的产物；因此，我们应当有道德地行为。
- 没有规则，社会将会陷入混乱；因此，我们应当有道德地行为。

在以上每个例子中，都存在一项关于事实的陈述，后者随后都被转移为了一种价值判断。下面是他具体提到的两种复杂道德理论的例子，其中也体现出了这种同样的从事实到价值的转移：

- 通过理性，我们能够察觉关于适当行为的永恒真理；因此，我们应当像我们的理性告知我们的那样有道德地行为。
- 存在一种第六感，它能察觉不合宜的品行；因此，我们应当像这种第六感告知我们的那样有道德地行为。

所有这些例子存在的问题并不一定在于每个陈述开头的事实，而在于每个陈述末尾向道德部分的过渡。每个语句的末尾都增加了某种新的内容（一个“应当”），这种内容并不包含在开头之中（一个“是”）。他在下文提出了这一点：

> 这一变动是难以觉察的；然而，却是属于后一个推论的。因为像这样的“应当”或“不应当”表达了某种新的关系或主张，

它必须应该得到关注和解释；同时应该给出一个理由，因为这似乎完全是不可思议的：这种新的关系如何能够是一个推论，一个从那些与它完全不同的其他内容中推出的推论。但是，因为学者们通常不运用这种预防措施，所以我将擅自把它推荐给读者们——我相信，这点小小的注意力将会推翻所有粗俗的道德体系，而且我们会看到恶与德性之间的区分既非仅仅建立在对象关系的基础上，也非仅仅是由理性感知到的。[2]

因此，我们无法通过任何类型的理性推论或事实推论从“是”推出“应当”。据休谟来看，这个错误在于假定道德判断是那种我们可以将其运用在数学、逻辑和科学中的理性演绎。休谟对是—应当问题的解答是：道德评价根本不是理性的推论。相反，它们是情感的反应，是我们在对目睹或耳闻的某个事件做出回应时所体验到的快乐和痛苦的感情。假设我们目睹了某个具体的“事实”，比如一场报复性的、冷血的杀戮。我们并非理性地推断它是错的；相反，我们感受到它是错的。正是感情把新的且具有明显道德色彩的因素引入了进来。

休谟的理论以两种方式影响了当代的道德理论。首先，从“是”推出“应当”的谬误阐明了我们通过理性的观察和推论而认识到的事实，与我们以一种不同的方式而获得的价值之间所具有的一种关键性差异。当我们今天讨论事实—价值问题的时候，这种差异就是隐藏在这个问题背后的基本观念。其次，休谟关于“道德评价不是理性判断而是感情”的理论启发了几位当代哲学家，他们将道德话语等同于情感表达，今天我们将这种立场称为情绪论。

摩尔：自然主义的谬误

1903 年，乔治·爱德华·摩尔出版了他的《伦理学原理》（*Principia Ethica*）[3]，它在当代伦理学家中激起了一场对伦理学术语的含义以及事实与价值的关系这样一些元伦理学问题的持续探讨。

摩尔的这部著作首先宣布：哲学家们之所以一直在伦理学问题中纠缠不清，很大程度上是因为他们没有清晰地界定伦理学的范畴，没有确定哲学家们对这一主题能够适当地提出何种问题。伦理学显然包括获得道德上善的行为所需要的决策程序这一实践性任务。但是，摩尔论证，在这样做之前，我们需要发现善这个术语本身的含义。事实上，伦理学的基础就是对善这个术语的一种理解：

> 事实上，“善”的含义是唯一为伦理学所特有的简单的思想对象，除了作为其反面的“恶”之外……除非这第一个问题得到充分的理解，并且它的真实答案得到清晰的确认，否则从系统性知识的视角来看，伦理学的其余部分就像善一样毫无用处。

哲学家们过去也认识到需要理解“善”这种观念的含义，而且他们尝试以不同的方式定义它。效用主义者将它等同于快乐，康德将它等同于一个人的理性意志，进化伦理学家将它等同于“进一步进化”的观念。然而，据摩尔来看，所有这些理论都是错误的，其根本原因在于“善”这种观念无法被定义。事实上，摩尔论证：把“善”等同于任何具体的自然属性，比如“快乐”或“进一步进化”都是一种谬误，他将此称为自然主义的谬误。

“善”不可定义的原因在于它是一种简单属性，换言之，一种没有部分因而不能通过其组成部分来定义的属性。例如，黄色是一种简单属性，你无法向任何一个还不认识黄色的人解释黄色是什么。这与“马”这样一个复合的概念形成对比，我们可以借助组成部分来定义马：它是一种奇蹄目的大型哺乳动物。“善”就是像“黄色”一样的简单概念（而非像“马”这样的复合概念）。当我们看到道德善的时候，我们就会直觉性地认识到它，但它完全无法定义。

摩尔提供了一个测试来帮助我们确定一种道德理论是否犯下了自然主义的谬误，这个测试被称作未决问题论证。按照它最简单的形式来说，未决问题论证就是：对于任何我们将其与“善”相等同的属性来说，我们都可以问：“这种属性自身是善的吗？”例如，如果我将“善”等同于快乐最大化，那么就可以提出“快乐最大化自身是善的吗”这个问题。因为这个问题是有意义的，所以它就意味着快乐最大化与“善”并不是真正等同的。为了说明这一点，让我们从接下来的这个单纯陈述开始：

S1. 慈善是善的。

跟随效用主义的做法，我们现在将善定义为“快乐最大化”。我们的单纯陈述现在变成了这样：

S2. 慈善使快乐最大化。

假设我们进一步推进我们的研究，并且向我们自己提出下面这个问题：

Q1. 通过慈善使快乐最大化是善的吗？

据摩尔来看，这表明“在我们心里显然有两种不同的观念”，即一方面是“善”的观念，另一方面是“快乐最大化”的属性。整个问题源于我们试图将“善”等同于某种自然的属性（比如“快乐最大化”），而没有接受“善是一种简单且不可定义的性质”这一事实。

与休谟“从‘是’推出‘应当’”的谬误一样，摩尔的自然主义谬误是对事实—价值问题进行明确表述的另一种方式。据摩尔来看，“善”这种价值无法等同于“快乐最大化”“进一步进化”这样的事实。在事实与价值之间存在着一条鸿沟。

摩尔自己对这个问题的解答是：我们能够在事实（快乐最大化）中直觉性地认识到价值（善）的存在。因此，慈善可能确实使得快乐最大化，而且我们在它里面能够直觉性地发现善。然而，认识到善伴随着快乐的最大化是一回事，将善等同于快乐的最大化则完全是另外一回事。无论我们直觉性地认识到有多少事物伴随着道德上的善，在我们所考察的事实与我们在这些事实中所发现的价值之间都将始终存在一条鸿沟。

艾耶尔与情绪论

这个故事中的下一位选手是阿尔弗雷德·朱尔斯·艾耶尔（Alfred Jules Ayer，1910 ~ 1989），他受到了休谟和摩尔所描述的事实—价值问题的影响。休谟和摩尔分别表明了两点内容。首先，他们解释了为什么存在一个事实—价值问题；其次，他们通过表明道德价值真正是什么从而为这个问题提供了解决方案。对休谟来说，这个问题包含“从‘是’推出‘应当’”的谬误，他的解决方案是道德价值依赖于情感反应。对摩尔来说，这个问题包含自然主义的谬误，他的解决方案是要直觉性地承认事物中的道德善。

艾耶尔同样采用这种双管齐下的进路。首先，他论证：事实—价值问题之所以出现，是因为道德陈述无法通过一项关键性的意义测试，这项测试被称作证实原则。其次，通过对休谟的论述加以扩展，他的解决方案在于认为道德话语仅仅是感情的表达，即一种被称作情绪论的立场。让我们分别来看一下这些部分。

艾耶尔的理论

就证实原则而言，20 世纪 30 年代艾耶尔前往维也纳，与一群被称作“逻辑实证主义者”的哲学家一起进行研究，后者相信一个语句的意义存在于它的证实方法之中。根据这种测试，所有有意义的语句必定只有以下两种情况：

1. 同义反复（根据定义为真且具有“A 是 A”这种形式或者可以

还原为这样一种陈述的陈述）。

2. 经验上可证实的（与对客观世界的观察有关的陈述，比如“这本书是红色的”）。

基于这种测试，数学陈述是有意义的，比如所有三角形都有三条边，因为它们是同义反复的。“帝国大厦是在纽约市”这个陈述也是有意义的，因为它是经验上可证实的。

不过，像“慈善是善的”这样的价值陈述会怎样呢？根据上述测试，它们是无意义的，因为它们既非同义反复，也非可证实的陈述。换言之，它并非根据“慈善是善的”这样一种定义而为真，也没有办法在经验方面证实慈善是否是善的。与之类似，根据上述测试，像“上帝指导着你们的生活”这样一个神学陈述也是无意义的，因为它既非一种同义反复，也非经验上可证实的。艾耶尔在下面一段话中阐明了他对价值话语的无意义性这一要点的论述：

> 基础性的伦理概念是不可分析的，因为这些概念存在于判断之中，而人们没有标准去检测这些判断的有效性……它们之所以是不可分析的，是因为它们只不过是伪概念。一个伦理符号在一个命题中的出现不会为这个命题的实际内容增添任何东西。因此如果我对某个人说“你偷那笔钱是错的”，那么我实际上除了简单地说“你偷了那笔钱”之外并没有陈述任何内容。在补充说这个行动是错的时候，我并没有对它进行任何进一步的陈述。[4]

他的论证本质上是这样的：

1. 一个语句是有意义的，当且仅当它是可证实的。

2. 道德语句不能被证实。

3. 因此，道德语句不是有意义的。

因此，在道德话语未能通过证实测试并且不是事实陈述的情况下，就总是存在着一个事实—价值问题。

艾耶尔对事实—价值问题的解答在于其注意到了道德话语是以一种非事实的特殊方式起作用的。尽管它们实际上确实是无意义的，但是它们并不完全是胡言乱语。对艾耶尔来说，像“慈善是善的”这样的话语表达出了我们对慈善的积极感情，这种方式非常像我们大声喊：“慈善万岁！”与之类似，“谋杀是错的”这句话语表达出了我们对谋杀的消极感情，正如我们喊“谋杀——嘘！”一样。“道德话语仅仅表达我们的感情”这样一种观点被称为情绪论。艾耶尔强调，道德话语甚至没有记录我们的感情——它们仅仅表达我们的感情。

被记录的感情:“慈善是善的”意味着“我对慈善具有积极的感情”。

被表达的感情:“慈善是善的”意味着“慈善——万岁！”。

对感情的记录在某种意义上是事实性的：“我对慈善具有积极的感情”这一点或者是真的或者是假的，我能够借助对我精神状态的心理分析从经验的角度证实这一点。然而，“慈善——万岁！”这种情感表达类似于一声嘟哝或一声叹息，事实上不存在可供记录的东西。

哲学家们引入了两个术语来区分事实性话语和非事实性话语：认知性的和非认知性的。当一个陈述具有事实性内容时，它是认知性的：我们能够知道（或认知到）它的真值，即它是真的还是假的。当一个陈述缺少事实性内容时，它是非认知性的：它不具有真值。传统的道德理论都宣称是认知主义的：它们全都声称道德陈述具有真值。下面是四种传统的理论以各自方式为“慈善是善的”这一道德话语给出的认知主义的解释。

利己主义：慈善使自我利益最大化。

效用主义：慈善使一般性的快乐最大化。

康德主义：慈善是一种理性的义务。

德性论：慈善促进人类的繁荣兴旺。

摩尔对事实—价值问题提出的情绪论式解答也是认知主义的，因为对他而言“慈善是善的”意味着“慈善具有道德善这种难以定义的属性”（据摩尔来看，我们通过道德直觉得知这一点是真实的）。对艾耶尔来说，所有这些认知主义的理论都是误导性的。因为像“慈善是善的”这样的道德话语没有通过证实原则的意义测试，所以它们不可能是认知性的。它们所具有的内容仅仅是非认知性的，并且采取的是对我们的感情进行表达的形式。

艾耶尔的情绪论解释直接抨击了许多为我们所珍爱的道德假定。我们通常认为道德话语事实上是有意义的，据艾耶尔来看却并非如此。我们通常认为道德包含对我们推理能力的某种运用，据艾耶尔来看同样并非如此。艾耶尔的理论最令人不安的地方或许在于它暗示着：伦理分歧归根结底是一种态度的分歧。假设你和我对“堕胎在道德上是否是可允许的”具有分歧，而且我们以一种不被情感冲昏头脑的文明方式就这个问题展开争论，按照艾耶尔的观点，这依然仅仅是一个关于我们具有相互冲突的潜在情感态度的问题而已，它实际上不是一种关于事实问题的分歧。

对情绪论的批评

在艾耶尔的著作现世之后，很快出现了几种针对艾耶尔情绪论的反对意见。首先，第一种批评是说艾耶尔的情绪论所依靠的意义证实理论具有严重的问题。具体而言，它无法通过它自己的测试。这条原则简述如下。

证实原则：一个陈述是有意义的，当且仅当它要么是同义反复的，要么是经验上可证实的。

我们现在提出一个问题："这条证实原则本身是同义反复的还是经验上可证实的？"答案是它两者都不是，这就意味着证实原则是无意义的。如果情况是这样，那么我们就不必把证实原则用作对道德话语的一种测试。艾耶尔对道德的情绪论分析的其余内容从而也就分崩离析了。

其次，情绪论关于"伦理分歧归根结底是态度上的分歧"的观点存在一个问题。具体而言，这模糊了在拥有改变态度的理由和拥有改变态度的原因之间存在着的一个重要区别。再次假设一下你和我争论堕胎问题。试想现在有两种化解我们争论的方法：方法一需要你向我提供一系列支持你的立场的理由，从而使我最终同意你的观点；方法二需要一个外科医生以某种方式对我的大脑进行手术，从而转变我对堕胎问题的情感态度。方法一涉及我的观点改变背后的理由，而方法二涉及我的观点改变背后的原因。情绪论的理论无法轻松地在这两种改变态度的方法之间做出区分。据情绪论来看，无论如何，态度的改变只能通过对我们情感的某种因果性处理来实现。这是一个问题，因为事实上每一个人都会同意在方法一的做法与方法二的做法之间存在一种重大的区别，只有前者才是化解道德分歧的一种合法方式。

再次，与单纯的情感或者因感情或态度而产生的行动相比，道德似乎更深刻。道德判断是可普遍化的：如果吉尔偷窃是错的，那么任何一个与吉尔各方面都相似的人偷窃都是错的。情绪论把道德简化成了孤立的、无法普遍适用的情感表达或态度。然而，更合理的做法是把道德看作一种对原则（比如“偷盗是错的”）进行应用的功能，这种功能具有一种普遍性的因素。

艾耶尔版本的情绪论是相当极端的，它产生这么多的问题也不足为奇。后来，查尔斯·莱斯利·史蒂文森在他的著作《伦理学与语言》（*Ethics and Language*）[5] 中提出了一种更温和版本的情绪论。史蒂文森同意道德话语具有一种非认知性的情感成分。但是，他论证：道德话语有些时候也具有认知性的因素。史蒂文森说，道德话语是如此的复杂，以至于我们无法给出一种同时适用于所有道德话语的具体模式。

不过，一种典型的道德话语，比如“慈善是善的”，可能具有以下具体成分。

情感性表达（非认知性的）：“慈善——万岁！”

对感情的记录（认知性的）：“我赞成慈善。”

对其他性质的描述（认知性的）：“慈善具有 X、Y、Z 这些性质或关系”（例如，减少苦难、减少社会不平等）。

史蒂文森的建议是相当合理的。如果我们不满意艾耶尔的极端情绪论，那么我们仍然可以承认就道德话语而言存在着某种非认知性的情感因素。实际上，考虑到情感多么频繁地进入我们的道德评价之中，比如开头引自网络博客的那个例子，我们就会承认在道德讨论的范围内，道德话语至少存在一种较为有限的情感表达的作用。

黑尔与规定主义

艾耶尔最著名的是我们刚刚考察过的情绪论理论。然而，在《语言、真理与逻辑》（*Language*, *Truth and Logic*）中，他还讨论了道德话语的第二种非认知性因素，即它们的规定性功能：它们劝告或命令其他人采取我们的态度。艾耶尔这样来描述这一点：

> 值得注意的是，伦理学术语不仅起到表达感情的作用，它们还适合激发感情，并且由此刺激行动。实际上，对其中一些术语的运用使得那些包含这些术语的语句具有了命令的效应。因此，"讲真话是你的义务"这一语句既可以被当作对与真诚有关的特定伦理感情的表达，也可以被当作对"要讲真话"这一命令的表达。[6]

就像道德话语的情感性成分一样，规定性因素也是非事实性的：它没有说出任何与客观世界有关的或真或假的内容，而是促使人们以特定的方式来行为。它有点像我用一根枝条轻轻地戳你一下，从而使你继续前行。因此，据艾耶尔来看，"慈善是善的"这一道德话语具有以下两种非认知性的因素。

情感性的： "慈善——万岁！"

规定性的： "要做慈善！"

与道德话语的规定性成分最经常联系在一起的哲学家名字是理查德·麦尔文·黑尔，尤其是在他的《道德语言》（*The Language of Morals*）[7] 这部著作中。黑尔承认由摩尔和艾耶尔展现出的事实—价值鸿沟。他也与艾耶尔一样认为我们无法将真假归于道德陈述，道德评价是态度性的。然而，他的重点更多放在规定性因素而非情感性因素上。据黑尔来看，道德判断存在四种重要的特性：它们是规定性的，它们显示出逻辑关系，它们是可普遍化的，它们包含原则。让我们分别来考察一下它们。

规定性

据黑尔看来，道德判断既有一种描述性（事实）的因素，也有一种规定性（价值）的因素。描述性因素包含与一种特定行动有关的事实，比如“慈善使快乐最大化”。规定性因素是指导和劝告其他人采用我们的价值态度的行为。在黑尔看来，当进行道德判断的时候，规定性因素就被添加到描述性因素上；而且，在这两种因素之中，规定性因素比描述性因素更重要。原因是我们对于事情的事实性描述可以改变。某一天我们可能把慈善描述为快乐的最大化，第二天我们可能将其描述为体现了进一步进化的行为或者反映了上帝的意志。然而，无论我们的描述如何改变，规定性因素都始终如一：当我们说“X 是好的”的时候，我们就是在劝告其他人采取我们对 X 的态度。

为了阐明描述性因素与规定性因素之间的这种区别，假设一下我说一辆特定的汽车是一辆“好”车。我的意思是说它具有某些特征：它不会经常出现故障，它没有生锈，它每小时会跑五十英里，它每加仑汽油至少能跑三十英里，它为主人成功地服务了好几年，如此等等。但是我不需要把所有这些都称作好的。我也完全可以逐条逐项地描述我的车。把形容词“好”放在名词“车”的前面，仅仅意味着我像大多数人一样会推荐这样的一辆汽车。但是改装汽车的哈里对跑车有一种强烈的爱好，而且他是一个熟练的技工（因此他不介意经常出现故障），他可能不会同意我的评价。他可能同意我对一辆给定的车的描述，但却不会同意它是一辆好车。对我来说我那辆雪佛兰汽车是一辆好车，但对哈里来说它是一辆坏车而且他宁死也不愿去开它。这就是对某事物的描述与对它的评价之间的主要区别。

描述：车 C 具有 a、b、c……n 这些特性。

评价：善总是相对于某个标准而言的一种属性。

改装汽车的哈里和我在把车 C 称作好车方面存在分歧，因为我们拥有不同的参考标准。我们可以选择任何一种我们所喜欢的参考标准，任何一种这样的标准都不是内在于车的本性之中的。

关键在于善的描述性成分并未穷尽它的意义，还存在着某种添加上去的东西，即价值的因素。这种价值因素，即善的规定性，是一个与对其他人的选择进行指导有关的问题。黑尔写道：“当我们赞扬或谴责某个事情的时候，这总是为了给选择提供指导，至少是间接地——无论是我们自己的选择还是其他人的选择，无论是现在的选择还是未来的选择。”[8]

现在，如果我知道某个人需要一辆车而且他的需求和价值与我相似，那么我可以向他推荐一辆与我的车类似的二手雪佛兰轿车。我可以说“它是一辆好车”，或者“如果你想要一辆很好的二手车，那就买一辆雪佛兰轿车吧”，或者“你应当买一辆便宜的二手雪佛兰，就像我的一样”。所有这些陈述都具有同样的规定性力量。第一个语句是一个直陈式的价值陈述，第二个语句是一个（“如果你想要 X，那就做 A”形式的）假言命令，第三个语句是一个包含规定性动词“应当”的直陈式语句。

重要的是要注意到，道德判断并不仅仅是命令式的命令，而且还通过它们的规定性因素从而包含着命令式。“你不应当作弊”只是对“请不要作弊”这一命令式的另外一种说法。当我接受“作弊是错的”“人们不应当作弊”这一判断的时候，我就是在表示我自己要按照这一规定而生活。如果我做出一个道德判断：“你应当做 X”，那么它意味着要对你的行动进行“指导”，但这种“指导”并不是在“它必定驱使你去做 X”的意义上说的，而是在“如果你接受我的判断那么你就要做X，如果你不做X那么就暗示着你拒绝了我的判断”的意义上说的。

道德推理的逻辑

黑尔的理论具有一种特殊性，它使非认知主义这一纲领得以推进。这种特性是这样的一种观念：存在一种与规定性判断有关的逻辑。尽管道德判断不具有真值，但是它们的确具有一种逻辑形式。我们能够对特殊性的判断进行论证，并且运用论证来获得特殊的规定性。

黑尔坚持以下两个命题，这两个命题都和“是”与“应当”之间的区别有关，即和描述性陈述与规定性陈述之间的区别有关，而且它们都属于一种逻辑形式：

1. 从一组前提之中无法有效地得出任何直陈式结论，如果这组前提之中具有直陈式，但是仅凭这些直陈式无法有效地得出这组前提的话。
2. 从一组前提里无法有效地得出任何命令式结论，如果这些前提连一条命令式也不包含的话。

让我们集中于第二个命题。下面是一个从一种直陈式前提到一种命令式的论证：

A1. 这是一个盒子。

A2. 因此，要把这个盒子带到火车站。

这显然缺少某种东西。我们必须添加一个具有一种命令式形式的大前提：

1. 要把所有盒子带到火车站。

结果，这个论证就变成了：

B1. 要把所有盒子带到火车站。

B2. 这是一个盒子。

B3. 因此，要把这个盒子带到火车站。

当我们记起应当判断是一种命令式并且将论点二应用于道德判断的时候，我们就发现：一个有效的道德判断必须包含至少一个应当（命令式）前提才能得到一个道德结论：

C1. 学生不应当在考试中作弊。（命令式形式：请勿作弊！）

C2. 吉尔在参加一场哲学考试。（直陈式陈述）

C3. 因此，吉尔不应当在她的考试中作弊。（命令式形式：因此，不要作弊，吉尔！）

黑尔本质上同意休谟的“从‘是’推出‘应当’”的谬误。如果我们的前提只包含事实性陈述，那么我们从它们之中就不可能合理地得出任何关于义务的应当陈述。然而，只要有一个前提包含一个应当，我们就可以合理地将这一价值因素贯穿到结论之中。

可普遍性

可普遍性是黑尔的道德理论最重要的特性，因为它为这种理论提供了一种形式上的结构。就黑尔的体系而言不存在什么特别的内容，但是它存在着一种方法。这种方法本质上是康德主义的，类似于定言命令：要按照愿意让你的行动原则能够成为一条普遍法则的方式而行事。康德的理论与黑尔的区别在于，康德的信念是认为定言命令将会产生实质的普遍原则，比如发展个人天分的义务；但是黑尔拒绝这种观念。

可普遍性原则是指在做出一个道德判断的过程中，一个人必须表示自己在所有类似的情况下都会做出相同的判断。除非行为者预备将他的原则普遍化，否则这个判断就不是道德的。“询问在这些环境下我是否应当做 A，就是询问我是否认为‘在这样的环境下做 A’应当变成一条普遍法则。”[9] 可普遍性就是承认“对别人如何，对自己也要如何”①。它约束着我们的选择，警告我们：无论依据何种判断进行评判，我们都会受到同样的评判。黑尔论证，可普遍性既是一切道德判断的一个必要条件，也是它们的一个充分条件，在这种情况下，人们将会把相同的原则公平地应用于任何一种与所讨论的情形相同的情形之中。“必要”条件与“充分”条件之间的区分是很关键的，这种区分可以表述如下。

作为一种必要条件的可普遍性：如果一条原则是一种道德原则，那么它可以普遍地应用。

① 这是英语中的习语，字面的意思是“给母鹅的调味汁就是给公鹅的调味汁”（“what is sauce for the goose is sauce for the gander”）。——译者注

作为一种充分条件的可普遍性：如果一条原则可以普遍地应用，那么它是一种道德原则。

黑尔认为，可普遍性对于道德原则来说既是一个必要条件也是一个充分条件。这是正确的吗？关于将可普遍性视作一个必要条件，我们可以举出一个有力的证据。一般而言，如果你说对象 X 具有某种属性 F，并且指出对象 Y 与 X 完全相似，那么我们会预期 Y 也将具有属性 F。如果这块方糖是甜的，而紧挨着它的那个在各个方面都与它完全相似，那么我们必然应当断定那个也是甜的。道德也是如此：如果鲍勃做了某件我们判断为不道德的事情，而乔做了某件在各个方面都与其完全相似的事情，那么我们必然判断乔的行动也是不道德的。

然而，关于将可普遍性当作一个充分条件，为其提供证据会更加困难一些。换言之，并非每一条可普遍化的规定性原则都是一种道德原则，比如："不要把你的手浸到蓄电池酸液里，因为这会灼伤你的皮肤。"这条原则是规定性的，因为它对一种具体类型的行为提出了强烈要求。它也是普遍性的，因为这一指令适用于每一个人，正如蓄电池酸液对人皮肤造成的有害影响适用于每一个人一样。尽管故意把自己的手浸到蓄电池酸液里可能是一件愚蠢的事情，但它未必是一种不道德的行动。

原则

黑尔的工作最富有洞察力的方面之一在于他承认原则在道德推理中的核心地位。为了更好地审视这一特性，让我们将各种以原则为中心的体系与一种非原则的体系进行一下对比。后者这样一种类型的伦理学是境遇伦理学，尤其是约瑟夫·弗莱彻在他的著作《境遇伦理学》

（*Situation Ethics*）中所倡导的那种。弗莱彻用下面这个故事来阐明他的论点：原则对道德生活而言是不必要的。1964 年竞选期间，弗莱彻的一个朋友正在乘坐一辆出租车，他偶然询问了一下这名出租车司机的政治观点。这名司机说："我、我的父亲和我的祖父……以及他们的父亲，始终都只投票给共和党的候选人。""啊，"自身就是一个共和党成员的朋友说，"那么我的理解是你将会投票支持戈德华特参议员。""不，"司机说，"有些时候一个人必须把他的原则推到一边，去做正确的事情。"[10] 这名出租车司机是弗莱彻著作中的英雄，他的态度就是认为我们没有原则也能够愉快地做事。

但是，黑尔会指出：在弗莱彻的心里"将原则看作僵硬的绝对真理"与"将原则看作对于激发我们思虑而言必不可少的理由"混淆在了一起。如果弗莱彻的朋友略微深入一点地追问那名出租车司机，那么无疑就会使他为自己改投其他人给出一些理由。例如，他可能认为戈德华特参议员想要升级在越南的战争，但这样的一种升级既是不正义的，也会导致可怕的后果。

实际上，黑尔主张，所有道德推理都包含着原则，没有原则的话大多数的教导都会变得不可能，因为我们通常教导的不是特殊的条款，而是一套为行动提供指导的原则；换言之，我们学习的不是孤立的个体性行动，而是某类情境下的某类行动：

> 在学习开车的过程中，我所学的不是现在换挡，而是在发动机发出某种声音的时候换挡。如若不然，教导就会毫无用处——因为如果一个教练所能做的仅仅是告诉我们现在换挡，那么他不得不在我们余生中的大多数时候都坐在我们的身边，以便每次都

告诉我们何时换挡。[11]

在拥有基本的原则之后，我们接下来要学会何时运用它们，以及何时把它们放在次要地位从而适应一种复杂的情境。在开车的时候，我们首先学会在停车之前要移向道路的一边。后来，我们得知这一点并不适用于我们在想要左转驶上辅路之前的停车情形，因为那时我们必须停在靠近道路中间的地方，直到它能够转向为止。再后来，我们得知在进行这种移向时，如果它是一个不受控制的交叉路口，而且我们可以看到我们在转向时不会阻碍交通，那么就完全没有必要停车。因此，对我们的驾驶原则进行修改的过程会不断地继续下去。

> 好的司机是这样的：他的行动是如此精确地受到已经变成他的一种习惯的原则支配，以至于他通常都不需要思考要怎么做。但是，道路状况是千差万别的，因此让一个人的驾驶完全变成一个习惯的问题也是不明智的……好的司机常常留意他的习惯，看看它们是否可能得到改进——他从来不会停止学习。[12]

诚然，我们在道德中需要原则，它们将会起到习惯性地指导我们行为的作用。但是我们应当追随哪种道德原则呢？他的回答是：不存在能够被我们列举出来的完整的原则清单：

> 对于一个决定的（一种）完整确证将会包含对其效应的一种完整解释，连同对其所观察到的原则以及对这些原则的观察结果的一种完整解释……如果被迫对一个决定进行完整的确证，那么我们就不得不给出一份对生活方式的完整说明，说明这个决定是这种生活方式的一部分。但是，这种完整的说明在实践中是不可

> 能给出的；最接近的尝试是由那些伟大的宗教给出的说明……如果询问者仍然继续追问“但是为什么我应当那样生活呢”，那么就没有更进一步的回答提供给他了，因为我们已经（假定）说出了可能包含在这种更进一步的回答中的所有内容。我们只能请他自己决定他应当以何种方式生活——因为每一件事最终都取决于这样一种对于原则的抉择。[13]

黑尔提出，我们自由地选择我们自己的原则，但是一经选定，我们就必须将自身托付于这些原则，进而将其普遍化。他相信，通过运用想象力以及对其他人的换位思考，我们将能够达成一组公共的原则。他提出，如果所有的普通人都运用这种进路，那么事实上他们最终会获得一种公共的、规范性的道德理论——某种形式的效用主义。

对规定主义的批评

数十年来，黑尔一直是许多伦理学家抨击的目标；以下是四种针对他的规定主义的具体批评：它过于宽泛并且为我们通常觉得不道德的行为留出了余地；它允许把无足轻重的判断当作道德判断；它听凭生活中的道德要旨从伦理学中溜走；在改变个人原则方面不存在任何约束。

第一，规定主义是过于宽泛的：它容许把极其不道德的人和行动看作道德的。黑尔自己在《自由与理性》（*Freedom and Reason*）第 13 章中首先指出了这一点。他承认，规定“某个种族的所有人都应当被灭绝”的狂热分子根据他的理论——按照他的解释——可能会被认为是道德的。一个信念坚定的纳粹分子可以有效地运用论证 A：

> A1. 所有犹太人都应当被灭绝。

A2. 大卫是一个犹太人。

A3. 因此，大卫应当被灭绝。

而一个右翼狂热分子也可以进行如下推理：

B1. 任何社会主义者都不应当被容许在一所美国大学里任教。

B2. 约翰是一个社会主义者。

B3. 因此，约翰不应当被容许在一所美国大学里任教。

在选择道德原则时，唯一的约束是一个人在做出判断之前应当运用自己富于同情心的想象力以及对其他人的换位思考。但是对狂热分子来说，这并不构成阻碍，因为他可以这样推理："如果我变成一个社会主义者（或被发现是一个犹太人），那么我也应该得到我所规定的那种对待。"我们很多人会提出这些原则没有办法确证。也许狂热分子关于犹太人或社会主义者具有危害的观点是被误导的，但是没有理由把他的原则认可为合法的。因此，由于这种理论如此宽泛，以致容许把令人发指的行动看作道德的行动，所以它必定存在一些错误的地方。这样一种理论似乎会遭受与主观相对主义一样的批评（参见第 2 章）。

第二，规定主义容许把最无足轻重的考虑都当作道德判断。任何不自相矛盾的原则，只要它被某个人从规定性的角度普遍化了，似乎就能够变成一条道德原则。想一下下面的论证：

C1. 每个人都应当在星期二的早上揉自己的肚子。

C2. 今天是星期二，而且现在是早上。

C3. 因此，你和我都应当揉我们的肚子。

D1. 每个人都应当在系自己左边的鞋带之前先系自己右边的鞋带。

D2. 你要系你的鞋带。

D3. 因此，你拥有一项在系你左边鞋带之前先系你右边鞋带的道德义务。

这两种论证都包含黑尔理论的四种主要特性：结论中的道德判断是一条普遍化的规定性原则，遵守适当的逻辑形式。对黑尔来说，道德没有特定的主题，没有核心的内容。这是他的理论由于如此开放而付出的罚金。

第三，规定主义漏掉了道德的要旨：它不仅容许太多的事情被当作道德的，它还容许太多的东西从道德之网中溜走。我们一般认为，我们拥有一些道德义务，无论我们是否充分地意识到它们以及无论我们是否喜欢它们。我们认为，说谎、作弊、杀害无辜或无缘无故地伤害他人一般而言是错误的，任何称职的道德理论都必须把这些最低限度的原则认作其理论中的一部分。但是，在黑尔的理论中不存在承认这些原则的必要性；“杀害无辜是错的”（或“一个人不应当杀害无辜”）这条原则在规定主义里不是一条必要的原则。一个人如果愿意，也可以选择与这条原则完全相反的原则：“一个人应当杀害无辜。”因此，当杀人狂魔迈克由于受到杀害四十七名儿童的指控而来到法官面前时，他可以正当地说：“阁下，我反对您判处我终身监禁。是的，我违背了法律，但是道德高于法律，而我所做的完全是道德上正当的事情——杀害无辜。我是在执行公民不服从的行动。”

一个信奉规定主义的法官将不得不表示同意并且回答说：“是的，我能看出你拥有一套与我们大多数人都不同的道德原则，不存在任何客观有效的方式来对这个问题进行决断。但是我（实际上以之谋生）

的道德原则之一就是执行法律的命令，因此我现在判处你终身监禁。”

或许我们可以想象这样的对话有可能在现实中出现，不过它存在某种违反直觉的地方。我们认为道德是（或者应当是）与人类生存中的一些重要方面有关的。它的原则不是我们发明出来的某种东西，而是我们通过反思而发现的某种东西。

第四种批评是说黑尔的理论容许我们只要认为合适就可以转变我们的道德原则。黑尔承认我们的道德原则是可修改的，但他似乎没有注意到这会对一个稳定的道德体系造成多大的伤害。假设当你很富裕而我很贫穷的时候，我把“富人应当尽一切可能地帮助穷人”这条原则普遍化，并且再假设我说服了你按照这条原则行事。但是假设现在我们的处境颠倒了过来，我很富裕而你很贫穷；你发现我不再按照这条原则行事，于是你指责我虚伪。我可以回复说，我根本不是一个虚伪的人（虚伪暗示着不按照自己的原则生活）；相反，我正在按照我的原则生活，只不过它们是改变之后的原则！我已经决定按照“没有人具有帮助穷人的义务”这条原则来生活。当然，如果我再次变得贫穷，那么我可能会再次改变我的原则。你可能反对说这是不真诚的。但是，为什么我应当把“在任何时候都保持普遍一致的原则”普遍化呢？我在按照我目前的原则生活时是真诚的，这正是黑尔的道德理论所要求的全部内容。或许这表明品质方面的一种缺失，但是黑尔的理论没有为我们给出任何关于品质的客观标准。或许我还可以选择把“一个人可以改变自己的品质来适应自己的原则”这条原则普遍化。这里的关键点是：对于“我可以在何时以及为了什么而改变我的道德原则”方面不存在任何非专断性的约束。

自然主义与事实—价值问题

对事实—价值问题的所有非认知主义解答都是令人不安的：将道德话语简化为情感的爆发或单纯的普遍规定摧毁了许多关键要素，而我们发现这些关键要素对道德来说是本质性的。还有，事实—价值问题是一个非常重要的问题，必须有某种回答——一种有希望与我们对“道德应当做什么”的观念相一致的回答。

一种被称作自然主义的回答是把道德术语与某种自然属性连接在一起。这恰恰是传统的哲学家所采用的进路：效用主义者将道德术语与快乐这种自然属性连接在一起，利己主义者将其与自我利益连接在一起，德性论者将其与人类的繁荣兴旺连接在一起。所有这些属性都是自然的属性，因为它们是在自然世界中被发现的，具体而言是在人类心理和人类社会的自然领域中被发现的。休谟和摩尔分别论证说这犯了一种错误，从“是”推出“应当”的错误和自然主义的错误。但是，当代的道德自然主义者不同意这一点，他们试图表明道德术语与自然属性能够以一种非谬误的方式连接在一起。

例如，杰弗里·沃诺克（Geoffrey Warnock）论证说，道德是与“人类困境的改善或不再恶化”[14] 连接在一起的。据沃诺克来看，社会有一种向更坏方向转变的自然趋向、一种社会关系的熵。由于资源、智力、知识、理性和同情的局限，社会的构造趋向于分崩离析，存在着最终产生一种由混乱支配的霍布斯式自然状态的危险。但是，道德是反熵的，它与这些局限相抗争，尤其致力于扩展我们的同情。

自然主义与未决论证

休谟、摩尔和艾耶尔会指责沃诺克犯了一个严重的事实—价值错误。例如，摩尔会指控沃诺克在借助“改善人类的困境”这种自然属性来定义善时犯下了自然主义的错误。我们再次将未决论证应用到下面的这个陈述上：

S1. 慈善是善的。

对于沃诺克来说，善意味着“改善人类的困境”，这就把S1转变为：

S2. 慈善改善人类的困境。

将这一研究进一步推进，摩尔就会让我们问：

Q1. 通过慈善改善人类的困境是善的吗？

与之前一样，对摩尔来说，这表明“在我们心里显然有两种不同的观念”。

为沃诺克和其他自然主义者辩护的最好方式是继续这场进攻并且表明摩尔的自然主义谬误和未决论证所具有的不足。摩尔理论的一个严重问题在于它把善观念当成一个事物。这个错误有时被称作实体化谬误：把一个观念当作一种确定的实体或现实。想一下刘易斯·卡罗尔《镜中奇遇记》（*Through the Looking Glass*）中的这段对话：

“看看路上，如果你能看到两个信使中的其中一个，就告诉我。”国王说。

“我看到没有人在路上。”爱丽丝说。

“唯愿我有一双这样的眼睛。”国王烦躁地评论道。

“为了能够看到‘没有人’！而且也在这种距离下！哎，正如我能借着光亮看到真实的人一样。”

（信使到了）“你在路上遇到过谁吗？”国王一边问着，一边伸手向信使又要了一些干草。

“没有人。”信使答道。

“好极了！”国王说，“这位年轻的女士也看到了他。所以‘没有人’肯定走得比你更慢。”

“我竭尽所能了，”信使愠怒地说，“我担保没有人走得比我更快！”

“他不可能比你更快，”国王说，“不然他就会第一个到这儿了。”[15]

国王犯了一个滑稽的错误，把一个功能性的不定代词（“没有人”）当成了一个专有的名词。同样，摩尔也把“善”这个普通名词当成了一个专有名词；他把“善的”这个功能性术语当作了一个事物，就像金子和水那样的事物一样。这似乎是错误的。

想一下我们在下面这些语句中运用“好”，即“善”（good）这个词语的方式。

- “今天的天气很好。”
- “那个足球运动员踢了一个好球。”
- “增加国民生产总值是好事。”
- “讲真话是一件好事，尽管有时这样做是错的。”

很难为善 / 好（good）给出一个令人满意的定义。或许最接近的定义是“最一般性的表示赞扬的术语”和“对某种要求的满足”。当天气符合我们的审美或审慎欲求时，我们将其称为“好的”，不过它是相对于说话者而言的，因为日光浴者和农夫拥有不同的参照系。当足球运动员的行为在一定意义上符合他的职能时，我们对他完成这一行为表示赞扬。当一个国家的生产力得到增长从而预示着一种更高的生活水平时，我们用“好”这个形容词来表达我们的赞许。把善 / 好归于一种活动或人工制品代表我们对这种活动或人工制品的赞许，我们断定它满足了一种适当的标准。

在伦理学的讨论中也是这样，“善 / 好”充当一种表示赞扬的术语，表达的是这样一种感知：一种如此这般的行为满足了我们关于适当行为或对我们所认为的某种积极目标做出适当贡献的标准。当我们说“讲真话是一件好事”的时候，我们并不是说有一种独立存在的善形式，且讲真话从某种角度表现了或“被嵌入了”这种善形式。如果我们是有反思能力的，那么我们就会发现，它一般是说讲真话这种行为中存在着某种适宜的或（从内在或外在的角度来说）有价值的东西。而且，我们一般不会把附属于讲真话的善判断为绝对的事物，因为在某种情形下它可以被其他的考量推翻。例如，我们断定向罪犯讲真话是一件坏事——当他们将会利用得到的信息去杀害一个无辜之人的时候。

我们拥有一种善目的的观念，道德服务于这种善目的。即使我们是道义论者，我们也仍然认为就道德而言存在一种主旨，而且这种主旨一般与产生更好的结果有关，讲真话一般会产生比说谎更好的结果。这些目的可以借助幸福、繁荣、福利、平等以及诸如此类的术语被放入非道德的自然语言之中；换言之，在我们关于道德善的观念之中，至少有部分内容是基于一种非道德的善的观念之上。有一种特定的逻辑依赖于这些非道德的善，它关系到哪些事物能够被称作道德上善的事物。

如果这种分析是正确的，那么把“善”这种观念当作一种事物（例如，金子或水）并且以实在论的语言来定义它就是不太合理的，这就像把“高”“壮观”和“平等”当作事物一样。把一个功能性术语当成一个事物是一种范畴错误。

结论

在这一章里，我们考察了事实与价值如何联系起来的问题。我们看到三种具体的论证，它们将描述性事实与对这些事实的价值判断彻底区分开：休谟“从‘是’推出‘应当’”的谬误、摩尔自然主义的谬误、艾耶尔的证实原则。我们也探讨了这些哲学家在解决事实—价值问题方面所付出的努力。对休谟来说，价值判断是我们对具体事实的情感反应，比如当我们看到某人进行慈善捐赠时所具有的反应。对摩尔来说，价值判断需要直觉性地认识到事实（通过慈善使快乐最大化）中的价值（善）。对艾耶尔来说，价值陈述只是我们在对像“史密斯进行慈善捐赠”这样的事实进行回应时所产生的感情表达，即一种被称作情绪论的立场。我们在艾耶尔的解答中发现了一种重要的区分：陈述的认知性意义与非认知性意义，即具有真值的陈述与不具有真值的陈述。据艾耶尔来看，道德话语对感情的情绪式表达是非认知性的。艾耶尔情绪论的核心问题是它走得太远，以致主张道德陈述仅仅是感情的表达。尽管就道德陈述而言可能确实存在一种非认知性的情感因素，但是它们看起来至少也拥有某种认知性的成分。

我们还考察了黑尔的规定主义理论以及它如何与事实—价值问题联系在一起。对黑尔来说，“慈善是善的”这种道德陈述既有一种描述性（事实）的因素，比如“慈善使快乐最大化”，也有一种规定性（价值）的因素，即劝告其他人采取我们的态度，比如“你应当称赞慈善”。对黑尔来说，道德判断包含四种特性：规定性、一种适当的逻辑形式、普遍性、原则。批评者提出，他的理论在我们采取何种普遍的规定性原则方面没有足够的界定。我们要么可能遗漏掉一些重要的原则，要么可能把一些令人发指的原则包含在内。情绪论和规定主义的这些不足促使最近的一些哲学家拒绝非认知主义，并采取了一种被称作自然主义的认知主义进路，这种进路将道德术语与某种自然属性连接在一起。例如，沃诺克就将道德与人类困境的改善联系在了一起。

进一步的反思

1. 请描述一下休谟的从“是”推出“应当”的谬误以及它如何适用于本书之前讨论过的那些理论，比如效用主义和康德主义。

2. 许多伦理学作者主张，休谟的从“是”推出“应当”的谬误与摩尔的自然主义谬误基本上是同一个东西。请比较和对比这两种谬误，并表明你是否同意这种评价。

3. 请讨论一下艾耶尔极端版本的情绪论存在的问题，以及史蒂文森的版本是否令人满意地克服了这些缺点。

4. 艾耶尔似乎认为在伦理学中情感性因素比规定性因素更重要，黑尔似乎认为情况恰恰相反。对于道德判断而言，这两种因素中的其中一种确实比另一种更重要吗？请阐释。

5. 摩尔的未决问题论证是否如本章结束时所提出的那样犯了实体化错误？请阐释。

6. 哲学家约翰·L. 麦凯论证说，本章里所讨论的这些元伦理学问题与一个人是否坚守传统的道德价值完全不相关。道德的元伦理学问题和实践问题是否像麦凯所认为的这样判然分明？

第 14 章

道德实在论与怀疑主义的挑战

在伊朗，一个男人和一个女人最近由于犯下通奸罪而被判处死刑。仅此已是相当令人震惊的了，这个判决极其严厉的地方在于执行死刑的方法是要用石头将犯人砸死。计划是将被判刑的罪犯押送到一个坟场，把他们裹在被单里，将他们身体的一部分埋在地下，并且向他们身上掷石头，直至他们死去为止。然而，由于全世界的反对，伊朗政府把刑罚减为了监禁。

常见的伦理学观念会包括诸如人类权利、自由、普遍性、公平和尊重等，但还存在一种对于道德实际本性的潜在假定：存在对人类进行恰当对待的清晰标准，而且通过“研究”，我们能够揭露对这一标准的侵害。道德并不只是一种随着人们或社会的各种奇想而改变的直觉感受。它基于客观性的道德事实，我们可以认识这些道德事实并且将其应用到具体的事例中，比如伊朗的那对男女。这里所暗示的伦理学立场是道德实在论：道德事实存在，并且是宇宙构造中的一部分；它们不依赖我们对它们的思想而存在。

道德实在论有三种主要的成分，前两种我们在之前的章节中已经探讨过了。首先，在道德原则方面存在一种客观主义的成分：道德原则具有客观有效性，不依赖于社会的认可。其次，在道德判断方面存在一种认知主义的成分：道德判断包含一些能够以真假来评判的主张。再次，在道德事实的存在方面存在一种形而上学的成分：道德事实在现实中的确存在。尽管道德实在论包含所有这三种组成部分，但是这一理论的核心以及围绕着它的许多争论，关涉的是“道德事实存在”这一形而上学主张。

大多数传统的道德理论都支持某种意义上的道德实在论和“道德事实”观念。例如，有神论的道德实在论者主张道德价值存在于上帝之中。根据这种观点，道德依赖于上帝的意志或理性，据有神论者来看，这些都是宇宙之内的客观事实。自然主义的道德实在论者宣称道德价值存在于自然界之中，并且与快乐或满足这样的具体属性联系在一起，而快乐与满足反过来又是客观世界的客观事实。利己主义和效用主义是这一进路的明显例子，它们都认为道德是与人们从行动的结果中体验到的快乐或满足直接连接在一起的。亚里士多德的德性理论也支持自然主义的实在论，因为道德价值是与人类实现幸福和实现成功的人类活动的能力直接连接在一起的，而这些正是与客观世界有关的事实。

然后还存在一种由非自然主义道德实在论者提出的非自然主义，他们把道德价值建立在与客观世界有关的非自然事实的基础上，这些事实无法通过科学的方法探测到。道德仍然是扎根于事实之中，但这是一种独特的而且有时属于彼岸世界的事实。柏拉图对道德的解释是自古以来最有影响的伦理学理论之一，它也是非自然主义道德实在论的第一个范例。据柏拉图来看，宇宙分成两个完全不同的领域。较低级的领域是有形的表象世界，它永远在变化。较高级的领域存在于“宇宙一个非常核心的部分”，它本质上是精神性的并且由永恒不变的实体构成，这些实体被称作形式，它们是有形领域中那些不完美事物的完美而理想的范式，即普遍模式。就道德来说，存在着完美的善、正义和爱的范式，这些范式是我们对较低级的有形领域中的人类品行进行判断的标准。像苏格拉底这样的一个好人之所以是善的，仅仅是因为他体现了普遍的善形式。因此，对柏拉图而言，道德依赖于某些真实而客观的事实，这些事实属于一种非自然的种属，即存在于一种高级精神性领域中的普遍形式。

在这一章里，我们来考察针对道德实在论的两种很有影响力的抨击，一种是约翰·L. 麦凯提出的，另一种是吉尔伯特·哈曼（Gilbert Harman）提出的。像这两位一样反对道德实在论的哲学家一般被称作反实在论者，尽管他们的具体策略各有不同。例如，麦凯捍卫的是一种被称作道德怀疑主义的立场，它否认道德价值是客观真实的。哈曼捍卫的是一种被称作道德虚无主义的立场，这对他来说意味着“不存在道德事实、道德真理和道德知识”。我们先从麦凯开始。

麦凯的道德怀疑主义

1977 年，牛津哲学家麦凯在他的著作《伦理学：发明对与错》（*Ethics*：*Inventing Right and Wrong sets*）中提出了一种对于道德的极端解释。他这本著作的开篇之语便是“不存在客观的价值”。他对此进行了详细阐述：

> 价值不是客观的，不是客观世界构造的一部分，这种主张所要包含的不仅是可能会最自然而然地与道德价值相等同的道德善，而且还有那些可以在更松散的意义上被称作道德价值或反面价值的其他东西——正当与错误、义务、责任、一个行动的堕落和卑劣，如此等等。它还包含非道德意义上的价值，尤其是美学的价值、美和各种各样的艺术品质。[1]

他将他的立场称为道德怀疑主义。他的观点不是针对道德陈述的意义，而是针对客观的事实，针对是否存在事实上正当或善的行动。他的回答是一种怀疑主义的回答：我们没有充分的理由相信客观的道德事实存在。当然，我们觉得具体的行动在客观上有对错之分，觉得幸福比苦难更好，不过这些只是我们的主观偏好，即使其他人都同意这些，主体间的一致意见也仍然是主观性的。当我们把一种哲学的显微镜应用到我们的判断上时，我们就会被迫断定道德客观性完全是虚假的。无论拥有一种客观的道德权威将会多么美好，都没有理由相信它存在。不存在任何客观的道德真理。

麦凯承认，客观道德价值的观念在我们的语言和思想中是根深蒂固的；正是在我们的道德话语中，我们预设了客观道德事实的存在。然而，即使有我们的共同假定，也不存在这样的客观价值。他将此称为一种错论，并且在下文对其进行了描述：

> 这种对客观价值的否认将不得不作为一种“错论”而被提出来，这种理论是说：尽管大多数人在做道德判断的时候，都含蓄地宣称，除了别的以外，指明了某种具有客观规定性的东西，但是这些宣称是完全虚假的。[2]

它很像人们谈论生活在鬼屋中的幽灵时的情形；尽管这种谈论预设了这样的幽灵实际上存在，但现实却是它们并不存在。对于麦凯来说，“对（道德）客观性的宣称，无论在我们的语言和思想中是如何的根深蒂固，都是不能自行证实的”。

由相对性、奇异性和投射性引出的论证

麦凯为他的“道德价值不是作为关于客观世界的客观事实而存在”这一怀疑主义立场提供了三种由相对性、奇异性和投射性引出的论证。

由相对性引出的论证指出，不存在任何地方任何人都要坚守的普遍道德准则，这似乎暗示着道德是依赖于文化的。道德准则的内容随着不同的文化而发生巨大的变化，这是一种人类学的老生常谈。一些文化提倡一夫一妻制，另一些则提倡一夫多妻制。一些文化实行安乐死，另一些文化则将其禁止。我们的道德信念在很大程度上似乎是我们文化教养的一种产物。我们倾向于将我们群体的习俗内化。这种由相对性引出的论证主张，对事实上的文化多样性的最好解释是普遍道德真理的不存在，而非对客观原则的扭曲感知。

麦凯的论证是成功的吗？文化多样性这一事实本身并未构成一个反对客观核心道德的强有力论证，正如经济学方面的分歧也不构成反对“一些理论比另一些更好”这一论点的充分证据一样。道德方面的分歧可能是无知、不成熟、道德麻木、迷信或非理性权威所造成的结果。我曾经认识一个罪犯，暂且将其称为山姆，他被指控强奸未遂。当被要求把强奸与其他行动的意义相比较时，他回答说：“这就像在巧克力和香草冰激凌之间的选择一样。”我为什么应当容许山姆的看法损害我对“强奸是不道德的”这一原则的信心呢？正如可能存在肉体的盲目或局部的盲目一样，为什么不可能存在恶劣的道德盲目呢？难道我不可以得出结论说山姆有些问题，而非得出结论说“噢，好吧，不同的人有不同的情况”或“不同的文化有不同的道德”呢？麦凯自己承认他这个由相对性引出的论证并非决定性的，而且所有文化可能实际上都遵从着一种非常一般性的可普遍性原则，即一个人应当遵照他所置身其中的那种生活方式的具体规则。然而他论证，我们所采用的这些具体道德规则将会随着社会环境的变化而变化。最终他的论证依赖于对“是所谓的客观道德标准赋予了我们不断变化的文化实践一种本质性特征，还是我们不断变化的文化实践赋予了我们人类所创造的道德标准一种本质性特征”这个问题的一种本能判断。

由奇异性引出的论证致力于表明“价值这样的事物具有一种独立存在”这一假设的不合理性。如果存在客观的价值，那么它们必定是“一种非常奇怪的种属，完全不同于宇宙间的其他任何事物”。柏拉图的道德形式理论是麦凯论点的一个范例：一种道德形式究竟是什么，由什么构成，存在于何处。这整个理论都过于古怪使人难以置信。而且，麦凯论证，如果这么奇怪的道德对象存在，那么它们将要求我们有一种奇怪的感官去感知它们。麦凯认为各种类型的道德实在论都可以归结为一种坚定的信念：存在一种特殊的直觉，它使我们能够探测这些奇怪的道德对象。此外，存在一种为时已久的哲学原则：简洁性原则，就是说，如无必要，毋增实体。相应地，我们为什么应当支持这种未经解释的额外机制，这种奇怪的“道德感”，为这个问题进行确证并提供证据的责任似乎归属于直觉主义者。现有的证据都表明，不存在这么奇怪的感觉。因此，简洁性原则使我们拒绝“道德事实存在”这一论点，同时支持“道德原则仅仅是主观判断”这一更简洁的解释。

在回应这个论证的时候，一个道德实在论者可能仅限于同意麦凯对柏拉图的客观道德形式观念的看法；它们确实是需要一种奇怪的精神感官体系来感知的奇怪实体。但是，其他版本的道德实在论可能不需要这么奇怪的实体或感官体系。例如，有神论的道德实在论者说，道德作为一种客观事实存在于上帝的心灵之中，然后上帝给予我们一些人类的本能来认识某些一般性的道德规则，比如“要待人友善”。这种具体的道德感官体系并不一定是某种奇怪的东西，而且可能与我们对其他一般人类本能的意识没有什么不同，比如学习语言或计数的能力。因此，据实在论者来看，麦凯主要聚焦的是柏拉图关于道德形式的观点，从而不公平地以一种消极的方式来描绘道德实在论。

由投射性引出的论证致力于表明，对客观价值的信念是把主观信念投射到外部世界这样一类心理趋向所造成的结果。为什么我们错误地赋予道德观念一种客观真实的地位呢？在解释我们将道德客观化的趋向时，麦凯借用了大卫·休谟的一个论证。休谟写道：

以任何一种被认作凶残的行动为例，例如，蓄意谋杀。请竭

> 尽全力来考察它，看你能否找到被你称为邪恶的那种事实或真实存在。无论你采取什么方式，你只能找到特定的激情、动机、意志力和思想……只要你考虑邪恶，这个对象就会完全躲开你。你永远无法找到它，除非你转向对你自己内心的反思，并发现在你心中出现一种对这种行动表示不赞成的情感。[3]

休谟的要旨在于，当我们感知到一场谋杀的时候，我们并未在这个行动本身之中感知到事实上的不道德性。相反，我们把“不道德”这一观念从我们自己的感情里强加到它的身上。休谟提到，我们的心灵具有“将其自身扩展到外部对象上的倾向”。麦凯将这一点称作感情的误置，“我们具有把我们的感情加到它们的对象上的趋向。比如说，如果一种真菌使我们充满作呕的感觉，我们可能就倾向于把‘污秽’这样一种非自然的性质归之于这种真菌本身”。与之类似，因为我们内在地感知到一种外部行动的道德性或不道德性，于是我们把道德性质强加于对象之上，进而错误地认为它作为一种事实而存在。

实在论者对此有如下回应：投射是人们与外部世界进行相互作用的一种正常甚至必要的方式，真菌的例子充分地表明了这一点。我们内在的作呕感是一种重要的生存机制，它使我们远离那些潜在地具有危害的事物。它是进化的产物，没有它我们几乎肯定很快就会死去。尽管所体验到的“作呕”这种性质并不存在于真菌自身之中，但是“作呕”的体验反映出了真菌会给人类健康带来风险这一现实。与其把它叫作感情的误置，我们不如把它称为感情的生存机制。道德判断也是以相同的方式在起作用的。正如休谟正确地指出过，“不道德”这一特性并不存在于谋杀行动本身之中。相反，我们在这种行动中所发现的不道德反映出了杀人的行动会对我们构成一种特别的威胁。这种特别的威胁正如真菌所带来的健康风险一样是一个客观的事实。

对道德的发明

麦凯对道德实在论的抨击主要指向“道德价值存在于一个客观的事实领域之中，外在于人类”这一形而上学主张。然而，他论证，这不影响人们承担更多的道德实践任务，其中包括设计与行为有关的道德规则。他写道：

> 一个人可以坚守强有力的道德观点，实际上这些观点的内容都是约定性的，同时又相信它们仅仅是他和其他人在行为方面所持的态度与策略而已。反过来，一个人也可以拒绝一切既定的道德，同时又相信它是一种邪恶或堕落的客观真理。[4]

当我们参与设计道德规则这一实践性任务时，我们本质上是在发明对与错的观念，而不是在某个客观领域中发现它们。

“发明”对与错——这可能意味着什么呢？希腊哲学家色诺芬尼说宗教是一种发明，人们按照自己所属群体的形象制造了上帝：

> 埃塞俄比亚人使他们的神成为皮肤黝黑和鼻子扁平的神，色雷斯人说他们的神拥有蓝色的眼睛和红色的头发。如果牛、马或狮子拥有双手，而且能够用它们的手来作画并像人一样创造艺术作品，那么马会把神的外形画成马，牛会把神画成牛，它们都会按照它们各自同类的形象来绘制神的身体。

难道我们就是这样创造道德的，依照我们自己的形象、根据我们自己的欲求，并且在此过程中赋予它权威？麦凯是说我们有意识地发明道德、原则与奖惩从而实现社会控制吗？似乎是这样的，因为他写道：

> 我们需要道德来调节人际关系，来控制人们彼此之间的某些行为方式——常常是反抗诸种相反的倾向。因此，我们想要我们的道德判断既对其他行为者具有权威性，也对我们自己具有权威性：客观有效性将会赋予它们所需要的这种权威。[5]

假设麦凯是正确的，我们确实发明了这些实践和制度。我们发现我们自身是合作性的，而且随后我们注意到它所带来的奇妙益处——因此使之强化，从而使行为趋向于得到重复和升级。我们注意到“讲真话”对实现我们的目标而言是必不可少的，因此我们发明奖惩来鼓励它。不过，即使我们确实从一开始就以麦凯所假设的这种方式创造了我们所有的道德实践，但是要确定它们是否真的起作用仍然是一个客观的问题，一个发现的问题。道德是对“什么东西将会服务于人类的需求和利益”的一种发现。借用本书“序言”中的那个类比，它是一种类似于车轮的发明，车轮是一种遵守物理法则并且使能量转换更加高效的了不起的工具。车轮可以拥有各式各样的目的。水车的车轮不同于手推车的车轮，后者又不同于自行车或汽车的车轮。一个车轮可以由木材、钢铁、石料、橡胶多种材料制成，但是存在着局限：你不可能制造一个正方形或三角形的车轮，或者一个重量不均衡的车轮。不同种类的车轮在不同的情境下服务于不同的目的。

与之类似，道德是一种发现，一种对原则和策略的发现，这些原则和策略能够最大限度地促进一种好的个体生活和公共生活。我们最基础的道德原则既是一种理性的发明，也是一种理性的发现。假设我们决定发明“尊重财产权”这种做法，然后我们发现它真的使我们生活的自由与意义得到了提升。正如埃塞俄比亚人发明了黝黑皮肤的神并不能证明神的皮肤真的黝黑一样，我们发明了道德实践也不能证明这些实践就真的有效地或成功地满足了相关的条件。我们并没有发明“对财产权的尊重给我们带来自由与意义”这一事实。因此，无论是或不是，都存在一种实际的事实。

哈曼的道德虚无主义

对道德实在论的第二种抨击是吉尔伯特·哈曼在他的著作《道德的本性》（*The Nature of Morality*）中提出的，他为某种版本的道德虚无主义进行了辩护。对哈曼来说，道德虚无主义的观点就是不存在道德事实、道德真理和道德知识。

我们可以将他的核心立场称为不相似论点：道德原则无法像科学理论那样通过观察来进行检验。科学理论受到客观世界的检验。因此，如果一个预计的观察结果出现了，那么它就证实了我们的理论；如果它没有出现，那么我们就感受到强大的压力从而要修改或抛弃我们的理论。但是，在道德理论方面，我们无法使用同样的方法来确认行动中的“正当”或“错误”：

> 科学假说可以……在真实的实验中得到检验，在世界中得到彻底的验证。道德原则能够以同样的方式在世界中得到检验吗？你可以观察到某个人做了某件事情，但是你能够感知到他所做事情的正当性或错误性吗？如果你绕过一个拐角，看到一群年轻的无赖把汽油浇到一只猫的身上然后将其点燃，你不需要得出结论说他们所做的事情是错的——你可以感觉到它是错的。但是，你的反应是应归于你所看到的事情具有事实上的错误性，还是应归于它仅仅是对你的道德“感”（这种“感觉”或许是你通过道德教养而获得的）的一种反映呢？[6]

在阐明他的论点时，哈曼要求我们对科学观察和道德观察这两种情形进行比较。首先试想一种科学观察：一个物理学家要进行一种观察来检验一个科学理论。当看到在一个云室里有一道水汽尾迹时，他认为“存在一个质子”。如果这一观察与某个理论相关，那么这个观察证实了质子的存在。对水汽尾迹的最好解释就是这一科学事实——一个质子。另外，试想一种道德观察：你看到几个孩子向一只猫身上浇汽油并且使其燃烧。你没看到“道德错误性”，你也不会将其推断为对这一事件的最好解释。这种错误性是你强加在这种观察上的某种东西。根据对这种比较的概括，哈曼论证，在对某个事物的科学观察（它引导我们假定一些科学的实体作为最好的解释）与所谓的道德观察（它未引导我们假定特别的道德事实作为最好的解释）之间存在一种不相似。对一种科学观察的解释存在于客观世界之中（外在于观察者），而对一种道德观察的解释存在于观察者的心理状态之中（内在于观察者）。道德洞见的出现是由于我们的教养，而非由于这个世界存在的方式。

因为道德事实不像科学事实一样存在于客观世界之中，所以哈曼得出结论说道德虚无主义是真实的。他这样来描述他的道德虚无主义的观念：

> 虚无主义是这样一种学说：不存在道德事实、道德真理和道德知识。这种学说可以解释为什么对道德事实的引证似乎无助于解释观察结果，其根据在于不存在的事物无法解释任何事情。

一种极端说法的虚无主义主张道德完全是一种幻觉：一切事情从来没有对与错、公正与不公正、好与坏之分。按照这种说法，我们应当抛弃道德，正如一个无神论者在断定宗教事实无法帮助解释观察结果之后抛弃宗教一样。一些极端的虚无主义者已经提出，道德只不过是一种属于宗教的迷信残余物。[7]

像他描述的这种极端的虚无主义是令人难以接受的。它会说，杀害你的母亲或在纳粹集中营里灭绝一千二百万人也都没有什么错误之处。温和的虚无主义主张，尽管不存在道德真理，但是道德论说仍然是表达性的，大致而言是情绪论式的（参见第 10 章）。道德容许我们表达我们的感情并且努力使其他人拥有像我们一样的感觉，但是，它实际上并不比极端的虚无主义更客观。道德只不过是一种功能上非常有用的方式，可以将我们的感情投射到客观世界之上。

批评：科学观察与道德观察是相似的

理查德·沃纳（Richard Wener）对哈曼提出了反驳，根据在于科学观察和道德观察比哈曼所认为的更相似。[8] 即使我们接受哈曼对观察提出的要求，我们也应当得出结论说道德事实是存在的。在科学观察与道德观察之间不存在强烈的不相似之处。对很多科学观察最合理的解释是一种科学实体（例如，一个云室中的质子）。同样，对一种道德观察的最合理解释是一种道德实体（例如，造成不必要苦难这种行为的错误性）。一个人可能论证说，正如人们需要背景性知识才能认识到存在于一个云室中的质子是一种亚原子粒子的证据一样，人们也需要关于动物感觉能力以及火的属性的背景性根据，才能推断出焚烧一只猫是种折磨并会因此造成不必要的苦难。即使孩子们不知道这种根据，出于好奇心而对猫进行焚烧，我们也应当判定这种行动是错的，尽管我们会判定这些孩子是无罪的。我们会教导他们："你没有意识到猫在被烧时感到极其痛苦吗？"如果这些孩子认识到由高温造成的痛苦，那么他们就会意识到焚烧给猫带来了伤害，并且意识到这种做法是一件很坏的事情，因为造成痛苦是一件很坏的事情。

然而，据哈曼来看，这个论证仍然蕴含着科学推理和道德推理之间的一种不相似之处。沃纳通过下文的图 14.1 和 14.2 中所呈现的对照性图表来阐明哈曼的不相似论点。

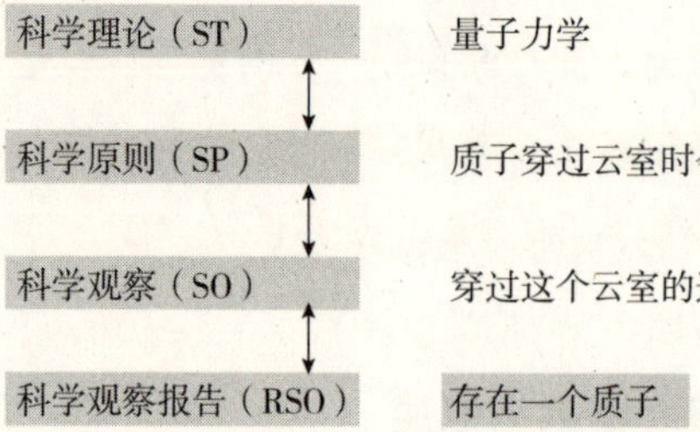

图 14.1　科学解释模型

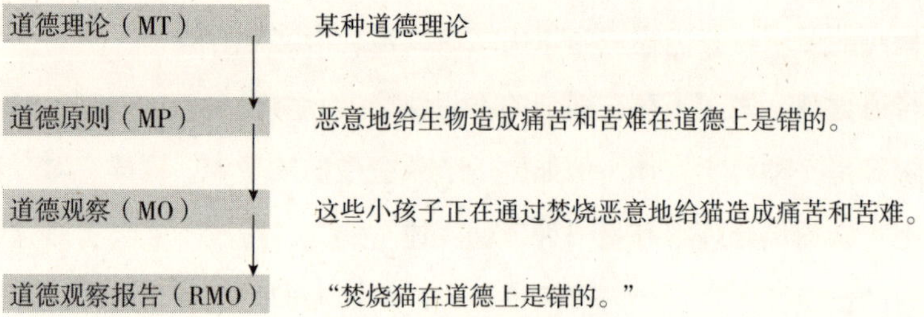

图 14.2　道德解释模型

在图 14.1 中，原则 SP 来源于 ST，而 SO 和 RSO 都来源于 SP 和某种观察（云室中的尾迹）。SO 有助于证实 SP，后者反过来又证实了 ST。因此，在 ST 和 SP 中假定的实体必定有待于在 SO 中被观察到。

在图 14.2 中，原则 MP 来源于 MT，而 MO 和 RMO 都来源于 MP

和某种观察（对猫的恶意焚烧）。MO 无助于证实 MT，因为对 RMO 最合理的解释依赖于观察者的心理定势，并不需要关于道德事实的假定。因此，在科学推理和道德推理之间存在一种不相似之处。

沃纳认为图 14.2 中的图表是不完整的。我们可以建立一套向上指的箭头，并且提出对我们道德观察的最好解释是与我们的道德原则和道德理论有关的真理。假设我们的道德理论包含一条原则——使生命遭受不必要的苦难是错的——背景性条件则会包括“我们使儿童社会化从而让其感受到使他者遭受如此残酷的虐待所带来的内疚”这一事实。第二个标准将会在于，这个社会化过程必须经受住理性的审查（即我们会有信心使这一过程满足公平和博学的条件）。我们将会诉诸儿童自身对痛苦和苦难的经验来证实痛苦本质上是坏的。如果这些儿童无法感觉到肉体的痛苦（虽然这种情况极少出现），那么就很难教导其这一点。但是，他们仍然能够理解心理的痛苦。让我们假定在“痛苦本质上是坏的”这一观念与“如果我们进行残酷虐待，那么我们就会感到内疚，或者我们一看到其他人进行残酷虐待，也就是使人遭受不必要的苦难，我们就会感到道德愤慨”这一观察之间有一种联系，然后我们就可以说，我们对于这些孩子在做一种错误之事的判断证实了“造成不必要的苦难的确是错的”这一论点。如果这是正确的，那么哈曼的不相似之处就消失了，我们可以认为道德判断是源于道德原则和道德理论的，而且它们有助于证实这些原则和理论。

最后，哈曼所指出的“道德原则无法像经验性理论那样通过观察来受到检验”这一点是正确的，但是它们依然可以受到检验。未能采纳道德原则（比如讲真话、信守承诺、共同合作、不要杀害无辜的共同体成员）的文化或许将被淘汰，或者即便它们幸存下去，它们的成员也不会非常幸福或繁荣。正如在一个云室中的水汽尾迹证实了质子的存在一样，人类学和社会学的数据资料也证实了对道德的需求。因此，在某种意义上，我们诸种反思性的道德判断，即那些经受住批判性审查的道德判断，实际上大致证实了我们的道德理论。不过，正如即使我们的科学理论也要乐于接受修正和限定一样，我们的道德理论也要乐于接受依据更好的证据和反思而提出的修正。

对道德实在论的一种辩护

我们已经看到，无论是麦凯还是哈曼的论证都有一些严重的缺陷，并未构成对道德实在论的决定性反驳。我们接下来的任务是要确认对道德事实而言还有一些可能的候选项，并以此为道德实在论进行辩护。

与幸福和苦难有关的道德事实

一组可能被看作“道德的”的事实往往与幸福和苦难有关。让我们回到哈曼的论点：“我们无法通过观察（或通过其他任何方式）认识到焚烧一只猫是不道德的。”我们如何反击这个论点呢？或许我们可以建立起以下论证：

1. 造成不必要的苦难是错的。
2. 焚烧一只猫造成了不必要的苦难。
3. 因此，焚烧猫是错的。

这里的第一个前提是关键性的，它构成了一个客观的道德事实。假设我们必须要为第一个前提所蕴含的真理，即事实性基础提供确证，直觉主义者可能论证，这是自明的，要么是当下自明的，要么是任何有理性的人一旦进行反思就会发现它是自明的。他们将会主张，造成不必要苦难的错误性一经反思就是显而易见的，正如“2+2=4”或者所存在的其他心灵感悟一样。尽管额外的确证可能会有所帮助，但它不是必要的，因为（对于一个经过充分反思的理性人而言）这种确证并不比最初的判断自身更具有确定性。任何看不到这一点的人道德上都是盲目的，就像某个人看不到苹果的红或青草的绿一样盲目。这个回答虽然与哈曼对“科学原则和道德原则以不同的方式受到检验”的论证相一致，但却认为这个差别无关紧要。每种原则在其自身的领域中都是真实的。这个论证可能是正确的，但它在区分有效直觉与无效直觉方面却是难以令人满意的。任何人都可以遵守直觉主义的规则，宣称某种活动 X 是错误的或正当的。例如，一个美国人可以说“美国人的生活方式更优越这一点是显而易见的”，或者一个纳粹分子也可以说“犹太人应当被灭绝这一点是显而易见的”。一个种族主义者可能认为，其他种族的人都是次等的人甚至邪恶的人这一点在直觉上也是显而易见的。迷信常常以这种方式被证明是合理的。我们如何将迷信与有效的道德原则区分开呢？我们似乎需要更多的东西，而不仅仅是直觉。

与之类似，宗教徒可能诉诸上帝的法则。我们必须克制自己不要为了取乐而伤害有感觉能力的生命，因为上帝已经如此地命令了我们，或者因为上帝告知了我们这样一些行为的错误性。或许如此，但是我们如何知道上帝是存在的呢，或者如何知道这一特定的命令真的是具有权威性的呢？诉诸宗教只不过是把讨论转移到了一个具有同等难度的话题上，为宗教提供确证。

更重要的是，假设我们是像哈曼一样的自然主义者，我们如何证明第一个前提是合理的呢？我们可以将感觉能力理论化，主张有感觉能力的生命都欲求幸福或快乐，且都逃避痛苦或苦难。道德原则是促进幸福、减少苦难——除了别的以外——的行动指南。[9] 如果原则 P 可以促进幸福或减轻苦难，那么 P 就取得了作为一条道德原则的资格。由原则的本性可以推断出，做 P 以及克制自己不要去做与 P 相反的行动，即克制自己不要去做任何将会减少其他人的幸福或增加其他人的苦难的事情，便是正当的。或许我们可以把道德原则与增进有感觉能力的生命的利益连接在一起。又或许，出于某种原因，你不确定道德上值得考虑的生命范围里是否包括动物。那么，我们可以用前提 2′ 来取代论证 2：

2′. 在焚尸炉里焚烧犹太人会造成不必要的苦难。

或者，我们用论证 2″ 来取代论证 2′ ：

2″. 焚烧幼儿会造成不必要的苦难。

这个论证假定了道德是一种功能性设置，它所关切的是促进幸福和减少苦难。我认为这种假定是正确的。为什么我们不可以设定道德的特征就是要拥有这些特性呢？如果某个人反驳说，这回避了定义道德这一问题的实质，我的回应是说：“好吧，我会把道德（morality）这个词给你。我把这种特性称为导德（lorality），并且说它包含了——除了别的以外——促进（人类）幸福和减少苦难的实践。”但是，我发现无须使用“导德”，因为我们已经拥有一个得到确认的常识性的“道德”观念，它在东方和西方思想中都有非常悠久的历史，并且我们把这个观念与促进幸福、减少苦难、争取正义和确保社会的延续联系在了一起。

共相与随附性

要使实在论的立场（即道德原则基于客观的道德事实，这些道德事实组成了宇宙的结构）有意义，还有一些其他的方式。这样的进路之一是利用形而上学的共相概念。进一步解释就是，不是所有与宇宙有关的真理或事实都是经验性的。例如，逻辑法则不是经验性的，但是无矛盾律这条逻辑法则对于所有可能的世界而言都是真实的。与之类似，客观世界很有可能包含共相，而不仅仅是殊相。存在一种红的普遍属性，它是所有红色事物的共同点；存在一种马的普遍外形，它是所有马的共同点；存在一种痛苦的普遍观念，它是所有痛苦体验的共同点；存在一种信仰的普遍概念，它是所有信仰的共同点。还存在一种成为一个质数的普遍属性，单凭经验不会对其有任何影响。存在着二元化的关系，比如“在某个东西的左边”（例如，aRb，其中 R 代表关系，而 a 与 b 代表对象）这样描绘空间中对象的关系，以及描绘时间的关系（例如 a 在 b 之前出现）。如果共相被承认为宇宙构造的一部分，那么我发现没有任何理由拒绝把道德属性归入这类实体。因此，看起来存在着道德属性，而如果是这样，那么就存在道德真理，无论人们是否承认它们，以及无论我们是否发现了它们。

另一种为道德实在论进行辩护的形而上学进路则涉及随附性的观念：道德属性随附于自然属性（依赖于自然属性或从自然属性中出现）。下面是关于随附性这种一般性概念的一个例子。我们对红色的感知是光波传播到我们的视网膜上发生表面反射的一种随附效应。红色随附于这些表面所具有的一些属性，而这些属性与颜色无关。我们现在拥有的是一组高阶的属性，这一组中的每个属性（红色）都依赖于一组低阶的属性（光线和心理感知）。颜色并不存在于对象自身之中，但是在光线与我们的感知之间存在一种因果关系。类似的，道德属性可能随附于自然属性（或从自然属性中出现）。例如，坏是一种随附于痛苦这种自然属性的属性，善则随附于幸福。正当性随附于讲真话和信守承诺，错误性随附于进行不必要的伤害。这种进路的益处在于，它把道德属性与自然属性联系在了一起，而又没有把道德属性还原为自然属性。换言之，它没有将“道德上的坏”等同于痛苦，也没有将“道德上的善”等同于幸福。它们内在地相互关联，但却并不等同。因此，一个实在论者可能会主张，客观的道德事实是高阶的属性（坏、善），它们依赖于低阶的自然属性（痛苦、快乐）。

我要赶紧补充一下，由共相和随附性引出的解决方案都不是十分安全的，批评者指责它们依赖着形而上学的拐杖，后者如同“客观道德事实”的观念本身一样摇摇欲坠。道德怀疑主义者对“道德事实”这样古怪的实体所抱有的质疑也同样适用于共相和随附性这样古怪的形而上学实体。据怀疑主义者来看，这二者都不是真实世界的特性，而是哲学家的虚构。然而，更重要的要点在于，如果我们愿意承认至少其中一些形而上学实体（共相、随附性）的存在，那么它们就可能有助于提供一种对于客观道德事实的解释。

非认知主义与道德实在论

在第 13 章中，我们审视了非认知主义的道德理论及其对传统道德观念提出的挑战。非认知主义的理论也向道德实在论提出了一些问题，我们通过讨论这些问题来结束我们对道德实在论的辩护。

简略而言，非认知主义是这样一种立场：道德话语，比如“杀人是错的”不是事实性陈述（即对客观世界或真或假的陈述）。相反，道德话语以一种完全不同的方式起作用。首先，它存在一种情绪论的功能：道德话语只不过是表达我们的感情，正如我大喊“杀人！嘘！”一样。其次，它存在一种规定主义的功能：道德话语指导我们的行动，比如我以一种命令的口气对你说：“不要杀人！”因此，据非认知主义来看，不存在任何道德命题，因为命题是描述，对世界存在方式的描绘，而道德原则是情绪的表达或指导我们行动的规定。而且，如果不存在任何道德命题，那么道德事实与道德实在论也就无效了。

面对这个非认知主义的问题，道德实在论者有一种解决方案：有意义的命题可以被嵌入我们的规定之中，而这些命题是具有真值的。例如，我们可以提出一种医学规定："如果你想要预防心脏病发作，那么每天吃一片阿司匹林是正确的处方。"与之相似，我们也可以正确地提出一种道德规定："通过善与爱的行为促进人类繁荣是使这个世界变得更好的途径。"这两种陈述都是真的（或者如果它们不是，那么它们的对立面也是真的）。因此，道德原则确实以这种宽泛的方式蕴含着一些真理性宣称[①]。如果这是正确的，那么我们就可以得出结论说：道德实在论及其"存在道德事实"的论点是正确的。

可是，假设我们并不清楚支持道德实在论的论证具有怎样的效力，假设我们倾向于非认知主义。我们也仍然可以坚持一种道德客观主义，不过它不像彻底的道德实在论那么强势。我们仍然可以坚持认为，从一种理想的视角来看，一组具体的原则（比如第 3 章论述客观性道德时所描述的那些原则）对人类的繁荣来说是必不可少的。我们会证明这些规定性原则对我们的目的而言是有效的或充分的而非真实的，但是我们仍然会维护道德的普遍性和客观性。因此，尽管认知主义和实在论似乎是通向道德客观主义的可靠路径，但是非认知主义也是可以与之相容的。

---

① "真理性宣称"（truth claim）是某个特定的人或信仰体系坚持为真的命题或陈述，常用于逻辑学、形而上学和知识论的讨论之中。——译者注

结论

在这一章里，我们考察了道德实在论的立场，即道德事实是宇宙的特性，不依赖我们关于它们的思想而存在。我们考察了两种有影响力的反实在论立场：麦凯和哈曼（的学说）。麦凯论证，道德实在论受到以下三种观点的破坏：不存在任何人于任何地方都要坚守的普遍道德准则，道德事实似乎是非常奇怪且违反直觉的实体，客观价值是把主观信念投射到外部世界的心理趋向所造成的结果。我们看到，这些论证中的每一个都有问题。哈曼论证，道德原则无法像科学理论那样通过观察来检验。不过我们发现，科学与道德之间的不相似可能不像哈曼所假设的那样极端。最后，我们审视了道德事实可能会以哪些不同的方式而存在。这些对于道德事实的解释没有哪一个可以站出来作为明确的选择，但是至少存在一些充分的理由去坚持某种版本的道德实在论，即使我们拒绝柏拉图关于道德形式的实在论解释。

进一步的反思

1. 请思考本章开头所讨论的柏拉图关于道德形式的理论。麦凯由奇异性引出的论证能够成功地驳倒它吗？请阐释。

2. 请考察麦凯由投射性引出的论证，并解释一下它是否是对客观道德事实的一种成功反驳？

3. 沃纳成功地回应了哈曼关于“道德理论完全不同于科学理论”的论点吗？请阐释。

4. 一个反实在论者可能会如何回应本章末尾将道德事实与幸福和苦难连接在一起的论证？

5. 请考察由共相或随附性所引出的道德实在论的形而上学辩护，并解释一下它们是否是成功的。

6. 非认知主义能够以本章结束时所描述的方式与道德实在论相容吗？请阐释。

附录

如何阅读和写作一篇哲学论文[1]

毫不费力就实现的事情是没有什么价值的。

——柏拉图《理想国》

对于每个碰到哲学的人来说，当第一次遇到如此奇怪的题材，还发现它包含着一种与他们之前所见过的其他任何东西都不同的风格和方法时，都会感到满腹沮丧。这确实是我作为一个学生的最初反应。在“是否存在一个上帝？我能够真正地知道什么？什么是生活的意义？我应当如何过我的生活？”这样一些问题的诱惑下，我开始独自阅读哲学。我读的第一本书是伯特兰·罗素的《西方哲学史》（*History of Western Philosophy*），它不仅仅是关于这个学科的历史，它还是罗素自己对西方哲学史上一些重要主题的分析和评论。它并不是一份特别艰涩难读的文本，其中大多数的观念和论证都让我感到非常新鲜。由于他对伴随着我成长的很多观念都提出反对意见，因此我很生他的气。但是，因为他的论证看起来如此有说服力，所以我的气恼逐渐让位于困惑，后来又变成了一种挫败和绝望的感觉。然而，我觉得自己被迫继续服食这枚“禁果”，于是读完了罗素的大部头著作之后，又继续阅读柏拉图的《理想国》（*The Republic*）、勒内·笛卡儿的《沉思录》（*Meditations*）、大卫·休谟的《自然宗教对话录》（*Dialogues on Natural Religion*）、伊曼努尔·康德的作品选集、威廉·詹姆斯的《信仰的意志》（*The Will to Believe*）以及当代的安东尼·弗卢（Antony Flew）、R. M. 黑尔、约翰·希克（John Hick）和路德维希·维特根斯坦（Ludwig Wittgenstein）的作品。慢慢地，我开始意识到在我曾经与休谟、罗素、康德或希克产生过分歧的每一个问题上，其他人都已提出了一种合理的反驳。终于，通过努力，我能够发现那些论证（有时是我所赞成的那些人物的论证）中的缺点，并且我最终达到了可以自己写出论证的程度。这个过程中的痛苦逐渐让位于欢乐，我要提醒你，这几乎是令人上瘾的欢乐，所以我决定读研究生以便获得一个高等的哲学学位。

这部教材的目的是启发读者做出回应，从而激励你们逐渐显现出你们自己在本书论述的这些问题上所持的立场。这部教材在每一个问题上都从不同的立场给出了论证，此外教师也会起到一个向导的作用。我希望，一些对这些材料进行讨论的同学应当挑战自己，开始建立你们自己的道德哲学。

不过，无论教材还是教师，都不足以将你们从阅读和写作哲学时所具有的一种迷惑感和彷徨感中拯救出来，因此我根据我作为一名学生以及这门学科的一名教师的经验来提供几点技巧。

对于阅读一份哲学文本的建议

哲学的风格和方法不同于你们从小学就开始熟悉的其他那些学科：英语、历史、心理和科学。当然，在哲学家中存在很多不同的方法。而且有些作品，例如索伦·克尔恺郭尔（Søren Kierkegaard）、弗里德里希·尼采（Friedrich Nietzsche）、阿尔贝·加缪（Albert Camus）和让-保罗·萨特这些存在主义者的作品，更像我们在文学中见到的内容，而不像我们在哲学分析中常常见到的那些文章。在某种程度上，哲学与数学类似，因为它通常努力发展出一种像数学证明一样的演绎论证；只是这种论证的前提通常需要考虑到大量的讨论和不同意见。有时我觉得对一个哲学问题的论证就像在民事法庭上进行一种法律推理——每一方都展示出它的证据，并且给出接受它的结论而不是对手的结论的理由。例如，假设你相信意志自由而我相信决定论，为了使其他人接受我们各自的结论，我们每个人都列出我们所能有的最好理由。哲学论证与法庭论证之间的区别在于我们自己同时也是陪审团。我们在听到证据之后可以改变我们的想法，甚至可以由于听到我们的对手提出一个令人信服的论证而改变我们自己的立场。

对于写作一篇哲学论文的建议

谈论哲学和写作哲学是提高你们对这门学科的内容和步骤之理解的绝佳方式，它还能提高你们的哲学推理技能。集中全力就一个哲学问题写作一篇文章，会迫使你们专注于与这个问题有联系的各种基本论证。这个过程是艰难的，但是你们所能取得的进步也是惊人的，我们中的一些人会比其他人进步更快一些，但是依据我的经验，在那些刚开始觉得极其艰难的人中，有一些人最后完成的工作是最有深度、最彻底的。

首先，确定一个你们想要阐明或解决的问题或者一个你们想要捍卫的论点。你们一定要读过至少数篇关于这个问题的不同立场的文章，并且能够用你们自己的语言来展开这些论证或者至少能够用你们自己的语言来解释它们。

现在你们做好了开始写作的准备。下面是一些可能会对你们有所帮助的建议。

第一，确定你们想要分析的问题。例如，你们可能想要说明效用主义是一种站得住脚的（或站不住脚的）理论。

第二，尽可能清晰地阐述问题以及你们想要说明什么。例如：“我想要对支持和反对行动效用主义的论证进行分析，并且说明效用主义在面对针对自身的主要反对意见时能够如何应对。”

第三，按照逻辑顺序提出你们的论证，并且给出为你们的前提提供支持的理由。通过例子或者通过指出对立观点的反例来帮助阐明你们的论点。

第四，考虑其他可供选择的观点以及针对你们自己立场的反对意见。努力应对这些指责并且表明为什么你们的立场是更合理的。

第五，将宽容原则应用到你们对手的推理上，即为他的推理尽可能给出最强有力的解释，因为除非你们能够应对针对你们自己的立场所提出的最强有力的反对意见，否则你们就无法确信你们的立场是最好的。我应当补充一下，对宽容原则的应用是哲学讨论中最艰难的实践活动之一。即使其他非常优秀的哲学家也有一种倾向：他们从对手的论证中挑选一种较弱的版本加以讽刺和应对。

第六，以一个总结和一个结论结束你们的论文。换言之，简洁地回顾你们的论证并且陈述一下你们认为你们已经证明了什么内容。在结论中，说明一下你们的结论对其他问题的影响永远是有益的。回答一下“它为什么重要”这个问题。

第七，在你们有一个工作副本之前要准备好写出至少两份初稿。

在你们完成一份最终稿之前，让另一名哲学系的学生仔细检查一下你们最初的初稿是有益的。确保你们的论证得到了很好的建构而且你们的论文整体上是条理清楚的。

第八，关于风格：以一种主动语态清晰地写作。避免模棱两可的表达、双重否定和行话。尽可能地以你们自己的话来表述其他人的想法，并且每当你们使用了某个人的想法或引用了某个人（文字）时，都要在文本和文献注释中给出姓名。知道在何时注明被引用者是对良好判断力的一种训练。虽然学者们对那些未能注明资料来源的学生感到理所应当的愤怒，但是也有一些学生对每一个错误都极其细致，甚至记录下他们是在何处听闻那些大家都知道的内容的。在这两种极端之间存在一条中庸之道，常识应当能够发现这条中庸之道。

第九，在你们论文的末尾要包含一份参考文献。其中要列出你们在写作论文过程中所用到的所有资料来源。

第十，把论文搁开一段时间，然后再重新读它。可能你们会发现一些需要修改的内容。

当你们遇到一个严重的问题时，及时联系你们的老师。这正是他所能发挥的作用：帮助你们在你们的哲学推理中取得进步。你们的老师应该拥有适当的办公时间，他可以用那段时间来讨论学生们的作品。

祝你们好运！我希望你们像我一样来享受对哲学，尤其是道德哲学的探究。

注释

第 1 章

[1] Martin Gansberg, "*38 Who Saw Murder Didn't Call Police*," *New York Times*, March 27, 1964.

[2] *Ethics in America*, PBS, 1989, produced by Fred Friendly.

[3] John Buehrens and Forrester Church, *Our Chosen Faith* (Boston: Beacon Press, 1989), p. 140.

[4] Henry Sidgwick, *The Methods of Ethics*, 7th ed. (London: Macmillan, 1907), p. 380.

[5] John Rawls, *A Theory of Justice* (Cambridge, MA: Harvard University Press, 1971), pp. 176, 423.

第 2 章

[1] *History of Herodotus*, trans. George Rawlinson (New York: Appleton, 1859), Bk. 3, Ch. 38.

[2] Ernest Hemingway, *Death in the Afternoon* (New York: Scribner's, 1932), p. 4.

[3] 引自 Harry V. Jaffa, *Homosexuality and the Natural Law* (Claremont, CA: Claremont Institute of the Study of Statesmanship and Political Philosophy, 1990), pp. 3–4.

[4] John Ladd, *Ethical Relativism* (Belmont, CA: Wadsworth, 1973), p. 1.

[5] Ruth Benedict, *Patterns of Culture* (New York: New American Library, 1934), p. 257.

[6] W. G. Sumner, *Folkways* (Boston: Ginn & Co., 1905), Sec. 80, p. 76.

[7] Benedict, *Patterns of Culture*.

[8] Nancy Scheper-Hughes, "Virgin Territory: The Male Discovery of the Clitoris," *Medical Anthropology Quarterly* 5, no. 1(March 1991): pp. 25–28.

[9] Melville Herskovits, *Cultural Relativism* (New York: Random House, 1972).

[10] E. O. Wilson, *On Human Nature* (New York: Bantam Books, 1979), pp. 22–23.

[11] Colin Turnbull, *The Mountain People* (New York: Simon & Schuster, 1972).

[12] Clyde Kluckhohn, "Ethical Relativity: Sic et Non," *Journal of Philosophy* 52 (1955): pp. 663–677.

[13] W. V. Quine, *Word and Object* (MIT Press, 1960) and *Ontological Relativity* (New York: Columbia University Press, 1969); Benjamin Whorf, *Language, Thought and Reality* (Cambridge, MA: MIT Press, 1956).

[14] Kluckhorn, "Ethical Relativity"; Wilson, *On Human Nature*.

第 3 章

[1] Kevin Bales, *Disposable People* (Oakland, CA: University of California Press, 2000), pp. 1–2. 西巴最终逃了出去，并向人们讲述了她的遭遇。

[2] Aristotle, *Nicomachean Ethics* (London: MacMillan, 1892), Bk. 10, Ch. 7.

[3] Thomas Aquinas, *Summa Theologica*, in *Basic Writings of St. Thomas Aquinas,* ed. A. C. Pegis (New York: Random House, 1945), Q94.

[4] Eric D'Arcy, *Human Acts* (Oxford: Oxford University Press, 1963),Ch. 4.

[5] William D. Ross, *The Right and the Good* (Oxford: Oxford University Press, 1932), p. 18f.

[6] Renford Bambrough, *Moral Skepticism and Moral Knowledge* (London: Routledge, Kegan & Paul, 1979), p. 33.

[7] Karl Sigmund, Ernest Fehr, and Martin Nowak, "The Economics of Fair Play," *Scientific American*, January, 2002.

[8] Pierre Boulle, *The Bridge over the River Kwai* (New York: Vanguard, 1954).

第 4 章

[1] Nicholas Rescher, *Introduction to Value Theory* (Upper Saddle River, NJ: Prentice Hall, 1969), p. 16.

[2] Plato' *The Republic*, Bk. II, trans. G. M. A. Grube (Indianapolis, IN: Hackett, 1980).

[3] Jean-Paul Sartre, *Existentialism and Human Emotions*, trans. Bernard Frechtman (New York: Philosophical Library, 1957), pp. 23, 48–49.

[4] Aldous Huxley, *Brave New World* (New York: Harper Row, 1932), pp. 286–287.

[5] Epicurus, "Letter to Menoeceus," *Lives of Eminent Philosophers*, ed. Diogenes Laertius, tr. C. D. Yonge.

[6] John Stuart Mill, *Utilitarianism* (1863); reprinted in *Ethical Theory*, ed. Louis Pojman (Belmont, CA: Wadsworth, 2011).

[7] G. E. Moore, *Principia Ethica* (Cambridge: Cambridge University Press, 1903), sect. 50.

[8] R. B. Perry, *Realms of Value* (Cambridge, MA: Harvard University Press, 1954).

[9] Paul, in Romans 7:15.

[10] Aristotle, *Nicomachean Ethics*, trans. William D. Ross (Oxford: Oxford University Press, 1925), Bk. I: 4, p. 1095.

[11] John Rawls, *A Theory of Justice* (Cambridge, MA: Harvard University Press, 1971), p. 432. 对其讨论见于 *Principles of Ethics*, Paul Taylor, (Belmont, CA: Wadsworth, 1989), Ch. 6.

[12] Rawls, *A Theory of Justice*, p. 62.

[13] Richard Kraut, "Two Concepts of Happiness," *Philosophical Review* (1979); reprinted in *Ethical Theory*, ed. Louis Pojman.

[14] John Stuart Mill, *Utilitarianism* (1863), Ch. 2; reprinted in *Ethical Theory*, ed. Louis Pojman.

第 5 章

[1] Thomas Hobbes, *Leviathan* (1642), selections included in *Ethical Theory*, ed. Louis Pojman (Belmont, CA: Wadsworth, 2011). 这一部分对霍布斯的所有引用都来自此处。

[2] William Golding, *Lord of the Flies* (New York: Putnam, 1954). 这一部分所引用的全部材料都来自此处。

[3] Robert Axelrod, *The Evolution of Cooperation* (New York: Basic Books, 1984); Robert Axelrod and William Hamilton, "The Evolution of Cooperation," *Science* 211 (1981): 1390–1396. "合作还是作弊"游戏有时被称作迭代版的囚徒困境。

[4] [5] David Gauthier, "Morality and Advantage," *Philosophical Review* 76 (1967): pp. 460–475.

[6] Gregory Kavka, "Reconciliation Project," *Morality, Reason and Truth*, ed. D. Copp and D. Zimmerman (Totowa, NJ: Rowman Allenheld, 1984).

[7] John Rawls, *A Theory of Justice* (Cambridge, MA. : Harvard University Press, 1971), p. 573.

第 6 章

[1] Mike Muller, *The Baby Killer* (London: War on Want, 1974); Nestlé's Website, www.babymilk.nestle.com/History/, and www.babymilkaction.org.

[2] *The Springfield Monitor*, as quoted in the *Outlook*, Vol. 56, no. 18, August 28, 1897, p. 1059.

[3] Joel Feinberg, ed. "Psychological Egoism," *Reason and Responsibility* (Belmont, CA: Wadsworth, 1985).

[4] Thomas Hobbes, *Leviathan* (1642), Ch. 13. Selections included in *Ethical Theory*, ed. Louis Pojman (Belmont, CA: Wadsworth, 2011).

[5] Gregory S. Kavka, *Hobbesian Moral and Political Theory* (Princeton, NJ: Princeton University Press, 1986), pp. 64–82.

[6] Ayn Rand, *The Virtue of Selfishness* (New American Library, 1964), pp. vii, 27–32, 80 ff. 这一部分所引用的全部材料都来自此处。

[7] Brian Medlin, "Ultimate Principles and Ethical Egoism," *Australasian Journal of Philosophy* 35 (1957): pp. 111–118.

[8] Jesse Kalin, "In Defense of Egoism," *Morality and Rational Self Interest*, ed. David Gauthier (Englewood Cliffs, NJ: Prentice Hall, 1970).

[9] Garrett Hardin, "Who Cares for Posterity," *The Limits of Altruism*, ed. Garrett Hardin (Bloomington, IN: Indiana University Press, 1977).

[10] [11] Robert Heilbroner, "What Has Posterity Ever Done for Me?" *New York Times Magazine*, January 19, 1975.

第 7 章

[1] R. M. Hare, *The Language of Morals* (Oxford: Oxford University Press, 1952), p. 60.

[2] Jeremy Bentham, *An Introduction to the Principles of Morals and Legislation* (1789), Ch. 1; reprinted in *Ethical Theory*, ed. Louis Pojman (Belmont, CA: Wadsworth, 2011).

[3] [4] J. S. Mill, *Utilitarianism* (1861), Ch. 2; reprinted in *Ethical Theory*, ed. Louis Pojman (Belmont, CA: Wadsworth, 2011).

[5] Richard Brandt, "Towards a Credible Form of Utilitarianism," *Morality and the Language of Conduct*, ed. H. Castaneda and G. Naknikian (Detroit: Wayne State University Press, 1963), pp. 109–110.

[6] Kai Nielsen, "Against Moral Conservatism," *Ethics* 82 (1972): pp. 219–231.

[7] Derek Parfit, "Energy Policy and the Further Future: The Identity Problem," *Energy and the Future*,

ed. D. MacLean and P. Brown (Summit, PA: Rowman & Littlefield, 1983)。

[8] Anthony Quinton, *Utilitarian Ethics* (London: Macmillan, 1973), pp. 49–50. 刘易斯和昆顿（Quinton）增加了第三种类型的后果，即意图发生的后果：如果一个行动的行为者意图或实际期望它产生最好的后果，那么这个行动是主观正当的。

[9] 19世纪著名的效用主义者亨利·西季威克（Henry Sidgwick）在他的《伦理学方法》中论证，为了社会的善考虑，效用主义者应该使他们的观点秘而不宣。参见 Henry Sidgwick, *The Methods of Ethics*, Oxford: Oxford University Press, 1974, p. 483

[10] David Hume, *An Enquiry Concerning the Principles of Morals* (1751), Sec. 9, Pt. 1.

[11] [12] Bernard Williams, "A Critique of *Utilitarianism*," *Utilitarianism: For and Against*, ed. J. J. C. Smart and Bernard Williams (Cambridge: Cambridge University Press, 1973), pp. 98–99.

[13] 这个例子以及之前的电车案例见于 Judith Jarvis Thomson, "The Trolley Problem," *Rights, Restitution and Risk*, ed. W. Parent (Cambridge: Harvard University Press, 1986), pp. 94–116.

[14] Dietrich von Nieheim, Bishop of Verden, *De Schismate Libri*, A. D. 1311, quoted in Koestler, *Darkness at Noon*, p. 76.

第8章

[1] Immanuel Kant, *Fundamental Principles of the Metaphysics of Ethics*, trans. T. K. Abbott (London: Longman's, 1909).

[2] Joseph Butler, *Five Sermons* (1726), Sermon 3.

[3] Samuel Pufendorf, *On The Duty of Man and Citizen* (1673), Ch. 3, adapted from *The Whole Duty of Man According to the Law of Nature* (London: Charles Harper, 1691).

[4] Kant, *Foundations*, Sec. 1.

[5] Christine Korsgaard, "Kant's Formula of Universal Law," *Pacific Philosophical Quarterly* 66 (1985): pp. 24–47.

[6] Kant, *Foundations*, Sec. 2.

[7] Fred Feldman, *Introductory Ethics* (Upper Saddle, NJ: Prentice Hall, 1978), pp. 114–115.

[8] Immanuel Kant, "On a Supposed Right to Lie from Altruistic Motives" (1797), *Immanuel Kant: Critique of Practical Reason and Other Writings in Moral Philosophy*, ed. Lewis Beck White (New York: Garland

Press, 1976).

[9] [10] William D. Ross, *The Right and the Good* (Oxford: Oxford University Press, 1930), pp. 39–41、p. 21.

[11] William Frankena, *Ethics*, 2nd ed. (Upper Saddle, NJ: Prentice Hall, 1973), pp. 43–53.

[12] John Rawls, *A Theory of Justice* (Cambridge, MA: Harvard University Press, 1971), p. 3.

第 9 章

[1] Aristotle, *Nicomachean Ethics*, trans. Martin Ostwald (Indianapolis, IN: Bobbs–Merrill, 1962), p. 1099a.

[2] C. Colson, "The Volunteer at Auschwitz," *The Moral Life*, ed. L. Pojman (Oxford: Oxford University Press, 2000).

[3] Paul Levy, *Moore* (Oxford: Oxford University Press, 1979), p. 41.

[4] Susan Wolf, "Moral Saints," *Journal of Philosophy* 79, no. 8 (1982): pp. 419–439.

[5] J. S. Mill, *Utilitarianism* (1861), Ch. 2; reprinted in *Ethical Theory*, ed. Louis Pojman (Belmont, CA: Wadsworth, 2011).

[6] John Stuart Mill, *On Liberty* (1859), Ch. 2.

[7] G. E. M. Anscombe, "Modern Moral Philosophy," *Philosophy* 33 (1958): pp. 1–19.

[8] Aristotle, *Nicomachean Ethics*, 1099a.

[9] David L. Norton, "Moral Minimalism and the Development of Moral Character," *Midwest Studies in Philosophy*, Vol. 13, ed. Peter A. French et al. (University of Minnesota Press, 1988), pp. 180–195.

[10] Daniel Callahan, "Minimal Ethics: On the Pacification of Morality," *Hastings Center Report* 11 (October 1981): pp. 19–25.

[11] J. L. Mackie, *Ethics: Inventing Right and Wrong* (London: Penguin Books, 1977), p. 186.

[12] Walter Schaller, "Are Virtues No More Than Dispositions to Obey Moral Rules?" *Philosophia* 20 (July 1990): pp. 559–573.

[13] Geoffrey Warnock, *The Object of Morality* (London: Methuen, 1971), p. 76.

[14] William Frankena, *Ethics*, 2nd ed. (Upper Saddle River, NJ: Prentice Hall, 1973).

[15] J. S. Mill, *Utilitarianism* (1861), Ch. 2; reprinted in *Ethical Theory*, ed. Louis Pojman (Belmont, CA: Wadsworth, 2011).

[16] Thomas Hill, "Servility and Self–Respect," *The Monist* 57 (1973): pp. 87–104.

第10章

[1] Meredith Crawford, "The Cooperative Solving of Problems by Young Chimpanzees," *Comparative Psychology Monographs* 14 (1937): pp. 1–88.

[2] Marlene Cimons, "Humans Have a Lot to Learn from Bonobos, Scientist Says," *Live Science*, April 23, 2010.

[3] Inbal Ben–Ami Bartal, Jean Decety, and Peggy Mason, "Empathy and Pro–Social Behavior in Rats," *Science* 334 (December 2011): pp. 1427–1430.

[4] Friederike Range, "The Absence of Reward Induces Inequity Aversion in Dogs," *Proceedings of the National Academy of Sciences* 106 (2009): pp. 340–345.

[5] Jules H. Masserman "Altruistic Behavior in Rhesus Monkeys," *The American Journal of Psychiatry* 121 (1964): pp. 584–585.

[6] Katherine Taylor, "Precision Rescue Behavior in North American Ants," *Evolutionary Psychology* 11 (2013): pp. 665–677.

[7] Stephanie D. Preston and Frans B. M. de Waal, "Empathy: Its Ultimate and Proximate Bases," *Behavioral and Brain Science* 23 (2002): pp. 1–20.

[8] Dale J. Langford, "Coding of Facial Expressions of Pain in the Laboratory Mouse," *Nature Methods* 7 (2010): pp. 447–449.

[9] Charles Darwin, *The Descent of Man*, 2nd ed. (London: John Murray, 1874), Ch. 4.

[10] Thomas Huxley, ed., "Evolution and Ethics," *Evolution and Ethics and Other Essays* (London: Macmillan, 1894).

[11] Thomas Huxley, ed., "The Struggle for Existence in Human Society," *Evolution and Ethics and Other Essays* (London: Macmillan, 1894).

[12] Darwin, *The Descent of Man*, Ch. 5.

[13] Richard Dawkins, *The Selfish Gene* (Oxford University Press, 1976), Ch. 6.

[14] Ibid., Ch. 10.

[15] Elliott Sober and David Sloan Wilson, *Unto Others: The Evolution and Psychology of Unselfish Behavior* (Cambridge, MA: Harvard University Press, 1998), pp. 142–143.

[16] Jerry Fodor, "Why Pigs Don't Have Wings," *London Review of Books* 29 (2007, October 18) 19–22.

[17] Edward O. Wilson, *Sociobiology: The New Synthesis* (Cambridge, MA: Harvard University Press, 1975), p. 563.

[18] Frans de Waal, *Good Natured* (Cambridge, MA: Harvard University Press, 1997).

[19] Helen Bernhard, "Parochial Altruism in Humans," *Nature* 442 (2006): 912–915.

[20] John Dewey, "Evolution and Ethics," *The Monist* 8 (1898): 321 - 341.

第 11 章

[1] Alison Jaggar, "Feminist Ethics," *Encyclopedia of Ethics*, eds. L. Becker and C. Becker (New York: Garland Press, 1992), pp. 363–364.

[2] [3] Jean Jacques Rousseau, *Émile, or On Education* (1762), Ch.5. This classic is available in many editions in print and online.

[4] Mary Wollstonecraft, *Vindication of the Rights of Woman* (1792), Ch. 3. This classic is available in many editions in print and online.

[5] Nikhil Swaminathan, "Gender Jabber: Do Women Talk More than Men?" *Scientific American*, July 6, 2007.

[6] Eric H. Chudler, "He Brains, She Brains," http:faculty.washington.edu/chudler/heshe.html.

[7] Kim Wallen and Janice M. Hassett, "Sexual Differentiation of Behavior in Monkeys: Role of Prenatal Hormones," *Journal of Neuroendocrinology* 21(4) (March 21, 2009): pp. 421–426.

[8] Galileo Galilei, letter to Benedetto Castelli, December 21, 1613.

[9] Richard Lynn, "Sorry, Men Are More Brainy than Women (and More Stupid Too!)," *Mail Online*. www.dailymail.co.uk/debate/article–1274952.

[10] Carol Gilligan, *In a Different Voice* (Cambridge, MA: Harvard University Press, 1982).

[11] Gilligan, p. 26.

[12] 关于关怀伦理学的这些共同观点引自 Sarah Clark Miller, "The Need for Care: Gender in Moral Theory," in *Ethical Theory: Classical and Contemporary Readings*, ed. L. Pojman (Belmont, CA: Wadsworth, 2011).

[13] Nel Noddings, *Care: A Feminist Approach to Ethics and Moral Education* (Berkeley: University of California Press, 2003).

[14] Sarah Clark Miller "The Need for Care: Gender in Moral Theory," *Ethical Theory: Classical and*

Contemporary Readings*, ed. L. Pojman (Belmont, CA: Wadsworth, 2011).

[15] Henry Sidgwick, *The Methods of Ethics* (1874), Bk. 3, Ch. 2. 西季威克提出，尽管义务和德性通常被联系在一起，但是存在一些与义务没有联系的德性。同样，威廉·莱斯利·戴维森（William Leslie Davidson）也写道："德性和义务通常被用作同义词，因此伦理学者在谈到'德性的分类'与'义务的分类'时不作区分。"（*The Logic of Definition*，1885, p. 196）

[16] Theresa M. Wizemann, ed, *Exploring the Biological Contributions to Human Health: Does Sex Matter?* Institute of Medicine (Washingon D. C.: National Academy Press, 2001), p. 3, http://www.nap.edu/openbook.php?isbn=0309072816.

[17] "Is There Anything Good about Men?," *American Psychological Association*, Invited Address, 2007.

第 12 章

[1] Graham Dow, Bishop of Carlisle, quoted in Jonathan Wynne-Jones, "Floods Are Judgment on Society, Say Bishops," http://www.telegraph.co.uk/

[2] Plato, *Euthyphro*, trans. W. Jowett (New York: Scribner, 1889).

[3] Carl F. Henry, *Christian Personal Ethics* (Grand Rapids, MI: Eerdmans, 1957), p. 210.

[4] William of Ockham, quoted in J. M. Idziak, ed., *Divine Command Morality* (New York: Edwin Mellon Press, 1979).

[5] 威廉·莱恩·克雷格于 1997 年 9 月 30 日在美国西点军校与保罗·德雷珀（Paul Draper）的争论中提出了这一观点。

[6] Immanuel Kant, *Critique of Judgment*, trans. J. Bernard (New York: Haefner, 1951), p. 410, and *Fundamental Principles of the Metaphysics of Ethics*, trans. T. K. Abbott (London: Longmans, Green, 1898), Sec. 2.

[7] Bertrand Russell, ed., "Has Religion Made Useful Contributions to Civilization?" *Why I Am Not a Christian* (New York: Simon & Schuster, 1957).

[8] Bertrand Russell, "A Free Man's Worship," *Why I Am Not a Christian.*

[9] George Mavrodes, "Religion and the Queerness of Morality," *Ethical Theory: Classical and Contemporary Issues*, ed. L. Pojman (Belmont, CA: Wadsworth, 2007), p. 539.

[10] [11] David Hume, *The Natural History of Religion* (1757), Sec. 13 and 14、Sec. 14.

[12] [13] Richard Dawkins, The God Delusion (Boston: Houghton Mifflin, 2006), Ch. 7、Ch. 6.

[14] Patrick H. Nowell-Smith, "Morality: Religious and Secular," *Philosophy of Religion*, ed. L. Pojman (Belmont, CA: Wadsworth, 2003), pp. 550 - 560.

[15] James Rachels, "God and Human Attitudes," *Religious Studies* 7 (1971), pp. 325–337.

[16] Arthur Kuflik, "The Inalienability of Autonomy," *Philosophy & Public Affairs* 13 (Fall 1984), pp. 271–298.

[17] William James, *The Will to Believe* (London: Longmans, Green, 1897).

[18] Joel Feinberg, "The Rights of Animals and Unborn Generations," *Philosophy and Environmental Crisis*, ed. W. Blackstone (Athens, GA: University of Georgia Press, 1974).

第 13 章

[1] [2] David Hume, *A Treatise of Human Nature* (1739 - 1740), Sec. 3.1.1.

[3] George Edward Moore, *Principia Ethica* (Cambridge: Cambridge University Press, 1903).

[4] A. J. Ayer, *Language, Truth, and Logic*, 2nd ed. (New York: Dover, 1946), p. 107.

[5] C. L. Stevenson, *Ethics and Language* (New Haven, CT: Yale University Press, 1944), and "The Emotive Meaning of Ethical Terms," *Mind* 46 (1937): pp. 14–31.

[6] Ayer, *Language, Truth, and Logic*.

[7] R. M. Hare, *The Language of Morals* (Oxford: Oxford University Press, 1952).

[8] [9] R. M. Hare, *Freedom and Reason* (Oxford: Oxford University Press, 1963), p. 127、p. 70.

[10] Joseph Fletcher, *Situation Ethics* (Santa Ana, CA: Westminster Press, 1966).

[11] [12] [13] Hare, *The Language of Morals*, pp. 60–61、p. 63、p. 69.

[14] Geoffrey Warnock, *The Object of Morality* (London: Methuen, 1971), p. 26.

[15] Lewis Carroll, *Through the Looking Glass* (London: Pan Books, 1947), pp. 232–233. Compare this passage with the hypostatization of time in Carroll's Alice's Adventures in Wonderland (Pan Books, 1947), p. 54.

第 14 章

[1] [2] J. L. Mackie, *Ethics: Inventing Right and Wrong* (London: Penguin, 1977), p. 15、p. 35.

[3] David Hume, *A Treatise of Human Nature* (1739–1740), Sec. 3.1.

［4］［5］Mackie, *Ethics*, p. 16、p. 3.

［6］［7］Gilbert Harman, *The Nature of Morality* (Oxford: Oxford University Press, 1979), p. 4、p. 11.

［8］Richard Werner, "Ethical Realism," *Ethics* 93 (1983): 653 - 679; see also Nicholas Sturgeon, "Moral Explanations," *Essays in Moral Realism*, ed. G. Sayre-McCord (Ithaca: Cornell University Press, 1990).

［9］我区分了痛苦（pain）和苦难（suffering）。痛苦通常是生理学的或者至少是现象学的，比如"我为他对他家庭的背叛而感到痛苦"。苦难按照我的定义是更为客观的，包含痛苦但却范围更广。我可能遭受无法治愈的癌症这种苦难，但却没有意识到它，更不用说感到痛苦了。二者都指向对行为者的伤害，但痛苦是有意识地体验到的，而苦难却不须如此。

附录

［1］Louis P. Pojman, ed., *Introduction to Philosophy: Classical and Contemporary Readings* (Belmont, CA: Wadsworth, 1991), pp. 617–620.

术语表（按照中译文排序）

博弈论（Game theory）：包含博弈的社会互动模型——在博弈中，参与者要做出将会给他们每一个人带来最大利益的决定。

部落利他主义（Tribal altruism）：面向我们目前的共同体展现出的利他主义。

从“是”推出“应当”的谬误（Fallacy of deriving ought from is）：由休谟指出的一个问题，即从与情况如何有关的陈述转移到与情况应当如何有关的陈述。

错论（Error theory）：这种观点认为道德陈述宣称记录事实，但是这样的宣称是错误的，没有任何一种道德宣称是真正真实的（麦凯）。

道德怀疑主义（Skepticism, moral）：这种理论与麦凯有关，认为不存在客观真实的道德价值。

道德进化论（Evolutionary moral theory）：这种观点与查尔斯·达尔文有关，认为人类道德产生于自然选择的过程。

道德绝对主义（Absolutism, moral）：这种理论认为存在着不可推翻的道德原则，一个人永远不应违背这些道德原则。

道德客观主义（Objectivism, moral）：这种理论认为存在对所有人、所有社会环境都有效的普遍道德原则。

道德饰面论（Veneer moral theory）：这种观点与托马斯·赫胥黎有关，认为道德并非通过自然选择形成，而是一种社会的创造，人类将其添加到了他们的进化发展过程之中。

道德实在论（Realism, moral）：这种理论认为道德事实存在并且是宇宙构造的一部分，它们不依赖于我们是否相信它们而存在。

道德唯我论（Solipsism, moral）：这种理论认为只有他的个人观点具有道德考量的价值，它是利己主义的一种极端形式。

道德虚无主义（Nihilism, moral）：这种理论认为不存在道德事实、道德真理和道德知识（哈曼）。

道德与利益的悖论（Paradox of morality and advantage）：有些时候，道德的要求与自我利益的要求是不相容的（高塞尔）。

道德哲学或伦理学理论（Moral philosophy or ethical theory）：理解道德概念并确证道德原则和道德理论的系统性工作。

道义论（Deontology）：这种观点认为行动自身的某些特性具有内在的价值。

德性（Virtue）：一种被养成的行为性情，会产生一种具有道德善的习惯性行动。

德性论（德性伦理学）［Virtue theory (virtue ethics)］：这种观点认为道德包含着产生卓越的人，这些人完全出于自发的善而行事，并且作为范例激励着其他人。

定言命令（Categorical imperative）：一种无条件的且不依赖个人欲求的道德命令，对它的一般陈述是“要只按照你愿意它成为一条普遍自然法则的准则而行事”（康德）。

多元主义伦理学（Pluralistic ethics）：这种理论认为无论是以行动为基础的模型还是以德性为基础的模型对于一种充分或完整的体系而言都是必不可少的。

恶（Vice）：一种被养成的行为性情，会产生一种具有道德错误性的习惯性行动。

翻译的不确定性（Indeterminacy of translation）：这种观点认为语言从根本上来说常常是如此的互不相同，以至于我们无法把概念从一种语言精确地翻译成另一种语言（蒯因）；这似乎意味着，每个社会的道德原则都依赖于它独一无二的文化，而这种文化则是以语言作为基础的。

非认知主义（Noncognitivism）：这种理论认为话语不具有真值。

非自然主义（Nonnaturalism）：这种理论认为道德价值基于与客观世界有关的非自然事实（无法通过科学手段探测到的事实），比如柏拉图的形式或摩尔的不可定义的“善”。

分外的行动（Supererogatory act）：一种超出道德要求的行动。

感官论（Sensualism）：这种观点将所有的快乐都等同于感官的享受。

公共性（Publicity）：这种观点认为，为了指导我们的行动，道德原则必须是公共的。

工具善（Instrumental good）：一个事物之所以值得欲求，是因为它是获得我们内在善的一种有效手段。

关怀伦理学（Care ethics）：这种理论认为对语境的态度——比如关怀和敏感性——是道德生活的一个重要方面。

规定性（Prescriptivity）：道德所具有的实践本性或行动—指向的本性；包含命令。

规定主义（Prescriptivism）：这种非认知性的理论认为道德话语事实上是（或包含着）无意义的话语，这些话语劝告其他人采取某种态度（黑尔）。

规则效用主义（Rule-utilitarianism）：这种效用主义的观点认为一种行动是正当的，当且仅当它是一条规则所要求的，这条规则自身又是一组规则中的一条，而对这组规则的认可则会给社会带来比其他任何可行的替代方案更大的效用。

规则直觉主义（Rule-intuitionism）：这种直觉主义的观点认为我们在每一种情境下决定何为对、何为错的时候，都必须求教于我们通过直觉接受的道德规则（普芬道夫、罗斯）。

后代问题（Problem of posterity）：确定我们对尚未存在的未来世代的人负有什么义务的问题。

后果论（目的论伦理学）［Consequentialism (teleological ethics)］：这种理论认为价值的核心是行动的结果或后果；如果后果总的来说是积极的，那么这个行动就是正当的；如果是消极的，那么就是错误的。

赫胥黎问题（Huxley's problem）：人类有着诸种相互抵触的自然倾向，在一些情境里是社会性的，在其他情境里却是非社会性的，而且自然选择并未青睐其中的任何一种。

互惠利他主义（Reciprocal altruism）：这种观点认为一个行为者可能是出于自私的动机去帮助其他人，想着他们未来将会帮助这个行为者。

基本德性（Cardinal virtues）：柏拉图所主张的四种主要德性——即智慧、节制、勇敢和正义。

假言命令（Hypothetical imperative）：采取"如果你想要A，那么就做B"形式的非道德原则（康德）。

经验主义（Empiricism）：这种理论认为我们没有固有的观念，一切知识都来源于经验。

可普遍性（Universalizability）：这种观点认为道德原则必须适用于处在一种各方面都很相似的情境下的所有人。

可实践性（Practicability）：这种观点认为道德原则必须是切合实际的，当我们追随它的那些规则的时候，它们必须不会给我们带来沉重的负担。

快乐计算（Hedonic calculus）：这种效用主义的观点认为我们应当根据一种快乐或痛苦经验的七个方面计算出行动的后果（边沁）。

快乐主义悖论（Paradox of hedonism）：我们所有人都想要幸福，但是我们不想为了幸福而不惜一切代价或者为此而排斥其他某些价值。

利他主义（Altruism）：一种无私的、对他人的关切或关心；不涉己利、关切他人的行动；与利己主义形成对照。

理性主义（Rationalism）：这种理论认为理性不依赖于经验就可以告诉我们这个世界是怎样的。

伦理境遇主义（Situationalism, ethical）：这种理论认为客观的道德原则要以不同的方式应用于不同的语境。

伦理利己主义（Egoism, ethical）：这种理论认为每个人都应当永远去做那些将会最好地服务于他自身最大利益的行动。

伦理利己主义的悖论（Paradox of ethical egoism）：真正的友谊对于利己主义的幸福而言是核心的部分，但这却要求利他主义。

伦理相对主义（Relativism, ethical）：这种理论认为道德原则只能通过文化或个体的接受来获得它们的有效性。

伦理虚无主义（Nihilism, ethical）：参见“道德虚无主义”。

伦理学理论（道德哲学）［Ethical theory (moral philosophy)］：理解道德概念并确证道德原则和道德理论的系统性工作。

满足论（Satisfactionism）：这种观点将所有的快乐都等同于满足或享受——可能不涉及感官层面。

描述性道德（Descriptive morality）：对不同人和不同文化事实上所拥有的信仰、习俗、原则和实践的研究。

民族中心主义（Ethnocentrism）：一种存有偏见的观点，即透过个人自身文化的观念和价值来解释现实的一切。

内在善（Intrinsic good）：一个事物之所以是善的，是由于它的本性，而非由于其他的善。

亲缘利他主义（Kin altruism）：面向我们的近亲属表现出的利他主义。

亲缘选择（Kin selection）：性选择的一种类型，即由于一个动物在基因上的亲缘动物的存活而产生繁殖功效。

情绪论（Emotivism）：这种非认知性的理论认为道德话语实际是（或包含着）对感情的无意义表达（艾耶尔、斯蒂文森）。

认知主义（Cognitivism）：这种观点认为一个语句具有真值。

软遗传（Soft-inheritance）：这种现已备受质疑的观点认为，父母会把其在一生中获得的特征传递下去。

社会契约论（Social contract theory）：这种道德理论和政治理论认为，人们集体同意要有道德地行为，并将其作为减少社会混乱和创造和平的一种方式。

神命论（Divine command theory）：这种观点认为伦理原则是上帝的命令。

神学德性（Theological virtues）：保罗在《圣经·新约》中明确提出的三种主要德性：信、望、爱。

生物的利他性（Biological altruism）：以自身为代价来提高他者的繁殖适应度。

实际义务（Actual duty）：两种相互冲突的义务中较为强势的义务，它可以推翻较为弱势的义务（罗斯）。

事实—价值问题（Fact-value problem）：关于价值是否在本质上不同于事实、道德评价是否来自于事实以及道德陈述是否能够像事实陈述一样有真有假的元伦理学问题。

随附性（Supervenient property）：一种以非还原的方式依赖于一种低阶属性（例如，光线与心理感知）的高阶属性（例如，红色）。

他律（Heteronomy）：意志依据非理性的根据而做出的决定；与意志的自主性（自律）形成对照，

后者的意志受到理性的引导（康德）。

未决问题论证（Open-question argument）：这种论证表明：就任何一种我们将其与“善”相等同的属性而言，我们都可以问：“这种属性自身是善的吗？”（摩尔）

温和客观主义（Moderate objectivism）：这种理论认为至少存在一种客观的道德原则，而且一些核心的道德价值为所有或大多数文化所共享。

无差别利他主义（Indiscriminate altruism）：面向其他既不是亲属也不是目前所在共同体成员的人表现出的利他主义。

显见义务（Prima facie duty）：一种暂时性地约束着我们的义务，直到一种义务与另一种义务发生冲突为止（罗斯）。

消极责任（Negative responsibility）：这种观点认为我们要为我们未能执行某些行动（不仅仅是我们所执行的行动）从而导致的不作为的后果担负责任。

心理利己主义（Egoism, psychological）：这种理论认为我们永远去做我们认为符合我们自身最大利益的那种行动。

行动效用主义（Act-utilitarianism）：这种效用主义观点认为，如想判定一种行动是正当的，当且仅当它带来与其他可选项同样多的善的时候才能判定。

行动直觉主义（Act-intuitionism）：这种理论认为我们在每一种情境下都必须求教于我们的道德直觉或良心从而发现怎么做才是道德上正当的事情（巴特勒）。

幸福论效用主义（Eudaimonistic utilitarianism）：一种效用主义观点，主张幸福包含高阶的快乐（例如，理智的乐趣、审美的乐趣和社交的乐趣）。

性选择（Sexual selection）：自然选择的一种类型，即由于一个动物比它的竞争者更善于争取到配偶而产生繁殖功效。

选择性的行动（Optional act）：一种那样做既非义务也非错误的行动，包括中立的行动和分外的行动，与义务性的行动形成对照。

基于德性的理论（Virtue-based theories）：这种观点认为我们应当获得好的品质特点，而不是仅仅根据道德规则来行事，道德包含做一个有德性的人。

义务性的行动（Obligatory act）：道德要求一个人去做的一种行动，与选择性的行动形成对照。

基于行动的理论（Action-based theory）：这种观点认为我们应当遵从道德规则恰当地行事，而且我们对人们进行判断的根据是他们如何行事，而非他们是否是有德性的人。

应用伦理学（Applied ethics）：处理富有争议的道德问题的伦理学分支，例如，堕胎、婚前性行为、死刑、安乐死和公民不服从。

优先性（Overridingness）：这种观点认为道德原则具有支配性的权威并且优先于其他种类的原则。

元伦理学（Metaethics）：伦理学理论的分支，包含对伦理学术语的哲学探讨以及对伦理学作为一种探究对象所具有的结构的讨论。

约定伦理相对主义（约定主义）［Conventional ethical relativism (conventionalism)］：这种理论认为所有道德原则都是由于它们在文化上得到认可而被证明是合理的。

证实原则（Verification principle）：这种观点认为，有意义的语句必定要么是同义反复（根据定义为真且具有“A是A”这种形式或可以还原为这样一种陈述的陈述），要么是经验上可证实的（与对客观世界的观察有关的陈述，比如“这本书是红色的”）。

直觉主义（Intuitionism）：这种理论认为人类具有一种自然的感觉，这种感觉给予我们一种对道德的直觉意识。

主观伦理相对主义（主观主义）［Subjective ethical relativism (subjectivism)］：这种相对主义观点认为，所有道德原则都是由于它们得到某个个体行为者的认可而被证明是合理的。

自然法理论（Natural law theory）：这种理论认为道德是人性的一种功能，理性通过审视人类和社会的本性能够发现有效的道德原则。

自然选择（Natural selection）：与查尔斯·达尔文有关的进化理论，这种理论认为在生存竞争中，拥有在其自然环境里最有利突变的有机体将会存活下去，并把那种属性传递给它们的后代。

自然主义（Naturalism）：这种理论认为道德价值基于客观世界的自然属性，比如快乐或满足。

自然主义的谬误（Naturalistic fallacy）：将“善”与“快乐”或“进一步进化”这样具体的自然属性相等同（摩尔）。

自然状态（The State of nature）：一种所有人对所有人的战争，在这种状态下不存在共同的生活方式，不存在可强制执行的法律或道德规则，不存在正义和不正义（霍布斯）。

自主性（Autonomy）：来自希腊语中的“自治”，自我指导的自由。